建筑业企业建造员考试培训教材

公路与市政公用工程管理与实务

建筑业企业建造员考试培训教材编审委员会　组织编写

杨转运　主编

中国建筑工业出版社

图书在版编目（CIP）数据

公路与市政公用工程管理与实务/建筑业企业建造员考试培训教材编审委员会组织编写，杨转运主编. —北京：中国建筑工业出版社，2009

建筑业企业建造员考试培训教材

ISBN 978-7-112-11180-0

Ⅰ.公… Ⅱ.①建…②杨… Ⅲ.①道路工程-施工管理-技术培训-教材 ②市政工程-施工管理-技术培训-教材 Ⅳ.U415.1 TU99

中国版本图书馆 CIP 数据核字（2009）第 151637 号

本书是建筑业企业建造员培训考试教材之一，全书以国家颁布的规范、标准为依据，既涵盖了专业基础理论，又注重职业实际操作能力培养。全书共分为三篇，分别是公路与市政公用工程施工技术、公路与市政公用工程施工管理实务和公路与市政公用工程相关法规及规定。

本书主要作为建筑业建造员考试培训教材使用，也可供高、中等职业学校、大专职业技术院校、实践教学使用和建筑行业初、中级专业技术人员自学。

* * *

责任编辑：朱首明　牛　松
责任设计：赵明霞
责任校对：梁珊珊　陈晶晶

建筑业企业建造员考试培训教材
公路与市政公用工程管理与实务
建筑业企业建造员考试培训教材编审委员会　组织编写
杨转运　主编

*

中国建筑工业出版社出版、发行（北京西郊百万庄）
各地新华书店、建筑书店经销
北京红光制版公司制版
北京同文印刷有限责任公司印刷

*

开本：787×1092 毫米　1/16　印张：12½　字数：312 千字
2009 年 9 月第一版　2015 年 5 月第八次印刷
定价：**38.00** 元
ISBN 978-7-112-11180-0
（18436）

版权所有　翻印必究
如有印装质量问题，可寄本社退换
（邮政编码 100037）

建筑业企业建造员考试培训教材
编审委员会

顾　　　问：刘丹陵　谭新亚
主 任 委 员：杨乾芳
副主任委员：戴宝城　杨其淮　殷时奎
委　　　员：程　刚　姜　军　陈建文　吴　泽
　　　　　　李　辉　胡兴福　张　曦　沈津慧
　　　　　　余　萍　谢洪学　肖　军　任兆祥
　　　　　　向　东

前　言

根据建设部《注册建造师管理规定》（建设部令第 153 号）、《注册建造师执业管理办法》（建市［2008］49 号）以及建设部有关建筑业企业项目经理资质管理制度向建造师（建造员）执业资格制度过渡的有关精神，建造员注册受聘后，可以担任建设小型工程施工管理的项目负责人，从事法律、法规或建设行政主管部门规定的相关业务。四川省建筑业协会组织编写了建筑业企业建造员考试培训教材。

本套建筑业企业建造员考试培训教材共四册，分别为《建设工程施工管理》、《建筑工程管理与实务》、《公路与市政公用工程管理与实务》、《水利水电工程管理与实务》，建设工程法规及相关知识未编写，可使用建造师执业资格考试用书编写委员会编写的《建设工程法规及相关知识》。

建筑业企业建造员考试培训教材以现行国家颁布的规范、标准为依据，从建造员执业的专业范围和担任小型工程（小型工程规模标准按照建设部《关于印发〈注册建造师执业工程规模〉（试行）的通知》建市［2007］171 号）项目施工负责人职业需要出发，既有专业基础理论，更注重职业实际操作能力培养。该教材主要作为建筑业建造员考试培训教材使用，也可供高、中等职业学校、大专职业技术院校，实践教学使用和建筑行业初、中级专业技术人员自学。

《建设工程施工管理》由杨露江主编，刘兴胜、洪玲参编，《建筑工程管理与实务》由曾虹主编，郎松军参编，《公路与市政公用工程管理与实务》由杨转运主编、文娟娟、姜建华、刘素玲、袁芳、王水江、孙亮参编，《水利水电工程管理与实务》由吴明军主编、王劲波、唐英敏参编。该套书的编写得到了四川建筑职业技术学院的大力支持。由于时间紧，水平有限，本教材还需在教学和实践中得到完善，敬请广大建筑施工行业管理人员和教师提出宝贵意见。

本教材经建筑业企业建造员考试培训教材编审委员会审定，由中国建筑工业出版社出版。

建筑业企业建造员考试培训教材编审委员会
二〇〇九年六月十六日

目 录

第一篇 公路与市政公用工程施工技术

第一章 城市道路路基工程 ································ 1
- 第一节 填方路堤施工技术 ····························· 1
- 第二节 路堑开挖施工技术 ····························· 6
- 第三节 路基压实技术 ································· 7
- 第四节 路基防护与支挡工程 ··························· 9
- 第五节 石质路基施工技术 ····························· 15
- 第六节 特殊路基施工技术 ····························· 17

第二章 城市道路基层工程 ································ 23
- 第一节 水泥稳定土基底（底基层）的施工 ··············· 23
- 第二节 石灰稳定土基层（底基层）的施工 ··············· 28
- 第三节 石灰、粉煤灰砂砾基层（底基层）的施工 ········· 31
- 第四节 嵌挤类路面结构层的施工 ······················· 33

第三章 沥青混凝土面层工程 ······························ 37
- 第一节 沥青路面面层原材料要求 ······················· 37
- 第二节 热拌沥青混合料面层施工技术 ··················· 38
- 第三节 沥青表面处治施工技术 ························· 40
- 第四节 沥青贯入式面层施工技术 ······················· 40
- 第五节 沥青路面透层、粘层、封层施工技术 ············· 41

第四章 水泥混凝土路面工程 ······························ 44
- 第一节 材料要求 ····································· 44
- 第二节 水泥混凝土路面的施工 ························· 45

第五章 路面防、排水施工 ································ 54
- 第一节 路面表面排水、防水 ··························· 54
- 第二节 路面内部排水 ································· 54
- 第三节 路面基层排水 ································· 55
- 第四节 封堵、阻隔排水 ······························· 56

第六章 城市桥梁工程基础施工技术 ... 57
第一节 桥梁的组成、分类及主要施工技术 ... 57
第二节 桥梁基础 ... 59
第三节 桥梁基础施工 ... 59

第七章 城市桥梁工程下部结构施工技术 ... 69
第一节 承台施工 ... 69
第二节 墩台施工 ... 70

第八章 城市桥梁上部结构施工技术 ... 72
第一节 桥梁上部结构装配式施工 ... 72
第二节 桥梁上部结构支架施工 ... 75
第三节 桥梁上部结构逐孔施工 ... 78

第九章 管涵和箱涵施工技术 ... 80
第一节 混凝土和钢筋混凝土圆管涵施工 ... 80
第二节 拱涵、盖板涵施工 ... 81
第三节 倒虹吸管施工 ... 81
第四节 通道涵的顶进施工 ... 82

第十章 隧道工程施工 ... 84
第一节 概述 ... 84
第二节 隧道工程施工技术 ... 86
第三节 隧道工程质量通病及防治 ... 88

第十一章 城市给水排水工程 ... 90
第一节 给水排水厂站施工 ... 90
第二节 给水排水工程 ... 91

第十二章 城市管道工程 ... 92
第一节 沟槽开挖 ... 92
第二节 沟槽支撑 ... 92
第三节 下管 ... 94
第四节 管道安装 ... 95
第五节 沟槽回填 ... 95

第十三章 城市园林绿化工程 ... 97
第一节 树木栽植 ... 97

第二节　草坪及草本地被建植 · 98

第三节　屋顶绿化 · 99

第二篇　公路与市政公用工程施工管理实务

第十四章　公路与市政公用工程施工项目成本管理 · 100

第一节　成本计划 · 100

第二节　成本控制 · 102

第三节　成本计划编制程序与方法 · 113

第十五章　公路与市政公用工程施工项目合同管理 · 118

第一节　合同管理目标制 · 118

第二节　合同实施控制 · 118

第三节　合同变更 · 121

第四节　施工索赔 · 122

第十六章　公路与市政公用工程预算 · 125

第一节　施工图预算编制的依据 · 125

第二节　施工图预算的编制方法 · 125

第三节　工程量清单计价 · 126

第十七章　公路与市政公用工程施工项目现场管理 · 127

第一节　施工现场管理 · 127

第二节　文明施工 · 128

第十八章　市政公用工程施工进度管理 · 131

第一节　项目进度的管理目标 · 131

第二节　进度控制 · 131

第三节　进度计划的调整 · 133

第四节　施工组织设计 · 136

第十九章　城市桥梁工程前期质量控制 · 141

第一节　城市桥梁工程施工准备的内容 · 141

第二节　城市桥梁工程施工方案与质量计划编制 · 144

第二十章　城市桥梁工程施工质量控制 · 147

第一节　桥梁混凝土工程施工的技术要求 · 147

第二节　桥梁工程预应力张拉质量控制要求 · 152

第三节　桥梁工程钻孔灌注桩质量事故预防及纠正措施 · 157

第二十一章　城市给水排水结构工程施工质量控制 163

第一节　钢筋混凝土水池 163
第二节　泵站构筑物施工质量控制 163

第二十二章　公路与市政公用工程安全管理 166

第一节　安全生产保证计划编制、隐患与事故处理 166
第二节　职业健康安全控制 169
第三节　明挖基坑施工安全控制 170
第四节　桥梁工程施工安全控制 173
第五节　生活垃圾填埋场环境安全控制 177

第二十三章　公路与市政公用工程技术资料的管理方法 179

第一节　基本要求 179
第二节　归档文件质量要求 179
第三节　立卷的原则和方法 179
第四节　工程档案的验收与移交 180

第三篇　公路与市政公用工程相关法规及规定

第二十四章　公路建设相关法律法规 181

第一节　公路的建设资金 181
第二节　公路建设基本管理制度 181
第三节　公路建设项目的主体资格管理制度 182
第四节　公路建设的监督管理办法 182
第五节　公路工程交工、竣工验收条件 183
第六节　公路工程交工和竣工验收程序 183
第七节　公路工程设计变更管理办法有关要求 184

第二十五章　市政公用工程相关规定 186

第一节　道路与其他市政公用设施建设应遵循的施工建设原则 186
第二节　占用或挖掘城市道路的管理规定 186
第三节　保护城市绿地的规定 186
第四节　施工中节水、节能和节地的有关规定 186
第五节　《绿色施工通则》对施工中做好环境保护的有关规定 188
第六节　房屋建筑工程和市政基础设施工程竣工验收备案文件 189
第七节　房屋建筑工程和市政基础设施工程竣工验收合格后备案的规定 189
第八节　生活垃圾卫生填埋技术规范 190

第一篇　公路与市政公用工程施工技术

第一章　城市道路路基工程

第一节　填方路堤施工技术

一、一般规定

为了保证路堤的强度和稳定性，在填筑路堤时，要处理好基底，保证必须的压实度及正确选择填筑方案。一般必须注意以下问题。

1. 路堤基底的处理

路堤基底指路堤填料（土石）与原地面的接触部分。为使两者结合紧密避免路堤沿基底滑动，需视基底土质、水文、坡度和植被情况及填土高度采取相应的处理措施。

（1）对于密实稳定的土质基底，当地面横坡缓于 1∶10 时，经碾压符合要求后，可直接在地面上修筑路堤（但在不填不挖或路堤高度小于 1m 的地段，应清除草皮等杂物）。在稳定的斜坡上，横坡为 1∶10～1∶5 时，需铲除地面草皮、杂物，除去积水和淤泥后再填筑；当地面横坡为 1∶5～1∶2.5 时，在清除草皮杂物后，还应将坡面挖成宽度不小于 2.0m，高度不小于 0.2～0.3m 的台阶，台阶顶面做成内倾 2%～4% 的斜坡；当地面横坡陡于 1∶2.5 时，必须检算路堤整体沿基底及基底下软弱层滑动稳定性，否则应采取改善基底条件或设置支挡结构物等防滑措施。

（2）对于覆盖层不厚的倾斜岩石基底，当地面横坡为 1∶5～1∶2.5 时，需挖除覆盖层，并将基岩挖成台阶，当横坡陡于 1∶2.5 时，应进行个别设计，作特殊处理。

（3）当基底为耕地或松土时，应先清除有机土、种植土，平整后按规定要求压实。在深耕地段，必要时应将松土翻挖，土块打碎，然后回填、整平、压实。对于水田、塘堰，需预先将基底疏干，必要时采取挤淤、换土等措施，将基底加固后再行填筑。

（4）当路基受到地下水影响时，应予以拦截或排除，引地下水至路堤基础范围之外。如处理有困难对，则立在路堤底部填以渗水性好的土或不易风化的岩块。

路堤填筑范围内，原地面的坑、洞、墓穴等，应用原地的土或砂性土回填，并按规定进行压实。

（5）路堤基底的原状土的强度不符合要求时，应进行换填，其深度应不小于 30cm，并予以分层压实，压实度应按下述规定要求：

高速、一级和二级公路路堤基底的压实度不小于 85%；

当路堤填土高度小于路床厚度（80cm）时，基底的压实度不宜小于路床的压实度标准。

(6) 在稻田、湖塘等地段，应视具体情况采取排水、清淤、晾晒、换填、加筋、外掺无机结合料等处理措施。

2. 填料选择

由于沿线土石的性质和状态不同，用其填筑的路基稳定性亦有很大差异。在选择填料时，一方面要考虑料源的经济性，另一方面要顾及填料的性质是否合适。为了节约投资和少占耕地良田，一般应利用附近路堑或附属工程的弃方作为填料，或者将取土坑布置在荒地、空地或劣地上。为保证路堤的强度与稳定性，路堤填筑材料（填料）应采用强度高、水稳定性好、压缩变形小、便于施工压实以及运距经济的土石材料。

(1) 碎石土、卵石土、砾石土、中砂和粗砂等，具有透水性好、摩阻系数大、强度受水的影响小等优点，是填筑路堤的良好填料。

(2) 亚砂土、亚黏土、轻黏土等，经压实后能获得足够的强度和稳定性，是比较理想的路堤填料。但需注意，土中的有机质和易溶盐含量不应超出规定的数量。

(3) 路堤填料不得使用淤泥、沼泽土、冻土、有机土、含草皮土、生活垃圾、树根和含有腐殖质的土。冰冻地区的路床及浸水部分的路堤不应直接用粉质土填筑。当采用盐渍土、黄土、膨胀土填筑路堤时，应遵照有关规定执行。

(4) 液限大于50%、塑性指数大于26的土，以及含水量超过规定的土，不得直接作为路堤填料。需要应用时，必须采取满足设计要求的技术处理，经检查合格后方可使用。

(5) 钢渣、粉煤灰等材料，可用作路堤填料，其他工业废渣在使用前应进行有害物质的含量试验，避免有害物质超标，污染环境。

(6) 捣碎后的种植土，可用于路堤边坡表层。

(7) 浸水路堤、桥涵台背及挡土墙墙背应选用渗水性良好的填料。

3. 填土压实

填土压实是保证路堤填筑质量的关键。为此，必须控制土的含水量和压实度，选择合适的压实机械与压实厚度，以及合理的施工填筑方案等。

4. 路基拓宽时应遵守下列要求

(1) 拓宽改建路堤填料宜与旧路相同且符合要求，否则宜选用较原路堤透水性好的填料。

(2) 清除地基上的杂草，并沿旧路边坡挖成向内倾斜的台阶（台阶宽度应不小于1m），当加宽拼接宽度小于0.75m时，可采取超宽填筑或翻挖原有路基等措施。高速、一级公路，当路堤高度超过3m时，可在新老路基间横向铺设土工格栅，以提高路基整体稳定性。

(3) 拓宽路基边坡形式及坡率按新建路基规定。

(4) 软土地基上的路基拓宽应符合软土地区路基规定。与桥梁、涵洞、通道等构造物相邻拓宽路段或原有路基已基本完成地基沉降路段，路基拓宽范围的软土地基处理宜采用复合地基，不宜采用排水固结法处理。

二、填筑方法

土方路堤填筑常用推土机、铲运机、平地机、挖掘机、装载机等机械按以下几种方案作业。

1. 分层填筑法

可分为水平分层填筑法与纵向分层填筑法。

水平分层填筑法：填筑时按照横断面全宽分成水平层次，逐层向上填筑。是路基填筑的常用方法。

纵向分层填筑法：依路线纵坡方向分层，逐层向坡向填筑。宜用于用推土机从路堑取土填筑距离较短的路堤。

2. 竖向填筑法

从路基一端或两端按横断面全部高度，逐步推进填筑。该法填土过厚，不易压实。仅用于无法自下而上填筑的深谷、陡坡、断岩、泥沼等机械无法进场的路堤。

竖向填筑因填土过厚不易压实，施工时需采取选用振动或夯击式压实机械、选用沉降量小及颗粒均匀的砂石材料、暂不修建高级路面等措施，一般要进行沉降量及稳定性测定。

3. 混合填筑法

路堤下层用竖向填筑而上层用水平分层填筑。适用于因地形限制或填筑堤身较高，不宜采用水平分层法或竖向填筑法自始至终进行填筑的情况。单机或多机作业均可，一般沿线路分段进行，每段距离以 20~40m 为宜，多在地势平坦，或两侧有可利用的山地场的场合采用。

三、不同土质填筑路堤的规定

在施工中，沿线的土质经常发生变化，为避免将不同性质的土任意混填，以致造成路基病害，必须在施工前进行现场调查，做出正确的规划，拟定合理的调配方案。

1. 不同土质混合填筑须遵守的规定

（1）不同性质的土填筑路堤时，应分层填筑，层数应尽量减少，每层总厚度最好不小于 0.5m。不得混杂乱填，以免形成水囊或滑动面。

（2）透水性较小的土填筑路堤下层时，其顶面应做成 4% 的双向横坡，以保证来自上层透水性填土的水分及时排出。

（3）透水性较小的土填筑上层时，不应覆盖在透水性较大的土所填筑的下层边坡上，以保证水分的蒸发和排除。

（4）凡不因潮湿及冻融而改变其体积的优良土应填在上层，强度较小的土应填在下层。

（5）为防止相邻两段用不同土质填筑的路堤在交接处发生不均匀变形，交接处应做成斜面，并将透水性差的土填在斜面下部。

2. 填石路堤的填筑方法

填石路堤指用粒径大于 40mm、含量超过 70% 的石料填筑路堤。

（1）填石路堤应采用大功率推土机和重型压实机械施工。填石路堤在施工前，应通过铺筑试验路段确定合适的填筑层厚、压实工艺以及质量控制指标。

（2）填石路堤可采用与土质路堤相同的断面形式。填方边坡较高时，可在边坡中部设宽度为 1~3m 的边坡平台。采用中硬、硬质石料填筑的路堤应进行边坡码砌，码砌石料强度应大于 30MPa，最小尺寸不应小于 300mm，石料应规则。码砌的厚度：填高小于 5m 时，应不小于 1m；填高 5~12m 时，应不小于 1.5m；填高大于 12m 时，应不小于 2m。

倾填只能在路基下部进行，而在路床底面下不小于1.0m的范围内仍应分层填筑压实。

(3) 高等级公路填石路堤路床顶面以下50cm范围内应填筑符合路床要求的土并分层压实，填料最大粒径不得大于10cm。其他公路填石路堤路床顶面以下30cm范围内填筑应符合路床要求的土并压实，填料最大粒径不应大于15cm。

(4) 在填石路堤表面填筑土、粉煤灰等其他材料时，填石料顶面应无明显孔隙、空洞。在其他填料填筑前，填石路堤最后一层的铺筑厚度不应大于40cm，过渡层碎石粒径应小于15cm，其中小于0.05mm的细粒含量不应小于30%。必要时，宜设置土工布作为隔离层。

(5) 当石块级配较差、粒径较大、填层较厚、石块间的空隙较大时，可于每层表面的空隙里填入石碴、石屑、中、粗砂，再以压力水将砂冲入下部，反复数次，使空隙填满；人工铺填25cm以下石料时，可直接分层摊铺，分层碾压。

(6) 填石路堤的填料如其岩性相差较大，则应将不同岩性的填料分层或分段填筑。如路堑或隧道基岩为不同岩种，允许使用挖出的混合石料填筑路堤，但石料强度不应小于15MPa，最大粒径不宜超过层厚2/3。

(7) 用强风化石料或软质岩石填筑路堤时，应按土质路堤施工规定先检验其CBR值，如CBR值不符合要求则不能使用，符合要求时，则按土质路堤的技术要求施工。

3. 土石路堤的混填方法

(1) 土石路堤的填筑，其基底处理同填土路堤。土石混合料中石料强度大于20MPa时，石块最大尺寸不得超过压实层厚的2/3，否则应予剔除。当石料强度小于15MPa时，石块最大尺寸不得超过压实层厚，超过的应打碎。

(2) 土石路堤必须分层填筑，分层压实。每层铺填厚度应按机械类型和规格确定，松铺厚度宜在30~40cm或经试验确定。

(3) 混合料中石料的含量多少将影响压实效果。因此，当石料含量大于70%时，应先铺大块石料，且大面向下放平稳，然后铺小块石料、石屑等嵌缝找平，再碾压密实。当石料含量小于70%时，土石可混合铺填，但应消除硬质石块集中的现象。

(4) 土石混合料填筑高等级公路时，其路床顶面以下30~50cm范围内仍应填筑符合路床要求的土并分层压实，填料最大粒径不大于10cm。其他公路在路床顶面以下填筑30cm的砂类土，最大粒径不大于15cm。

(5) 压实后渗水性差异较大的土石混合料应分层分段填筑，不宜纵向分幅填筑。如确需纵向分幅填筑，应将压实后渗水性好的土石混合料填筑于路堤两侧。

(6) 当土石混合料来自不同路段，其岩性或土石混合比相差较大时，应分层分段填筑，如不能分层分段填筑，应将含硬质石块的混合料铺于填筑层的下面，且石块不得过分集中或重叠，上面再铺含软质石料混合料，然后整平碾压。

四、桥涵及其他构造物处的填筑

桥涵及其他构造物处的回填土填筑工作必须在隐蔽工程验收合格后进行。

1. 填料

桥涵及其他构造物处的填料，除设计文件另有规定外，应采用砾石土、砂类土等渗水性良好的土。在渗水材料缺乏地区，采用细粒土填筑时，宜用石灰、水泥、粉煤灰等无机结合料进行处治。桥涵及其他构造物处的填土，应适时分层回填压实。

桥涵填土的范围：台背填土顺路线方向长度，顶部为距翼墙尾端不小于台高加 2m；底部距基础内缘不小于 2m；拱桥台背填土长度不应小于台高的 3~4 倍；涵洞填土长度每侧不应小于 2 倍孔径长度。

2. 填筑

桥台背后填土宜与锥坡填土同时进行。涵洞缺口填土，应在两侧对称均匀分层回填压实。

如使用机械回填，则涵台胸腔部分及检查井周围应先用小型压实机械压实填好后，方可用机械进行大面积回填。涵顶面填土压实厚度大于 50cm 时，方可通过重型机械和汽车。挡墙墙趾部分的基坑应及时回填压实，并做成向外倾斜的横坡。回填土应分层填筑并严格控制含水量夯实到要求的压实度，分层松铺厚度宜小于 20cm。当采用小型机具夯实时，一级以上的公路松铺厚度不宜大于 15cm。

五、高填路堤

对于在水稻田或长年积水地带，用细粒土填筑路堤高度大于 6m，其他地带填土或填石路堤高度大于 20m，这样的高填方路堤，应严格按设计边坡分层填筑，不得缺填，分层厚度据所采的填料而定。

填挖结合的一侧高填方基底为斜坡时，应按规定挖横向台阶，并应在填方路堤完成后，对设计边坡外的松散弃土进行清理。高填方路堤受水浸淹部分，应采用水稳性高及渗水性好的填料，其边坡比不宜小于 1：2。

高路堤的边坡形状，填料为细粒土时，一般宜采用折线形边坡，在长期使用中也能保持这种形状；对于用不易风化石块填筑时，由于边坡表层通常要进行码砌，做成折线形并不困难，故也宜采用折线形边坡。填料为中砂、粗砂、砾石土、卵石土以及易风化岩块时，由于这些填料难于长期保持折线形状，故宜在边坡中部适当位置设宽 1~2m 平台，平台上下均用直线形边坡，降水量较大的地区平台上应加设截水沟。

高填路堤的边坡一般都要有坡面防护措施，路肩上应有拦水带将水引到边沟或用急流槽将水引离路堤。

高填路堤的边坡坡度，一般应进行单独设计，通过稳定性检算或论证确定。通常是上部高度不超过 20m（填粗砂、中砂者为 12m）部分，仍采用规范规定的坡度，以下部分的边坡坡度或加设平台的宽度要另行确定。

高填土路堤的压实应视所属自然区划、路面等级的不同严格控制，其压实度应按有关的规定执行，一般不低于标准压实法所求得的最大压实度的 90%，以防填土沉落过多，避免过分疏松而在雨水浸湿后引起坍塌。由于考虑到填土沉落，须超填这一部分，使最终沉降后能维持路基设计标高。如果地基良好，确定填土剩余沉降量亦有困难时，填筑时一般应加 1%~5% 高度的预留沉落量。具体数值，视填料性质、压实质量和施工期限而定。

填料性质差别较大时，不宜分段或分幅填筑，以免不同填料的界面上形成滑动面，或者出现不均匀沉降。

第二节　路堑开挖施工技术

路堑由天然地层构成，开挖后边坡易发生变形和破坏，路基的病害常发生在路堑挖方地段，如滑坡、崩塌、落石、路基翻浆等。因此，施工方法与路堑边坡的稳定有密切关系，开挖方式应根据路堑的深度、纵向长度，以及地形、地质、土石方调配情况和机械设备条件等因素确定，以加快施工进度，提高工作效率。

一、一般规定

路堑开挖前，应做好各项相应技术准备工作。由于路堑容易发生路基病害，为保证路堑边坡的稳定，在施工中应注意以下几个方面。

1. 路堑排水

路堑区域施工时，应保证在施工过程中和竣工后能顺利排水，因此，应先在适当的位置开挖截水沟，并设置排水沟，以排除地面水和地下水。路堑设有纵坡时，下坡的坡段可以直挖到底，而上坡的坡段必须先挖成向外的斜坡，最后再挖去剩下的土方。路堑为平坡时，两端都要先挖成向外的斜坡，最后挖去余下的土方。

2. 废方处理

路堑挖出的土方，除利用外，多余的土方应按设计的弃土堆进行废弃，并不得妨碍路基的排水和路堑边坡的稳定。同时，弃土应尽可能用于改地造田，美化环境。

3. 设置支挡工程

为了保证土方路堑边坡的稳定，应及时设置必要的支挡工程。开挖时，应按路堑设计边坡自上而下，逐层进行，以防边坡塌方，尤其在地质不良地段，应分段开挖，分段支护。

4. 路堑与路堤交界处处理

（1）对路堤采用冲击碾压或强夯进行增强补压，以消减路基填挖间的差异变形。

（2）填挖结合路基，当挖方区为土质时，应优先采用渗水性好的材料填筑，同时对挖方区路床 0.8m 范围内土体进行超挖回填碾压，并在填挖交界处路床范围铺设土工格栅；挖方区为坚硬岩石时，宜采用填石路堤。

（3）纵向填挖交界处应设置过渡段，土质地段过渡段宜采用级配较好的砾类土、砂类土、碎石填筑，岩质地段可采用填石路堤。

二、开挖方案与施工方法

土方路堑开挖根据路堑深度和纵向长度及施工方法的不同确定开挖方案，开挖方式可分为全断面横挖法、纵挖法及混合式开挖法三种。

1. 全断面横挖法

对路堑整个横断面的宽度和深度从一端或两端逐渐向前开挖的方式称为全断面横挖法。一层横向全宽挖掘法，其适用于开挖深度小且较短的路堑。

多层横向全宽挖掘法，适用于开挖深而短的路堑，土方工程数量较大时，各层应纵向拉开，做到多层多方向出土，可安排较多的劳动力和施工机械，以加快施工进度。每层挖掘台阶深度，人力施工时，一般为 1.5~2.0m；机械施工时，可大到 3~4m，同时，各层要有独立的临时排水设施。

2. 纵向挖掘法

纵向挖掘法又分为分层纵挖法、通道纵挖法、分段纵挖法三种。

（1）分层纵挖法：沿路堑全宽以深度不大的纵向分层挖掘前进的作业方式称为分层纵挖法。

（2）通道纵挖法：沿路堑纵向挖掘一通道，然后将通道向两侧拓宽。

（3）分段纵挖法：沿路堑纵向选择一个或几个适宜处，将较薄一侧路堑横向挖穿，将路堑在纵方向上按桩号分成两段或数段，各段再纵向开挖称为分段纵挖法。

3. 混合式开挖法

将横挖法与通道纵挖法混合使用，即称为混合式开挖法。

三、开挖边沟与截水沟的要求

在路堑施工中，边沟与截水沟的开挖应符合下列要求：

（1）边沟、截水沟及其他引、截排水设施的位置、断面尺寸及有关要求，应严格按照设计图纸的规定施工。应先做好这类排水设施，其出口应通至桥涵进、出水口处。截水沟不应在地面坑凹处通过，必须通过时，应按路堤填筑要求将凹处填平压实，然后开挖，并防止不均匀沉陷和变形。

（2）平曲线处边沟沟底纵坡，应与曲线前后的沟底相衔接。曲线内侧不得有积水或水外溢现象发生。

（3）路堑和路堤交接处的边沟应徐缓地引向路堤两侧的天然沟或排水沟，不得冲刷路堤—路基坡脚附近不得积水。

（4）所有排水沟渠应从下游出口向上游开挖。且所有排截水设施应满足下列要求：

1）沟基稳固，严禁将排水沟挖筑在未加处理的弃土上；

2）沟形整齐，沟坡、沟底平顺，沟内无浮土杂物；

3）沟水排泄不得对路基产生危害；

4）截水沟的弃土应用于路堑与截水沟间筑土台，并分层压实（夯实）。台顶设 2% 倾向截水沟的横坡，土台边缘坡脚距路堑顶的距离不应小于设计规定，当设计无规定时，可按弃土的规定办理。

在路堑施工中遇地下水时，应根据排水沟渠规定，结合现场实际按地下排水设施有关规定执行。当路堑路床顶部以下位于含水量较多的土层时，应换填透水性良好的材料，换填深度应满足设计要求，并整平凹槽底面，设置渗沟，将地下水引出路外，再分层回填压实。

路堑弃土处理应符合有关的规定。

第三节　路基压实技术

一、一般规定

碾压是路基填筑工程的一个关键工序，有效地压实路基填土，才能保证路基工程的施工质量。

压实土层的密实度随深度递减，表面 5cm 的密实度最高。填土分层的压实厚度和压实遍数与压实机械类型、土的种类和压实度要求有关，应通过试验路来确定。

压实前可自路中线向路两边做 2‰～4‰ 的横坡对松铺层进行整平，并严格控制松铺厚度及最佳含水量。

碾压时，横向接头的轮迹应有一部分重叠，对振动压路机一般重叠 40～50cm，对三轮压路机一般重叠 1/2 后轮宽；前后相邻两区段亦宜纵向重叠 1～1.5m。应做到无漏压、无死角和确保碾压均匀。

碾压应遵循先慢后快、先两边后中间、先低后高的原则，并控制压实速度、松铺厚度和最佳含水量，以保证路基压实质量。

路堤边缘两侧可采取多填宽度 30～50cm，压实完成后再刷坡整平；也可采用小型振动压路机从坡脚向上碾压，坡度不陡于 1∶1.75 时，可用履带式推土机从下向上压实。

二、压实质量控制与检查

（一）路基压实工作的控制

1. 含水量控制

土的压实应在接近最佳含水量的情况下进行。天然土通常接近最佳含水量，因此填铺后应随即碾压。含水量过大时，应将土摊开晾晒至要求的含水量时再整平压实。

天然土过干需要加水时，可在前一天于取土地点浇洒，使水均匀渗入土中；也可将土运至路堤再用水浇洒，并拌合均匀。

2. 填石路堤压实质量控制

（1）填石路堤的压实质量采用施工参数（压实功率、碾压速度、压实遍数、铺筑厚度等）与压实质量检测联合控制。

（2）填石路堤的压实质量可以采用压实沉降差或孔隙率进行检测，孔隙率的检测应采用水袋法进行。

3. 土质路基压实质量控制

在压实过程中，施工单位的自检人员应经常检查压实度是否符合要求，以便随时调整。每一压实层均应检验压实度，合格后方可填筑其上一层。

路基压实度以重型击实标准为准。标准密度应做平行试验，求其平均值作为现场检验的标准值。

路基压实度一般以 1～3km 长的路段为检验评定单元，按要求的检测频率进行现场抽样检查。检验取样频率，当填土宽度较窄时（如路堤的上部），沿路线纵向每 200m 检查 4 处，每处左右各 1 个点，当填土较宽时，每 2000m² 检查 4 处 8 个点。必要时可增加检查点数，以防止压实不足处漏检。

（二）土质路基压实质量检测方法

土质路基压实质量检测方法有环刀法、灌砂法、灌水法（水袋法）或核子密度湿度仪法。环刀法适用于细粒土，灌砂法适用于各类土。核子密度湿度仪应与环刀法、灌砂法等进行对比标定后才可应用。

第四节　路基防护与支挡工程

一、防护与支挡工程类型

路基防护工程是防治路基病害、保证路基稳定、改善环境景观、保护生态平衡的重要设施。路基防护与加固工程设施，按其作用不同，可分为边坡坡面防护、冲刷防护、支挡建筑物及湿软地基加固等四大类。

（一）边坡坡面防护

坡面防护是指在坡面上所做的各种铺砌和栽植的总称，可分为植物防护、圬工防护和土工织物防护。坡面防护，主要是保护路基边坡表面，免受雨水冲刷，减缓温差及温度变化的影响，防止和延缓软弱岩土表面的风化、碎裂、剥蚀演变进程，从而保护路基边坡的整体稳定性，在一定程度上还可美化路容，协调自然环境。

1. 植物防护：种草、铺草皮、植树。
2. 圬工防护：框格防护、封面、护面墙、干砌片石护坡、浆砌片石护坡、浆砌预制块护坡、锚杆铁丝网喷浆、喷射混凝土护坡。
3. 土工织物防护。

（二）冲刷防护

用于防护水流对路基的冲刷与淘刷，可分为直接防护和间接防护两类。

1. 直接防护：植物、铺石、抛石、石笼等。
2. 间接防护：丁坝、顺坝、防洪堤等导流构造物以及改移河道。

（三）支挡建筑物

用以防止路基变形或支挡路基本体或山体的位移，以保证其稳定性，常用的类型有路基边坡支挡和堤岸支挡。

1. 路基边坡支挡：挡土墙、石垛及其他具有承重作用的构造物等。
2. 堤岸支挡：沿河驳岸、浸水挡土墙。

（四）湿软地基加固

用各种有效方法处治含水量高、孔隙比大、承载力低的湿软地基，以防路基沉陷、滑移或发生其他病害。常用的方法有换填土层法、碾压夯实法、排水固结法、挤密法、化学加固法、土工合成材料加固法等。

二、防护与支挡工程的适用条件与功能

（一）植物防护

1. 种草防护适用于边坡稳定，坡面受雨水冲刷轻微，且易于草类生长的路堤与路堑边坡。播种方法有撒播法、喷播法和行播法。当前推广使用的两种新方法是湿式喷播技术和客土喷播技术。

2. 铺草皮适用于需要迅速绿化的土质边坡。草皮护坡铺置形式有平铺式、叠铺式、方格式和卵（片）石方格式四种。

3. 植灌木与种草、铺草皮配合使用，使坡面形成良好的防护层，适用于土质边坡和

膨胀土边坡，但对盐渍土经常浸水、经常干旱的边坡及粉质土边坡不宜采用。

（二）圬工防护

1. 框格防护：适用于土质或风化岩石边坡进行防护，框格防护可采用混凝土、浆砌片（块）石、卵（砾）石等做骨架，框格内宜采用植物防护或其他辅助防护措施。

2. 封面：包括抹面、捶面、喷浆、喷射混凝土等防护形式。

（1）抹面防护适用于易风化的软质岩石挖方边坡，岩石表面比较完整，尚无剥落。

（2）捶面防护适用于易受雨水冲刷的土质边坡和易风化的岩石边坡。

（3）喷浆和喷射混凝土防护适用于边坡易风化、裂隙和节理发育、坡面不平整的岩石挖方边坡。

3. 护面墙：用于封闭各种软质岩层和较破碎的挖方边坡以及坡面易受侵蚀的土质边坡。用护面墙防护的挖方边坡不宜陡于 1：0.5，并应符合极限稳定边坡的要求。护面墙分为实体、窗孔式、拱式等类型，应根据边坡地质条件合理选用。

4. 石砌护坡：

（1）干砌片石护坡适用于易受水流侵蚀的土质边坡、严重剥落的软质岩石边坡、周期性浸水及受水流冲刷较轻（流速小于 2~4m/s）的河岸或水库岸坡的坡面防护。

（2）浆砌片（卵）石护坡适用于防护流速较大（3~6m/s）、波浪作用较强、有流水、漂浮物等撞击的边坡。对过分潮湿或冻害严重的土质边坡应先采取排水措施再行铺筑。

（3）浆砌预制块防护适用于石料缺乏地区。预制块的混凝土强度不应低于C15。

5. 锚杆铁丝网喷浆或喷射混凝土护坡：适用于直面为碎裂结构的硬岩或层状结构的不连续地层，以及坡面岩石与基岩分离并有可能下滑的挖方边坡。

6. 抛石：用于经常浸水且水深较大的路基边坡或坡脚以及挡土墙、护坡的基础防护。抛石一般多用于抢修工程。

7. 石笼：沿河路堤坡脚或河岸，当受水流冲刷和风浪侵袭，且防护工程基础不易处理或沿河挡土墙、护坡基础局部冲刷深度过大时，可采用石笼防护。

（三）土工织物防护

1. 挂网式坡面防护适用于风化碎落较严重的岩石边坡。

2. 土工织物复合植被防护的典型形式是三维土工网（垫）植草防护，主要适用于边坡坡度缓于 1：1，边坡高度小于 3m 的土质边坡。

3. 其他土工织物防护有草坪植生带、适用于破碎或易风化破碎的岩石路堑边坡的锚杆挂高强塑料网格喷浆（喷射混凝土），以及土工织物作反滤层的护坡。

三、间接防护

1. 丁坝适用于宽浅变迁性河段，一般采用铁丝笼或相互铰接的预制混凝土块等柔性结构物，也可采用石砌或现浇混凝土等刚性结构物。坝体轴线与导线（河岸）正交或成较大角度的斜交的导流构造，其作用是将水流挑离河岸，丁坝形式较多，按长短分，有长丁坝、短丁坝。丁坝可由乱石堆砌而成。其横断面为梯形，坝身顶宽 2~3m，坝头顶宽约 3~4m，迎面边坡 1：2~1：3，背面边坡 1：0.5~1：2，丁坝要求设置多个以形成坝群。

2. 顺坝指坝轴线基本沿导流线边缘布置，使水流较顺缓地改变流向，起疏导水流作用；顺坝坝长与被防护段长度基本相等，一般采用石砌或混凝土结构，横断面为梯形，坝顶宽度应根据稳定性计算确定，迎面边坡 1:1.5~1:2.5，背面边坡 1:1.0~1:1.5。

3. 改河移道可以将直接冲刷及淘刷路基的水流引离路基。挖滩改河，清除孤石，有利于布置路线，减少桥涵。但改河移道涉及水流改向，影响大且投资高，故改河通常在较短的河道上进行，并力求顺河势，使新河槽符合自然河流特征，不致使水重归故道。

四、挡土墙

（一）重力式挡土墙的施工

重力式挡土墙结构简单，施工方便，取材容易，但由于墙背受侧向土压力，主要是依靠墙身的自重来保持平衡。故墙身断面尺寸较大，对地基的承载力要求也较高，一般多用片石、块石或预制混凝土块砌筑。

1. 材料要求

（1）石料材料

石料强度必须符合设计要求，应结构密实、石质均匀、不易风化、无裂缝的硬质石料。当在一月份平均气温低于 -10℃ 的地区，所用石料和混凝土等材料，均须通过冻融试验，其砂浆强度等级不低于 M25。

（2）砌筑砂浆

1）砂浆强度等级应符合设计要求。必须具有良好的和易性。

2）当采用水泥、石灰砂浆时，所用石灰除应符合技术标准外，还应成分纯正，煅烧均匀透彻，一般宜熟化成消石灰粉使用，其中活性 CaO 和 MgO 的含量应符合规定要求。

3）砂浆配合必须通过试验确定，当更换砂浆的组成材料时，其配合比应重新试验确定。

4）水泥、砂、石料等材料均应符合规范规定要求。

2. 重力式挡土墙的砌筑

挡土墙砌筑前应精确测定挡土墙基座主轴线和起讫点，并查看与两端边坡衔接是否适顺。砌筑时必须两面立杆挂线或样板挂线，外面线应顺直整齐，逐层收坡，内面线可大致适顺，以保证砌体各部尺寸符合设计要求，在砌筑过程中应经常校正线杆。浆砌石底面应卧浆铺筑，立缝填浆补实，不得有空隙和立缝贯通现象。砌筑工作中断时，可将砌好的石层孔隙用砂浆填满，再砌筑时，砌体表面要仔细清扫干净，洒水湿润。工作段的分段位置宜在伸缩缝和沉降缝处，各段水平缝应一致，分段砌筑时，相邻段高差不宜超过 1.2m。砌筑砌体外坡时，浆缝需留出 1~2cm 深的缝槽，以硬砂浆勾缝，其强度等级应比砌体砂浆提高一倍，隐蔽面的砌缝可随砌随填平，不另勾缝。

（1）浆砌片石

1）片石宜分层砌筑，以 2~3 层石块组成 1 工作层，每工作层的水平缝大致齐平，竖缝应错开，不能贯通。

2）外圈定位行列和转角石选择形状较方正、尺寸相对较大的片石，并长短相间地与里层砌块咬接成一体，上下层石块也应交错排列，避免竖缝重合，砌缝宽度一般不应大于 4cm。

3）较大的砌块应使用于下层，石块宽面朝下，石块之间均要有砂浆隔开，不得直接接触，竖缝较宽时可在砂浆中塞以碎石块，但不得在砌块下面用小石子支垫。

4) 砌体中的石块应大小搭配，相互错叠，咬接密实并备有各种小石块，作挤浆填缝之用，挤浆时可用小锤将小石块轻轻敲入缝隙中。

5) 砌片石墙必须设置拉结石，并应均匀分布，相互错开，一般每 $0.7m^2$ 墙面至少设置一块。

(2) 浆砌块石

1) 用做镶面的块石，表面四周应加修整，尾部略微缩小，易于安砌。丁石长度不短于顺石长度的 1.5 倍。

2) 块石应平砌，要根据墙高进行层次配料，每层石料高度做到基本齐平。外圈定位行列和镶面石应一丁一顺排列，丁石伸入墙心不小于 25cm，灰浆缝宽为 2～3cm，上下层竖缝错开距离不应小于 10cm。

(3) 料石砌筑

1) 每层镶面料石均应事先按规定缝宽及错缝要求配好石料，再用铺浆法顺序砌筑和随砌随填立缝，并应先砌角石。

2) 当一层镶面石砌筑完毕后，方可砌填心石，其高度与镶面石齐平。如用水泥混凝土填心，则可先砌 2～3 层后再浇筑混凝土。

3) 每层料石均应采用一丁一顺砌法，砌缝宽度均匀，为 1.0～1.5cm。相邻两层的立缝应错开不小于 10cm，在丁石的上层和下层不得有立缝。

(4) 墙顶

墙顶宜用粗料石或现浇混凝土做成顶帽，厚 30cm，路肩墙顶面宜以大块石砌筑，用 M5.0 以上砂浆勾缝和抹平顶面，厚 2cm，并均应在墙顶外缘线留出 10cm 的幅沿。

(5) 基础

1) 基础的各部尺寸、形状、埋置深度均按设计要求进行施工。当基础开挖后，若发现与设计情况有出入时，应按实际情况请示有关部门调整设计。

2) 在松软地层或坡积层地段开挖时，基坑不宜全段贯通，而应采用跳槽办法开挖以防上部失稳。当基底土质为碎石土、砂砾土、砂性土、黏性土等时，将其整平夯实。基础开挖大多采用明挖。

3) 当遇有基底软弱或土质不良地段时，可按以下方法分别进行处理：

①当地基软弱，地形平坦，墙身又超过一定高度时，为减少地基压应力，增加抗倾覆稳定，可在墙趾处伸出一个台阶，以拓宽基础。如地基压应力超过地基承载力过多时，为避免台阶过多，可采用钢筋混凝土底板。

②如地层为淤泥质土、杂填土等，可采用砂砾、碎石、矿渣灰土等材料，可采用换填或砂桩、石灰桩、碎石桩、挤淤法、土工织物及粉体喷搅等方法分别予以处理。

4) 基坑开挖大小，需满足基础施工的要求。渗水土的基坑要根据基坑排水设施（包括排水沟、集水坑、网管）和基础模板等大小而定。一般基坑底面宽度应比设计尺寸各边增宽 0.5～1.0m，以免施工干扰，基坑开挖坡度按地质、深度、水位等具体情况而定。

5) 任何土质基坑挖至标高后不得长时间暴露、扰动或浸泡而削弱其承载能力。一般土质基坑挖至接近标高时，保留 10～20cm 的厚度，在基础施工前以人工突击挖除。基底应尽量避免超挖，如有超挖或松动，应将其夯实。基坑开挖完成后，应放线复验，确认其位置无误并经监理鉴认后，方可进行基础施工。基坑抽水应保证砌体砂浆不受水流冲刷。

当基础完成后，立即回填，以小型机械进行分层压实，并在表层稍留向外斜坡，以免积水浸泡基底。

（6）排水设施

挡土墙的排水设施通常由地面排水和墙身排水两部分组成。

地面排水可设置地面排水沟，引排地面水。夯实回填土顶面和地面松土，防止雨水和地面水下渗，必要时可加设铺砌。对路堑挡土墙墙址前的边沟应予以铺砌加固，以防止边沟水渗入基础。

墙身排水主要是为了迅速排除墙后积水。浆砌挡土墙应根据渗水量在墙身的适当高度处布设泄水孔。泄水孔尺寸可视水量大小分别采用 5cm×10cm、10cm×10cm、15cm×20cm 方孔，或直径 5～10cm 的圆孔。泄水孔间距一般为 2～3m 由下向上交错设置，最下排泄水孔的底部应高出地面或排水沟底 0.3m。

（7）墙背材料

1）需待砌体砂浆强度达到 70% 以上时，方可回填墙背材料，并应优先选择渗水性较好的砂砾土填筑。如有困难采用不透水土壤时，必须做好砂砾反滤层，并与砌体同步进行。浸水挡土墙背全部用水稳定性和透水性较好的材料填筑。

2）墙背回填要均匀摊铺平整，并设不小于 3% 的横坡逐层填筑，逐层夯实，不允许向着墙背斜坡填筑，严禁使用膨胀性土和高塑性土。每层压实厚度不宜超过 20cm，碾压机具和填料性质应进行压实试验，确定填料分层厚度及碾压遍数，以便正确地指导施工。

3）压实时应注意勿使墙身受较大的冲击影响，临近墙背 1.0m 范围内，应采用小型压实机具碾压。小型压实机械有蛙式打夯机、内燃打夯机、手扶式振动压路机、振动平板夯等。

（二）混凝土挡土墙施工

1. 基础施工

（1）基础处理与重力式挡土墙相同，软基础可采用桩基、加固结剂等加固措施。

（2）混凝土板可以在基础上直接立模，钢筋混凝土底板则需先浇垫层，在垫层上放线扎钢筋立模。基础模板的反撑，不宜直接落在土基上，应加垫木。钢筋混凝土施工时，应注意钢筋的保护层厚度。墙体的钢筋应安装到位，并且有可靠的固定措施。混凝土的施工缝应尽量避免设置在基础与墙体的分界面。

（3）墙体模板可使用木模以及整体模板，甚至滑模和翻模。

①基本要求：挡土墙分段施工，相邻段应错开。

②整体模板技术：由面板、筋肋和支撑件构成，面板常用胶合板、竹胶板或木板；筋肋可用木条、型钢或冲压件。挡土墙对模板接缝要求不是很高，可不用拼接件而直接安装，安装时从转角处开始，注意控制对角线和模板坡度。整体模板一般用于专用支撑，有时可用临时支撑，也可用对销螺栓来平衡混凝土侧压力。为了方便拆模，模板表面应涂刷拆模剂，拆模在混凝土成型 24h 以后进行，但不能太迟，以免增加拆模的难度。混凝土挡土墙的排水、渗水、接缝处理与重力式挡土墙相同。

2. 墙体钢筋及混凝土施工

（1）墙体钢筋安装应在立模前施工。安装模板特别是护壁式挡土墙，钢筋不易校正其位置偏差，因此钢筋安装绑扎必须控制到位，一般控制方法是搭架支撑，控制钢筋在顶端的准确位置，拉紧固定。

（2）墙体混凝土：钢筋混凝土挡土墙截面较小，混凝土下仓要有漏斗、漏槽等辅助措施。另外，挡土墙应分层浇筑，分层振捣，每层厚度以30cm为宜，浇筑控制在每小时1～1.5m。混凝土挡土墙属大体积混凝土，宜用低热量、收缩小的矿渣类水泥，必要时还可在混凝土中抛入块石（块石比例不超过15％），要求石质坚硬，清洗干净，石块厚度不小于15cm，不得使用片石、卵石、石块，距石块、模板、钢筋及预埋件净距均不小于4～6m，混凝土的养护方法及要求与其他结构相同。

3. 加筋土挡土墙施工

加筋土挡土墙施工包括基础开挖、基底处理、基础浇筑、构件准备、面板安装、筋带布设、填料摊铺及压实、封闭压顶附属构件安装。

（1）基础施工

基底处理措施同其他挡土墙一样，一般其基础为钢筋混凝土条形基础，要求顶面水平整齐。

（2）控制放线

加筋土挡土墙墙面垂直平面随现场条件做成直线或曲线。第一层面板安装准确，以后每层只需用垂线控制。其另一个控制内容是面板的接缝线条。

（3）施工程序

施工时应注意事项如下：

①面板安装以外缘定线，每块面板的放置应从上而下垂直就位，为防止相邻面板错位，可采用螺栓夹木或斜撑固定面板一并干砌，接缝不作处理，可用砂浆或软土进行调整。

②面板的施工缝和沉降缝设在一起，且填料应在后一项工程施工前放入。

③筋带铺设应与面板的安装同步，进行铺设的底料应平整密实。

④钢筋不得弯曲，接头（插销连接）和防锈（镀锌）处理应符合标准规定，钢带或面板间钢筋连接，可采用焊接、拉环或螺栓连接，且在连接处应浇混凝土保护。

⑤聚丙烯土工带、塑钢带应穿过面板的预留孔或拉环折回与另端对齐或绑扎在钢筋中间与面板连接，筋带本身连接也采取绑扎方式。

⑥面板安装、筋带铺设和埋地排水管完成到位并检查验收合格后，用准备充足的合格填料进行填料施工。

⑦运土机具不得在未覆盖填料的筋带上行驶，且要离面板1.5m以上，填料可用机械或手工摊铺，应厚度均匀，表面平整，并有不小于3％的向外倾斜横坡。机械摊铺方向应与筋带垂直，不得直接在筋带上行驶，距面板1.5m范围内只能采用人工摊铺。

⑧填料采用机械碾压，禁止使用羊足碾，不得在填料上急转弯和急刹车，以免破坏筋带，碾压前应确定最佳含水量的碾压标准。碾压过程中应随时检测填料的含水量和密实度。

⑨加筋土的排水管反滤层及沉降缝等设施应同时施工，排水设施施工中应注意水流通道，不得有碍水流或积水（如反坡）等。

⑩错层施工应有明确停顿，一层完工后再进行第二层施工。

第五节 石质路基施工技术

一、一般规定

在开挖程序确定之后,根据岩石条件、开挖尺寸、工程量和施工技术要求,通过方案比较拟定合理的施工方式。其基本要求是:保证开挖质量和施工安全;符合施工工期和开挖强度的要求;有利于维护岩体完整和边坡稳定;可以充分发挥施工机具的生产能力;辅助工程量少。

二、开挖方式

1. 钻爆开挖:是当前广泛采用的开挖施工方法。有薄层开挖、奇层开挖(梯段开挖)、全断面一次开挖和特高梯段开挖等方式。

2. 直接应用机械开挖:该方法没有钻爆工序作业,不需要风、水、电辅助设施,简化了场地布置,加快了施工进度、提高了生产能力。但不适于破碎坚硬岩石。

3. 静态破碎法:将膨胀剂放入炮孔内,利用产生的膨胀力,缓慢的作用于孔壁,经过数小时至 24 小时达到 300~500MPa 的压力,使介质裂开。

三、石质路堑爆破施工方法

1. 常用爆破方法

(1) 光面爆破:在开挖限界的周边,适当排列一定间隔的炮孔,在有侧向临空面的情况下,用控制抵抗线和药量的方法进行爆破,使之形成一个光滑平整的边坡。

(2) 预裂爆破:在开挖限界处按适当间隔排列炮孔,在没有侧向临空面和最小抵抗线的情况下,用控制药量的方法,预先炸出一条裂缝,使拟爆体与山体分开,作为隔震减震带,起到保护和减弱开挖限界以外山体或建筑物的地震破坏作用。

(3) 微差爆破:两相邻药包或前后排药包以毫秒的时间间隔(一般为 15~75ms)依次起爆,称为微差爆破,亦称毫秒爆破。多发一次爆破最好采用毫秒雷管。当装药量相等时其优点是:可减震 1/3~2/3 左右;前发药包为后发药包开创了临空面,从而加强了岩石的破碎效果;降低多排孔一次爆破的堆积高度,有利于挖掘机作业;由于逐发或逐排依次爆破,减少了岩石夹制力,可节省炸药 20%,并可增大孔距,提高每米钻孔的炸落方量。炮孔排列和起爆顺序,根据断面形状和岩性。多排孔微差爆破是浅孔深孔爆破发展的方向。

(4) 定向爆破:利用爆破能将大量土石方按照指定的方向,搬移到一定的位置并堆积成路堤的一种爆破施工方法,称为定向爆破。它减少了挖、装、运、夯等工序,生产效率高。在公路工程中用于以借为填或移挖作填地段,特别是在深挖高填相间、工程量大的鸡爪形地区,采用定向爆破,一次可形成百米以至数百米路基。

(5) 洞室爆破:为使爆破设计断面内的岩体大量抛掷(抛坍)出路基,减少爆破后的清方工作量,保证路基的稳定性,可根据地形和路基断面形式,采用抛掷爆破、定向爆破、松动爆破方法。抛掷爆破有三种形式:

平坦地形的抛掷爆破（亦称扬弃爆破）。自然地面坡角 $\alpha<15°$，路基设计断面为拉沟路堑，石质大多是软石时，为使石方大量扬弃到路基两侧，通常采用稳定的加强抛掷爆破。

斜坡地形路堑的抛掷爆破。自然地面坡角 α 在 $15°\sim30°$ 之间，岩石也较松软时，可采用抛掷爆破。

斜坡地形半路堑的抛坍爆破。自然地面坡角 $\alpha>30°$，地形地质条件均较复杂，临空面大时，宜采用这种爆破方法。在陡坡地段，岩石只要充分破碎，就可以利用岩石本身的自重坍滑出路基，提高爆破效果。

2. 综合爆破施工技术

综合爆破是根据石方的集中程度，地质、地形条件，公路路基断面的形状，结合各种爆破方法的最佳使用特性，因地制宜，综合配套使用的一种比较先进的爆破方法。一般包括小炮和洞室两大类。小炮主要包括钢钎炮、深孔爆破等钻孔爆破；洞室炮主要包括药壶炮和猫洞炮，随药包性质、断面形状和微地形的变化而不同。用药量 1t 以上为大炮，1t 以下为中小炮。

(1) 钢钎炮通常指炮眼直径和深度分别小于 70ram 和 5m 的爆破方法。

1) 特点：炮眼浅，用药少，每次爆破的方数不多，并全靠人工清除，不利于爆破能量的利用。由于眼浅，似致响声大而炸下的石方不多，所以工效较低。

2) 优点：比较灵活，在地形艰险及爆破量较小地段（如打水沟、开挖便道、基坑等），在综合爆破中是一种改造地形，为其他炮型服务的辅助炮型，因而又是一种不可缺少的炮型。

(2) 深孔爆破是孔径大于 75mm、深度在 5m 以上、采用延长药包的一种爆破方法。

1) 特点：炮孔需用大型的凿岩机或穿孔机钻孔，如用挖运机械清方可以实现石方施工全面机械化，是大量石方（万方以上）快速施工的发展方向之一。

2) 优点：劳动生产率高，一次爆落的方量多，施工进度快，爆破时比较安全。

(3) 药壶炮是指在深 $2.5\sim3.0m$ 以上的炮眼底部用小量炸药经一次或多次烘膛，使眼底成葫芦形，将炸药集中装入药壶中进行爆破。

1) 特点：主要用于露天爆破，其使用条件是：岩石应在 XI 级以下，不含水分，阶梯高度小于 $10\sim20m$，自然地面坡度在 70° 左右。如果自然地面坡良较缓，一般先用钢钎炮切脚，炸出台阶后再使用。经验证明，药壶炮最好用于 VII～IX 级岩石，中心挖深 $4\sim6m$，阶梯高度在 7m 以下。

2) 优点：装药量可根据药壶体积而定，一般介于 $10\sim60kg$ 之间，最多可超过 100kg。每次可炸岩石数十方至数百方，是小炮中最省工，省药的一种方法。

(4) 猫洞炮系指炮洞直径为 $0.2\sim0.5m$，洞穴成水平或略有倾斜（台眼），深度小于 5m，用集中药在炮洞中进行爆炸的一种方法。

1) 特点：充分利用岩体本身的崩塌作用，能用较浅的炮眼爆破较高的岩体，一般爆破可炸松 $15\sim150m^3$。其最佳使用条件是：岩石等级一般为 IX 级以下，最好是 V～VII 级；阶梯高度最小应大于眼深的两倍，自然地面坡度不小于 50°，最好在 70° 左右。由于炮眼直径较大，爆能利用率甚差，故炮眼深度应大于 $1.5\sim2.0m$，不能放孤炮。猫洞炮工效一般可达 $4\sim10m^3$，单位耗药量在 $0.13\sim0.3kg/m$ 之间。

2) 优点：在有裂缝的软石坚石中，阶梯高度大于 4m，药壶炮药壶不易形成时，采用这种爆破方法，可以获得好的爆破效果。

第六节　特殊路基施工技术

一、软土路基施工

(一) 软土的工程特性

(1) 天然含水量高、孔隙比大

由于软土、沼泽中的黏粒及有机质含量大，吸水能力强，加之处常年积水的洼地，多呈软塑或半流塑状态，天然含水量达30%～70%，有时甚至达200%，孔隙比一般大于1.0，大多在1.0～2.0之间，某些地区可达6.0；饱和度一般大于90%；液限含水量在35%～60%之间；塑性指数为13～50，天然重度约为16～19kN/m³。

(2) 透水性差

软土、沼泽亲水性强而透水性弱（渗透系数一般为10^{-6}～10^{-8}cm/s）且呈明显的方向性。由于大部分软土及沼泽地层中都存在着带砂夹层，所以其水平方向的渗透系数略大于垂直方向的渗透系数。软土与沼泽中的黏粒含量、有机质含量愈大，渗透系数就愈低，因此软土与沼泽的固结时间较长。在加载初期，由于地基中孔隙水压力较高，有效应力较小，影响地基强度。施工中表现为压实困难，且不便行车，不便于施工作业。

(3) 压缩性高

软土及沼泽由于孔隙比大，土粒间联结结构不稳定，具有高压缩性的特点，压缩系数a_{1-2}＞0.005MPa，甚至到a_{1-2}＝0.02MPa。

(4) 抗剪强度低

软土与沼泽的抗剪强度很低，不排水剪切时，内摩擦角接近于零，抗剪强度C_u＜20kPa，排水剪切时，抗剪强度随固结程度增加而增大。

(5) 触变性和流变性

软土的灵敏度高，一般在2～10之间，有时大于10，软土与沼泽土的结构未被破坏前，具有一定的结构强度，但一经扰动，结构被破坏，强度迅速降低，不过随着静置历时的增长，其强度将逐渐恢复。软土的这种性质被称为触变性。触变性越大，受扰动后强度降低越明显。

具有显著的流变特性。软土与沼泽在受载荷作用或载荷变化过程中，剪切变形将发生连续持久而缓慢的变化，这种在剪应力作用下的剪切变形现象称为土的流变性。土的流变性实质上反映了软土与沼泽抗剪强度随时间增长而递减的性质，这种现象在工程上具有很大的危害性。

软土作为地基，其变形稳定的时间更长。在自然界可保持潜液态，一经扰动很容易破坏其结构而流动，在干燥时体积收缩很大，收缩率有时可达50%～90%。因此，软土的主要工程问题是地基沉降和稳定性。

(二) 软土地基处理施工技术

1. 基底开挖换土施工方法

(1) 开挖方式

基底开挖和鱼塘清淤相似，深度在2m以内可用推土机、挖掘机或人工直接清除至路基范围以外堆放或运至取土坑将其还原成水田;深度超过2m时,要由端部向中央,分层挖除,并修筑临时运输便道,由汽车运载出坑。

软土在路基坡脚范围以内应全部清除。边部挖成台阶状再回填,路基穿过沼泽地只需要清除路基坡脚(含护坡道)范围以内的软土。护坡道以外,对于小滑塌的软土,可挖成1:1~1:2的坡度,对于泥沼地区的淤泥质高压缩性软土可将护坡道加宽加高至与沼泽地相平或高出。

(2) 泥沼基底的换填

对道路工程有严重影响的是泥炭泥沼。这类泥沼中以泥炭沉积为主,泥炭为半腐朽的植物残体,有机质含量一般大于50%,吸水能力极强,有很高的压缩性。道路工程上把泥炭泥沼按其沉积层的稳定程度分为三类:①第一类泥沼,完全为稳定的泥炭所充满,相对稳定;②第二类泥沼,为不稳定的泥炭所充满,相对不稳定;③第三类泥沼,为水或流动的泥炭或淤泥所充满,表面有或无飘浮的泥炭皮,极不稳定。

1) 在第一类泥沼地区,路堤高度小于3m时,应采取部分挖填的方法,换填深度一般超过2m,横向换填底宽应等于路基面宽;路堤高度大于3m时,一般不予挖除;当淤泥表面干裂时,可采用齿墙式的路堤断面,即挖除路堤基底两侧的淤泥(每边可挖3m宽),换填良好的土质;淤底横向坡度陡于1:10时,应进行整平处理。

2) 在第二类泥沼地区,泥沼深度小于3m时,不论路堤高度多少,均应将泥沼全部挖除,换填渗水土,使路堤落到沼底。为便于泥炭的挤出,表层植物覆盖层要铲除,在路堤两侧开挖泥炭接收沟;泥沼深度大于3m时,应考虑部分换填和采取路堤两侧增建反压护道的措施,换填深度不得小于3m;沼底横向坡度陡于1:15时,应进行整平处理。

3) 在第三类泥沼地区,不论泥沼多深,路堤均应落到实底上,或将泥炭皮挖除后,抛填片石沉落到沼底。路堤水下部分的边坡根据换填的土质种类及泥沼水中的深度而定;沼底横向坡度陡于1:20时,应进行整平处理。

(3) 填筑及压实

1) 软基在开挖时要注意解决渗水和雨水两个问题,可采用边挖边填,也可全部或局部清除后进行全部或局部回填,尽可能换填渗水性材料,并注意及时抽水。

2) 碎石土及粉煤灰等工业废渣常作为换填材料,如果当地条件许可,可用这些填料回填至原地面或沼泽面。压实时,由于非土方填料分层厚度不宜过小,为达到较好的压实效果,常采用振动压路机和重型静力压路机。

3) 如果路基与两侧沼泽完全隔离,就可按照一般路堤填筑方式进行填筑,分层碾压时控制好含水量、碾压遍数、碾压方式及路堤边坡、护坡道的密实程度,要做好泥沼与路堤之间边沟的排水,保证路堤不受水毁,不受冻害。

4) 路堤与两侧沼泽不能完全隔离,在清除路基底部软土后,如渗透性良好的土源缺乏,可在路堤底面用砂石料设置透水性路堤。

5) 路堤两侧设立全铺式(块石、片石浆砌护坡)护坡或护面墙(挡土墙式护坡)时,砌石应用当地不易风化的开山片石,用5号砂浆砌筑,墙基应埋入非软基土中0.50~1.20m左右,砌筑护坡时应夯实坡面,挡墙墙后应填筑开山石块并夯实。护面墙应在路堤压实稳定后再开挖砌筑。

2. 砂垫层

在软土层顶面铺砂垫层，主要起浅层水平排水作用，使软土中的水分在路堤自重的压力作用下，加速沉降发展，缩短固结时间。但对基底应力分布和沉降量的大小无显著影响。适用于路堤高度小于两倍极限高度（在天然软土地基上，基底不作特殊加固处理而用快速施工方法修筑路堤的填筑最大高度），软土层及其硬壳较薄，或软土表面渗透性很低的硬壳等情况。亦适用于软土层稍厚但具有双面排水条件的地基。其形式有排水砂垫层、换土砂垫层、砂垫层和土工布混合使用等形式。

3. 反压护道

在路堤两侧填筑一定宽度和高度的护道，以改善路堤荷载方式来增加抗滑力，使路堤下的软基向两侧隆起的趋势得到平衡，从而保证路堤的稳定性。适用于路堤高度不大于1.5~2倍的极限高度，非耕作区和取土不太困难的地区。

4. 土工聚合物处治

土工布铺设于路堤底部，在路基自重作用下受拉产生抗滑力矩，提高路基稳定性。土工布在软土地基加固中的作用包括排水、隔离、应力分散和加筋补强。土工布连接一般采用搭接法或缝接法。目前缝接法有一般缝法、丁缝法和蝶形法。

土工格栅加固土的机理存在于格栅与土的相互作用之中。一般可归纳为格栅表面与土的摩擦作用；格栅孔眼对土的锁定作用和格栅肋的被动抗阻作用。三种作用均能充分约束土的颗粒侧向位移，从而大大地增加了土体的自身稳定性，对土的加固效果明显高于其他土工织物。

5. 抛石挤淤法

在路基底部抛投一定数量片石，将淤泥挤出基底范围，以提高地基的强度。这种方法施工简单、迅速、方便。适用常年积水的洼地，排水困难，泥炭呈流动状态，厚度较薄，表层无硬壳，片石能沉达底部的泥沼或厚度为3~4m的软土；在特别软弱的地面上由于施工机械无法进入，或是表面存在大量积水无法排除时；适用于石料丰富、运距较短的情况。

抛投片石的大小，随泥炭或软土的稠度而定。抛投顺序，应先从路堤中部开始，中部向前突进后再渐次向两侧扩展，以使淤泥向两旁挤出。当软土或泥沼底面有较大的横坡时，抛石应从高的一侧向低的一侧扩展，并在低的一侧多抛填一些。

6. 爆破排淤法

将炸药放在软土或泥沼中爆炸，利用爆炸时的张力作用，把淤泥或泥沼扬弃，然后回填强度较高的渗水性土壤，如砂砾、碎石等。爆破排淤是换土的一种施工方法，较一般方法换填深度大、工效较高，软土、泥沼均可采用。

爆破排淤分为两种，一种方法是先在原地面上填筑低于极限高度的路堤，再在基底下爆破，适用于稠度较大的软土或泥沼。另一种方法是先爆后填，适用于稠度较小，回淤较慢的软土。

7. 堆载预压法

在软基上修筑路堤，通过填土堆载预压，使地基土压密、沉降、固结，从而提高地基强度，减少路堤建成后的沉降量。堆载预压法对各类软弱地基均有效，使用材料、机具简单，施工操作方便。但堆载预压需要一定的时间，适合工期要求不紧的项目。对于深厚的饱和软土，排水固结所需要的时间很长，同时需要大量的堆载材料，在使用上会受限。

其方式有超载预压（进行预压的荷载超过设计的道路工程荷载）和等载预压（预压荷载等于道路工程荷载）两种。

8. 砂井

用振动打桩机、柴油打桩机（冲击式和振动式），以及下端装有活瓣钢桩靴的桩管将砂（含泥量不大于3%）或砂和角砾混合料（含泥量不大于5%）形成砂井。在施工时考虑避免"缩颈"和减少对土的扰动。具体方法有套管法，将带有活瓣管尖或套有混凝土端靴的套管沉到预定深度，然后在管内灌砂后，拔出套管，形成砂井。根据沉管工艺的不同，又分为静压沉管法、振动沉管法、水冲成孔法（通过专用喷头，在水压力作用下冲孔，成孔后清孔，再向孔内灌砂形成。适用于土质较好且均匀的砂性土）、螺旋钻成孔法（以动力螺旋钻钻孔，提钻后灌砂成砂柱。适用于陆上工程，砂井长度10m以内，且土质较好，不会出现缩颈、塌孔现象的软弱地基）。

9. 袋装砂井

主要用导管式振动打桩机（在行进方式上普遍采用的有轨道门架式、履带臂架式、吊机导架式等），选用聚丙烯或其他适用的编织料制成的袋，采用渗水率较高的中、粗砂（大于0.5mm的砂的含量宜占总重的50%以下，含泥量不应大于3%，渗透系数不应小于$5×10^{-3}$cm/s），按整平原地面→摊铺下层砂垫层→机具定位→打入套管→沉入砂袋→拔出套管→机具移位→埋砂袋头→摊铺上层砂垫层的施工工艺流程进行。

10. 塑料排水板

用插板机或与袋装砂井打设机共用（将圆形套管换成矩形套管），按整平原地面→摊铺下层砂垫层→机具就位→塑料排水板穿靴→插入套管→拔出套管→割断塑料排水板→机具移位→摊铺上层砂垫层的施工工艺程序进行。振动打设工艺、锤击振力大小，根据每次打设根数、导管断面大小、入土长度和地基均匀程度确定。

11. 粒料桩

主要用振冲器、吊机或施工专用平车和水泵，将砂、碎石、砂砾、废渣等粒料（粒径宜为20~50mm，含泥量不应大于10%）。按整平地面→振冲器就位对中→成孔→清孔→加料振密→关机停水→振冲器移位的施工工艺程序进行。

选择振冲器型号应与桩径、桩长及加固工程离周围建筑物距离相适应。应配备适用的供水设备，出口水压应为400~600kPa，流量20~30m^3/h。起重机械起吊能力应大于100~200kN。

12. 旋喷桩

施工材料可采用水泥、生石灰、粉煤灰等作为加固料。施工机具包括喷粉桩机及配套储灰罐及喷粉系统、空气压缩机、75kW以上的发电机等，喷粉桩机由液压步履式底架和导向加减压机构、钻机传动系统、钻具、液压系统、喷粉系统、电气系统等部分组成。施工流程为：整平原地面→钻机定位→钻进→上提喷粉（或喷浆）→强制搅拌→复拌→提杆出孔→钻机移位。

13. 生石灰桩

主要用振冲器、吊机或施工专用步履式、门架式振动沉桩设备。配备适用的空压机，起重机械起吊能力应大于100~200kN。使用材料为生石灰（颗粒直径不超过30mm 要求填充材料要密实）。按整平地面→振冲器就位对中→成孔→空气压缩机注入生石灰→边振动边拔出套管→振冲器移位→封紧生石灰桩孔的施工工艺程序进行。

选择振冲器型号应与桩径、桩长及加固工程离周围建筑物距离相适应。

二、膨胀土路基施工

1. 膨胀土的特性

膨胀土是指黏粒成分主要由强亲水性矿物组成，并具有显著胀缩性的黏性土。在黄河流域及其以南地区分布较广泛。这种土有吸水膨胀、失水收缩并往复变形的性质，对路基及人工构造物等都有破坏作用并且不易修复。

膨胀土就其黏土矿物成分划分，可大致归纳为两大类，一类是以蒙脱石为主；另一类是以伊利石为主。蒙脱石类膨胀土的孔隙比接近 1.0 或大于 1.0，含水量常在 40% 以上，膨胀性强。伊利石类膨胀土的孔隙比多在 0.6～0.8 之间，含水量在 20% 左右。

裂隙发育是膨胀土的一个重要特性，常见的裂隙有竖向、斜交与水平三种。竖向裂隙有时露出地表，裂缝宽度上大下小，并随深度而逐渐减小，有些水平裂隙充填有灰绿、灰白色黏土，裂顶光滑，有些裂面有擦痕，显示出土块间相对运动的痕迹。

膨胀土的含水量随季节变化，呈波动幅度，但含水量大体在塑限左右变动。在膨胀土层内，一般无地下水，上层滞水和裂隙水也变化无常，这就造成了在很小范围内土层含水量及重力密度很不均匀的状况，成为路基不均匀变形的一个内在因素。

土的膨胀是指在一定条件下土的体积因不断吸水而增大的过程，它是黏土矿物气、水相互作用的结果。反映土的膨胀性能的指标有自由膨胀率和不同压力下的膨胀率。自由膨胀率 $F_S \geqslant 90\%$，为强性膨胀土；$65\% \leqslant F_S < 90\%$ 为中性膨胀土；$40\% \leqslant F_S < 65\%$ 为弱性胀缩土；$F_S < 40\%$ 为非胀缩土。膨胀率反映某种压力下单位厚度土体的膨胀变形，它与土的含水量有关，土的含水量越低，其膨胀率越高。

收缩是膨胀土的另一个属性。由于日照蒸发、树根吸水等，都可使土中水分减少、产生土体收缩。收缩变形的大小可用收缩系数表示（收缩系数是指当含水量减少 1% 时，土样的竖向收缩变形量），收缩系数大，其收缩变形也大。

膨胀土具有吸水膨胀、失水收缩、再吸水再膨胀、再失水再收缩的变形特性，这个特性称之为土的膨胀与收缩的可逆性，是膨胀土的一种重要属性。膨胀与收缩的可逆变化幅度采用胀缩总率指标表示。

由上所述，膨胀土地基的变形除了土的膨胀与收缩特性这个内在因素外，压力与含水量的变化则是两个非常重要的外在因素，特别是含水量的变化还与当地的气候条件、场地地形复杂程度以及覆盖等密切相关。

2. 膨胀土路基施工

（1）路基填筑

膨胀土地区路基施工前，应按规定做试验段，为路基的正式施工提供数据资料及经验。膨胀土地区修建公路，特别是修建高速及一级公路时，在路基填筑前，必须对原地面进行处理，并应满足如下要求：①填高不足 1m 的路基，必须挖去地表 30～60cm 的膨胀土，换填非膨胀土，按规定压实；②地表为潮湿土时，必须挖去湿软土层，换填碎、砾石土、砂砾或挖方坚硬岩石碎渣或将土翻开掺石灰处理。

填筑材料及作业要求。强膨胀土稳定性差，不应作为路基填料；中等膨胀土宜经过加工、改良处理后作为填料；弱膨胀土可根据当地气候、水文情况及道路等级加以应用。对于直接应用中、弱膨胀土，填筑路基时，应及时对边坡及顶部进行防护。

高速、一级、二级公路采用中等膨胀土作路床填料时，应掺灰（一般为石灰）进行改性处理，改性处理后要求胀缩总率以不超过0.7为宜。限于条件，高速、一级公路用中等膨胀土填筑路基时，路基填成后，应立即作浆砌护坡封闭边坡。当填至路床底面时，应停止填筑，改用符合强度要求的非膨胀土或改性处理的膨胀土填至路床顶面设计标高，并严格压实。如当年不能铺筑路面，则应加做封层，封层的填筑厚度不宜小于30cm，并设不小于2%的横坡。

使用膨胀土作填料时，为增加其稳定性，可采用石灰处治，石灰剂量可通过试验确定，要求掺灰处理后的膨胀土，共胀缩总率接近零为佳。在用接近最佳含水量的膨胀土填筑路基时，两边边坡部分要用非膨胀土作为封层。路基顶面也要用非膨胀土形成包心填方。

（2）路堑开挖

路堑施工前，应做好施工前的准备工作。如开挖截水沟并铺设浆砌圬工，其出口延伸至桥涵进出口。膨胀土地区路堑开挖应按下列要求处理：①挖方边坡不要一次挖到设计线，沿边坡预留厚度30～50cm，待路堑挖完时再削去边坡预留部分，并立即以浆砌护坡封闭；②如路基与路面不连续施工时，二级及以下公路的挖方地段挖到距路床顶面以上30cm时，应停止向下开挖，并挖好临时排水沟，待做路面时，再挖至路床顶面以下30cm，并用非膨胀土回填，按要求压实。如路基与路面连续施工时，对高速、一级公路应一次性超挖路床30～50cm，并立即用粒料或非膨胀土分层回填或用改性土回填，按规定压实。

（3）路基碾压

先要根据膨胀土自由膨胀率的大小，选用工作质量适宜的碾压机具。一般来说自由膨胀率越大的土应采用的压实机具越重，压实土层不宜过厚，一般不得大于30cm。

由于膨胀土遇水易膨胀，因此压实时，应在最佳含水量时进行。土块应击碎至5cm粒径以下，使土块中水分易于蒸发，减少土块本身的膨胀率，有利于提高压实效率。

路堤与路堑分界处，即填挖交界处，两处土内的含水量不一定相同，原有土的密实程度也不相同，压实时应使其压实得均匀、紧密，避免发生不均匀沉陷。因此，填挖交界处2m范围内的挖方地基表面的土应挖成台阶，翻松，并检查其含水量是否与填土含水量相近，同时采用适宜的压实机具，将其压实到规定的压实度。

膨胀土路基压实后的紧密程度比一般土填筑的路段更重要，因此压实度的检验频率应增加一倍，为每2000m² 检查16点。

（4）施工注意事项

膨胀土地区的路基施工，应避开雨期作业，加强现场排水，保证地基和已填筑的路基不被水浸泡。施工开挖后各道工序要紧密衔接，连续施工，分段完成，特别是高速、一级公路更应如此，路基填筑后不应间隔太久或越冬后做路面。路堤、路堑边坡按设计修整后，应立即浆砌护墙、护坡，防止雨水直接侵蚀。膨胀土地区路床土的强度及压实标准应符合有关规定。

第二章 城市道路基层工程

第一节 水泥稳定土基底（底基层）的施工

在粉碎或原来松散的土中掺人足够数量的水泥和水，经拌合得到的混合料经摊铺压实及养生后，当其抗压强度和耐久性符合规定要求时称为水泥稳定土。

在稳定各种土时，常根据设计强度和耐久性等要求，以及地方材料的供应情况，同时用水泥和石灰、水泥和粉煤灰稳定某种土得到的混合料，简称综合稳定土。

在实际应用中，也可以用水泥或水泥粉煤灰等稳定各种粒状矿渣。

水泥稳定土可适应于各种交通类别的道路基层和底基层，但不应用作高等级沥青路面的基层，只能作底基层。

水泥稳定土的施工方法主要有两种：一种方法是路拌法（或就地拌合法），此法是先将要稳定的土摊铺在下承层上，整型后在上摊铺水泥，然后用稳定土拌合机进行均匀拌合，再用平地机进行整平，压路机压实。另一种方法是中心站拌合法或称集中厂拌法，即集中在某一场地，用固定式拌合机拌合水泥混合料，用自卸汽车将拌成的混合料运送到铺筑工地，然后进行摊铺和压实。一级公路和高速公路要求采用集中厂拌法，其他等级公路视情况选择。

水泥稳定粒料宜在春末和气温较高季节组织施工。施工的日最低气温宜在5℃以上，并应在第一次重冰冻（－3～－5℃）到来之前半个月到一个月完成。

一、路拌法施工

铺筑水泥稳定土基层或底基层时，较早和广泛使用的方法是路拌法。此法主要用于高速、一级公路的底基层和其他公路的基层。因为该方法使用的机械比较简单，一般情况下应采用专用的稳定土拌合机进行拌合，但在低等级公路施工中，也可采用简单的非专用稳定土拌合机（农用机械，如铧犁、圆盘耙、旋耕机等）进行拌合。

路拌法施工时，必须严密组织，采用流水作业法施工，尽可能缩短从加水到碾压终了的延迟时间，此时间不应超过3～4h，并应短于水泥的终凝时间。

采用路拌法铺筑水泥稳定土，需要一系列机械配合。实践证明，用路拌法施工时，不管使用什么拌合机，都需要设专人跟在拌合机后面经常检查（用铁锹挖翻）是否拌合到底。可靠的办法是用多铧犁（四铧或五铧犁）跟在拌合机后面从底面部将素土翻起一道，再用专用拌合机拌合一遍。

其施工步骤如下：

1. 准备下承层

在已做好的路基上进行全面检查验收，主要应进行高程、宽度、平整度、横坡度、压实度和弯沉值检查，检测值如不满足要求应处理至合格。另外还必须用12～15t三轮压路机或等效的碾压机械进行3~4遍碾压检查，看是否有弹簧现象，有无起皮、松散情况，如有应处理至合格。当检查完全符合要求后，再进行下道工序。

2. 测量放样

（1）在验收合格后，施工摊铺前，首先恢复中桩。直线段每15~20m设一桩、平曲线段每10~15m设一桩，并在两侧路肩边缘外设指示桩。

（2）进行水平测量。每200~300m增设一临时水准点，在两侧指示桩上用明显标记标出水泥稳定土层边缘的设计高。水泥稳定砂砾的松铺系数为1.30~1.35，水泥土的松铺系数为1.53~1.58。

（3）测量放样后就可清扫下承层，并在上料前洒水润湿使下承层潮湿而无积水。

3. 备料

（1）备料分两种情况，一种是将原土路上层翻松或将原中级路面（泥结碎石、级配砾石路面等）翻挖后，添加水泥；另一种是在料场备料。

（2）在配合比设计前，就应事先在沿线所有料场选取技术经济都比较合理的料场，并取有代表性的土样进行原材料试验及水泥混合料的物理、力学和配合比试验。根据试验结果，选定材料，优选施工设计配合比。

（3）根据配合比设计计算材料用量。

①根据各路段水泥稳定土层的宽度、厚度及预定的干密度，计算各路段需要的干燥集料数量。

②根据料场集料的含水量和所用运料车辆的吨位，计算每车料的堆放距离。

③根据水泥稳定土层的厚度和预定的干密度及水泥剂量，计算每单位平方米水泥稳定土需用的水泥用量，并计算每袋（通常质量为50kg）水泥的摊铺面积。

④根据水泥稳定土层的宽度，确定摆放水泥的行数，计算每行水泥的间距。

⑤根据每包水泥的摊铺面积和每行水泥的间距，计算每袋水泥的纵向间距。

（4）集料运输将采集合格的集料，用自卸翻斗车卸载至准备好的铺筑段指定位置。

4. 摊铺集料

（1）应事先通过试验确定集料的松铺系数（或压实系数，它是混合料的松铺干密度与压实干密度的比值）。

（2）摊铺集料应在摊铺水泥的前一天进行。摊料长度以日进度的需要为度，够次日一天内完成加水泥、拌合、碾压成型即可。

（3）检验松铺材料层的厚度。视其是否符合预计要求。松铺厚度＝压实厚度×松铺系数。必要时，应进行减料或补料工作。

5. 洒水闷料

（1）如已整平的集料（含粉碎的老路面）含水量过小，在集料车上洒水闷料。洒水要均匀。防止出现局部水分过多的现象。

（2）细料土洒水后经一夜充分闷料；中粒土和粗粒土，可视其中稀土含量的多少，可缩短闷料时间。如为水泥和石灰综合稳定土，应先将石灰和土拌合后一起进行闷料。

6. 整平和初压

对人工摊铺的集料层整平后，用6~8t两轮压路机碾压1~2遍，使其表面齐整。

7. 摆放和摊铺水泥

(1) 按计算的每袋水泥的纵横间距，用石灰或水泥在集料层上作安放每袋水泥的标记。

(2) 打开水泥袋，将水泥倒在集料层上，并用刮板将水泥均匀摊布。还应注意使每袋水泥的摊铺面积相等。

8. 干拌

(1) 当水泥撒布完成后，立即使用稳定土拌合机进行拌合。拌合遍数通常在2遍以上；拌合深度达到稳定层底。

(2) 采用简易拌合机拌合时，应先用平地机或铧犁（四铧犁或五铧犁）将铺好水泥的集料翻拌2遍，使水泥分布到集料中。但不应翻犁到底，以防止水泥落到底部。第1遍由路中心开始，将混合料向中间翻，机械应慢速前进。第2遍应是相反，从两边开始，将混合料向外侧翻。用旋转耕作机拌合2遍后，用铧犁或平地机将底部料翻起，翻犁2遍。随时检查调整翻犁的深度，使稳定土层全部翻透。最后，再用旋转耕作机拌合2遍，用铧犁或平地机再翻犁2遍。

9. 加水并湿拌

(1) 当水泥全部拌入土中后，应根据测量的混合料含水量进行定量补水拌合，补水量应使混合料的含水量略高于最佳含水量1%～2%。洒水距离应长些，水车起洒处和另一端调头处都应超出拌合段2m以上。洒水后，应再次进行拌合，使水分在混合料中分布均匀。拌合机械应紧跟在洒水车后面进行拌合。

(2) 混合料拌合均匀后应色泽一致，没有灰条、灰团和花面，没有粗细颗粒"窝"，且水分合适和均匀。

10. 整型

(1) 混合料拌合均匀后，立即用平地机初步整平和整型。在直线段，平地机由两侧向路中心进行刮平；在平曲线段，平地机由内侧向外侧进行刮平。

(2) 用拖拉机、平地机或轮胎压路机立即在初平的路段上快速碾压一遍，以暴露潜在的不平整。再用平地机进行整型，再碾压一遍。

11. 碾压

(1) 整型后立即进行碾压，并根据路宽、压路机的轮宽和轮距的不同，制定碾压方案，以求各部分碾压到的次数尽量相同（通常路面的两侧应多压2～3遍）。

(2) 整型后，当混合料的含水量等于或略大于最佳含水量时，立即用12t以上三轮压路机、重型轮胎压路机或振动压路机在路基全宽内进行碾压。直线段，由两侧路肩向路中心碾压；平曲线段，由内侧路肩向外侧路肩进行碾压。碾压时，应重叠1/2轮宽；后轮必须超过两段的接缝处，后轮压完路面全宽时，即为1遍。应在规定的时间内碾压到要求的密实度。同时没有明显的轮迹。一般需碾压6～8遍，压路机的碾压速度，头两遍的碾压速度以采用1.5～1.7km/h为宜，以后用2.0～2.5km/h的碾压速度。

(3) 碾压过程中，水泥稳定土的表面应始终保持潮湿，如表层水蒸发得快，应及时补洒少量的水。

(4) 在碾压结束之前，用平地机再终平一次，使其纵向顺适；路拱和超高符合设计要求。终压应仔细进行，必须将局部高出部分刮除并扫到路外；对于局部低洼之处，不再进行找补，留待铺筑沥青面层时处理。

12. 接缝和调头处的处理

(1) 同日施工的两工作段的衔接处，搭接拌合。第一段拌合后，留5~8m不进行碾压。第二段施工时，前段留下未压部分，要再加部分水泥重新拌合，并与第二段一起碾压。

(2) 每天最后一段施工缝和洞口处的处理

①在已完成的水泥稳定土层末端用直尺检查平整度，在压实度和平整度都符合要求的部分与不符合要求部分的分界处拉线垂直于中线，并沿该线垂直切至底面。

②用与结构层等厚等宽的方木，放在切除后断面处并紧靠做好的水泥稳定土层，以便保护该层不被破坏。

③为保护已做好的水泥稳定土层，在其表面覆盖10cm厚的土或砂等物，长度满足机械调头要求为宜。

④经过上述处理后，就可上料进行正常施工作业。

⑤当拌合、平整完成达到要求后，将方木取出，并用拌合好的混合料回填方木处；按要求的松铺厚度进行填筑整型，一般应比已铺筑层高5cm左右，待压实后刮除。

(3) 纵缝的处理。水泥稳定土层的施工应该避免纵向接缝，在必须分两幅施工时，纵缝必须垂直相接，不应斜接。纵缝应按下述方法处理：

①在前一幅施工时，在靠中央一侧用方木或钢模板做支撑，方木或钢模板的高度与稳定土层的压实厚度相同。

②混合料拌合结束后，靠近支撑木（或板）的水泥稳定混合料，应人工进行补充拌合，然后整型和碾压。

③在铺筑另一幅时，或在养生结束后，拆除支撑木（或板）。

④第一幅混合料拌合结束后，靠近第二幅的部分，应人工进行补充拌合，然后进行整型和碾压。

13. 养生

水泥稳定土经压实成型后，必须保水养生7d，应使表面潮湿，防止水分蒸发，保证水泥充分硬化，且在铺筑前应始终保持下层表面湿润。

每一层碾压完成并经压实度检查合格后，应立即养生，养生宜采用厚度为7~10cm的湿砂进行，砂铺匀后及时洒水，并在整个养生期间使砂保持潮湿状态，也可采用塑料薄膜，润湿的粗麻袋，稻草或其他合适的材料覆盖，防止其中水分蒸发，使稳定粒料层表面层保持湿润，以保持水泥充分产生水化作用。

二、中心站集中拌合（厂拌）施工要点

对于高等级公路，特别是高速公路底基层的第二层及基层都是采用厂拌法施工，采用集中厂拌法施工，延迟时间不应超过2h。以保证拌合质量和消除"素土"夹层的危险。施工要求如下：

1. 施工机具

(1) 翻斗车、汽车或其他运输车辆，平地机、推土机或人工摊铺工具。

(2) 洒水车：洒水或利用就近水源洒水。

(3) 压路机：轮胎压路机、钢光轮压路机、振动压路机。

(4) 其他夯实机具：适宜小范围处理路床翻浆等。

(5) 集中拌合设备：采用强制式、双转轴桨叶式（卧式叶片）等厂拌设备集中拌合。

2. 混合料配合比设计

配合比室内设计和施工配合比调试。

3. 下承层的验收检查及测量放样

下承层的验收检查同路拌法。测量放样中水准测量与路拌法施工相同。

(1) 在铺筑段两侧培作土模路肩，土模宽度比设计宽度宽 10～20cm，土模高度与水稳层松铺同高，土模必须拉线垂直切除，其密实度在 80% 左右，培设路肩后应在每隔一定距离（5～10m）交错留泄水沟或做盲沟。

(2) 设置钢丝基准线。选用 2～3mm 的钢丝作为基准线。每段基准线长度 300m 左右为宜（曲线上不超过 100m 为宜），在钢丝两端必须用紧线器同时张拉，张力 1kN 以上，以钢丝不产生挠度为准。固定钢丝基准线的钢钎采用刚度大的光圆钢筋加工，并配固定架，固定架采用丝扣以便拆除和调整高程。

(3) 固定钢丝基准线的钢钎采用刚度大的 $\phi 16 \sim \phi 18$ 光圆钢筋加工，并配固定架，固定架采用丝扣，以便拆除和调整高程。

4. 拌合

(1) 拌合前调试厂拌设备，使混合料的颗粒组成和含水量达到规定要求。如有变化应及时调试设备和调整添加水量。

(2) 混合料摊铺碾压的含水量不小于最佳值；配料要准确，拌合要均匀。

5. 运输

将拌合好的混合料从拌合机直接卸入自卸汽车，尽快送到铺筑现场。车上的混合料应覆盖，以减少水分损失。

6. 摊铺

(1) 采用沥青混凝土、专用的稳定粒料摊铺机摊铺混合料。

(2) 拌合机与摊铺机的生产能力应互相协调。如拌合机的生产能力较低，在用摊铺机或摊铺箱摊铺混合料时，应采用最低速度摊铺，减少摊铺机停机待料的情况。

(3) 下承层是稳定细粒土，应先将下承层顶面拉毛，再摊铺混合料。

(4) 在摊铺机后面应设专人消除粗细集料离析现象，特别是局部粗集料窝应该铲除，并用新拌混合料填补。

(5) 松铺系数的确定与调整。使用不同的摊铺机、不同的混合料、不同的夯重振动频率就会产生不同的松铺系数，一般常用的 ABG 佛格勒摊铺机，其松铺系数在 1.15～1.35 之间，施工时使用的松铺系数应在铺筑试验路时实测计算确定。在摊铺前，应按松铺系数调整好摊铺机。

(6) 最好选用两台摊铺机一前一后，错列前进，同时摊铺。摊铺均匀布料后应立即碾压，当摊铺机允许的摊铺宽度较大时，也可采用单台摊铺一次摊铺成型，但要注意摊铺过程中避免混合料的离析。

(7) 用摊铺机或平地机摊铺混合料后的整形和碾压均与路拌法相同。

7. 横向接缝处理方法

(1) 用摊铺机摊铺混合料时，中间不宜中断。如因故中断时间超过 2h，应设置横向接缝，摊铺机应驶离混合料末端。

（2）人工将末端混合料弄整齐，紧靠混合料放两根方木。方木的高度应与混合料的压实厚度相同；整平紧靠方木的混合料。

（3）方木的另一侧用砂砾或碎石回填约 3m 长，其高度应高出方木几厘米，并将混合料碾压密实。

（4）在重新开始摊铺混合料之前，将砂砾或碎石和方木除去，并将下承层顶面清扫干净。

（5）摊铺机返回到已压实层的末端，更新开始摊铺混合料。

（6）如摊铺中断后，未按上述方法处理横向接缝，而中断时间超过 2～3h，则应将摊铺机附近及其下面未经压实的混合料铲除，并将已碾压密实且高程和平整度符合要求的末端挖成一横向（与路中心线垂直）垂直向下的断面，然后再摊铺新的混合料。

8. 纵向接缝处理方法

在不能避免纵向接缝的情况下，纵缝必须垂直相接，严禁斜接，并按下述方法处理：

（1）在前一幅摊铺时，在靠后一幅的一侧用方木或钢模板做支撑，方木或钢模板的高度应与稳定土层的压实厚度相向。

（2）养生结束后，在摊铺另一幅之前，拆除支撑木（或板）。应避免纵向接缝。如摊铺机的摊铺宽度不够、必须分两幅摊铺时，宜采用两台摊铺机一前一后相隔约 5～8m 同步向前摊铺混合料，并一起进行碾压。

9. 养生及交通管制

水泥稳定土在养生期间应采取保湿措施，保持水泥稳定土碾压时的含水量，不让其变干。水泥稳定土的含水量减少。很容易产生干缩裂缝。采用洒水法养生时，应该注意勿使水泥土表层过湿。养生期一般为 7d 左右。

在养生期间未采用覆盖措施的水泥稳定层上，除洒水车外，应封闭交通。在采用覆盖措施（如覆盖砂养生或喷洒沥青膜养生）的水泥稳定土层上，不能封闭交通时，应限制车速不得超过 30km/h。

养生期结束后，应根据面层厚度结构情况，尽快铺筑其上的结构层。如果其上直接为沥青面层，应立即铺沥青面层，以保护水泥稳定土基层，防止产生收缩裂缝（对于较厚的沥青面层）。或先铺一封层，通车一段时间，让水泥稳定土基层充分开裂后再铺筑沥青面层（对于较薄的沥青面层），以减少反射裂缝。

第二节　石灰稳定土基层（底基层）的施工

在粉碎的或原来松散的土（包括各种粗粒土、中粒土和细粒土）中，掺入足够数量的石灰和水，经拌合得到的混合料经摊铺压实及养生后，当其抗压强度或耐久性符合规定要求时，称为石灰稳定土。

石灰稳定土，根据材料和材料级配又分为石灰土、石灰碎石土、综合稳定土等。

石灰剂量是石灰质量占全部土颗粒的干质量的百分率，即

$$石灰剂量＝石灰质量/干土质量$$

石灰稳定类材料适用于各级公路路面的底基层，可用作二级和二级以下公路的基层，

但石灰土不应用作高等级公路的基层。

一、路拌法施工

石灰稳定土的施工与水泥稳定土的施工方法基本相同，其施工方法如下：

1. 准备下承层

（1）石灰稳定土的下承层表面应平整、坚实、符合要求的路拱，没有任何松散材料和软弱地点。下承层的平整度和压实度应符合有关规定。

（2）当石灰稳定土用做基层时，要准备底基层；当石灰稳定土用做老路面的加强层时，要准备老路面；当石灰稳定土用做底基层时，要准备土基。

①对土基不论路堤或路堑，必须用12～15t三轮压路机或等效的碾压机械进行碾压检验（压3～4遍）。在碾压过程中，如发现土过干、表层松散，应适当洒水；如土过湿，发生"弹簧"现象，应采用挖开晾晒、换土、掺石灰或粒料等措施进行处理。

②对新完成的底基层或土基，必须按规定或规范要求进行验收。凡验收不合格的路段，必须采取措施，使其达到规定的要求后，方能在上铺筑石灰稳定土层。

③应逐个断面检查下承层高程是否符合设计要求。下承层高程的误差应符合有关规定的要求。

（3）在槽式断面的路段，两侧路肩上每隔一定距离（如5～10m）应交错开挖泄水沟（或做盲沟）。

2. 施工放样

（1）在底基层或老路面或土基上恢复中线，直线段每15～20m设一桩，平曲线段每10～15m设一桩，并在两侧路肩边缘外设指示桩。

（2）进行水平测量，在两侧指示桩上用明显标记标出石灰稳定土基层边缘的设计高程。

3. 备料

（1）视具体情况，可利用老路面或土基上部材料或料场的集料。

（2）采集集料前，应先将树木、草皮和杂土清除干净。集料中的超规格尺寸颗粒应设法粉碎或予以筛除，使其颗粒满足最大粒径要求。

（3）对于塑性指数小于15的黏性土，机械拌合时，可视土质和机械性能确定是否需要过筛。人工拌合时，应筛除15m以上的土块。

（4）石灰宜选在公路两侧宽敞而临近水源且地势较高的场地集中堆放。预计堆放时间较长时，应用土、塑料布或其他材料覆盖封存。生石灰应在使用前7～10d充分消解。每吨生石灰消解需要用水量一般约为500～800kg。消解后的石灰应保持一定的湿度，以免过于飞扬污染环境，但也不能过湿成团而造成使用困难。消石灰原则上应过孔径10mm的筛，并尽快使用。

（5）计算材料用量。根据各路段石灰稳定土层的宽度、厚度及预定的干密度，计算各路段需要的干燥材料用量。在计算材料用量时，有两种情况：一种情况与水泥稳定土施工时的材料用量计算相同；另一种情况是使用在现场消解的熟石灰，在计算每平方米面积石灰稳定土需用的石灰用量后，计算现场运石灰车每车石灰的摊铺面积，并计算每车石灰的卸放位置，即纵向和横向间距。

(6) 在堆料前应先洒水，使其表面湿润，但不应过分潮湿而造成泥泞。还应注意集料在下承层上的堆置时间不应过长。运送集料只宜比摊铺集料工序提前 1~2d。

4. 摊铺集料

应事先通过试验确定集料的松铺系数（或压实系数，这是混合料的松铺干密度与压实干密度的比值）。集料用量应力求准确，否则，将影响石灰剂量和混合料的强度及稳定性。集料应尽可能摊铺均匀，集料不应有粗细颗粒离析现象。摊料长度以日进度的需要量为度，够次日加灰、拌合、碾压成型即可。人工摊铺混合料时，其松铺系数可参考表 2-1 的值。

石灰稳定土松铺系数　　　　　表 2-1

材料名称	松铺系数	备注
石灰土	1.53~1.58	现场人工摊铺土和石灰，机械拌合人工整平
	1.65~1.70	路外集中拌合，运到现场人工摊铺
石灰土砂砾	1.52~1.56	路外集中拌合，运到现场人工摊铺

5. 洒水闷料

如过干，应事先洒水闷料，使土的含水量接近最佳值。细粒土宜闷料一夜，中粒土和粗粒土，视细土含量多少，可缩短闷料时间。

6. 整型轻压

将石灰在已摊铺均匀的土层或集料层上摊铺均匀是用路拌法施工时的重要一环。如果石灰摊铺不均匀，不管用多好的路拌机械都不可能使石灰在混合料中分布均匀。只有土层或集料层的表面平整并具有一定的密实度，在用人工摊铺石灰时，才能将石灰在面上摊铺均匀，因此，将土或集料摊铺均匀后，必须进行整型，使其表面具有规定的路拱，并用两轮压路机碾压 1~2 遍，使土或集料层表面平整、较密实。

7. 运送和摊铺石灰

按事先计算得到的每车或每袋石灰的纵横距，用石灰在土层或集料层上做卸置石灰的标记。同时划出摊铺石灰的边线。用刮板将石灰均匀摊开，石灰摊铺后，表面应没有空白位置。然后，量测石灰的松铺厚度，根据石灰的含水量的松密度，校核石灰用量是否合适。

8. 拌合与整型

拌合的方法和要求与水泥稳定土相同。整型的方法和要求与水泥稳定土施工的整型相同。

石灰稳定土层表面的低洼处，严禁用薄层石灰土混合料找补。因为薄层找补极易在使用过程中脱皮压碎，导致表层破坏。因此，石灰稳定土摊铺和整平时，要严格掌握纵向坡度和路拱。摊铺时，一般要按"宁高勿低"的原则，最后整平（终平）时，一般要按"宁刮勿补"的原则处理。

9. 碾压

整型后，经检查高程、横坡、平整度、含水量、含灰量均符合要求后，可进行碾压。

在人工摊铺和整型的情况下，由于稳定土层很松，需要先用拖拉机、6~8t 两轮压路机或轮胎压路机碾压 1~2 遍。再用重型轮胎压路机、振动压路机或 12t 以上的三轮压路机进行碾压。

在机械摊铺和整型的情况下，用 12t 以上的三轮压路机、重型轮胎压路机或振动压路机在路基全宽内进行碾压。碾压一直进行到要求的密实度为止；同时表面无明显痕迹，初始速度宜采用 1.5~1.7km/h 为宜，以后用 2.0~2.5km/h。路面的两侧，应多压 2~3 遍。

10. 养生及交通管理

与水泥稳定土施工的方法类同。

二、厂拌法施工

石灰稳定土可以在中心站用多种机械进行集中拌合。厂拌法施工通常是指在固定的场地采用带有自动计量装置的专用稳定土拌合机（站）进行拌合，用摊铺机进行摊铺后，再碾压成型，是目前国内高速公路及高等级公路广泛采用的一种机械化程度较高的施工方法。

石灰稳定土可以在中心站用多种机械，例如强制式拌合机、双转轴桨叶式拌合机等，进行集中也可以用路拌机械或人工在场地上进行分批集料拌合。

准备下承层、施工放样、摊铺混合料、整型、碾压、接缝、调头处理和养生等同路拌法。

第三节 石灰、粉煤灰砂砾基层（底基层）的施工

工业废渣包括粉煤灰、炉渣、煤渣、高炉矿渣（镁渣）、钢渣（已经过崩解达到稳定）、镁渣、煤矸石和其他粉状废渣。用一定比例的石灰与这些废渣中的一种或两种经加水拌合、压实和养生后，得到的一种强度和耐久性都有很大提高并符合规范规定的土，称为石灰工业废渣稳定土（简称石灰工业废渣）。

根据材料与配比的不同又分为石灰粉煤灰类、二灰土、二灰碎（砾）石等。

石灰工业废渣稳定土适用于各级公路的基层和底基层，但二灰土不应用作高级沥青路面的基层，而只用作底基层。

在高速公路和一级公路上水泥混凝土面板下，二灰土也不应用作基层。

一、二灰稳定类的特性

由于二灰稳定类具有以下优点而被广泛采用。

(1) 二灰稳定类具有较高的强度，它虽然早期强度偏低，但后期强度比较高，如在夏季一个月就能达到 1.7~2.0MPa，两个月能达到 3MPa，以后还会慢慢增长。

(2) 二灰稳定类成型后经过一段时间的养护，强度逐渐增高，最后形成一个板体，有较好扩散应力的作用。

(3) 二灰稳定类在形成过程中，内部进行物理、化学反应，形成致密整体，具有良好的水稳定性和抗冻性。

(4) 二灰稳定类具有废物利用，有利环保的优点。特别在粉煤灰废料多的地区，如果当地土的塑性指数过小或过大，光靠石灰稳定达不到要求的强度，或是难以压实成型，这时最适宜采用二灰稳定类。

二、二灰稳定类的施工方法

二灰稳定类施工最突出的特点是容易施工,不需要严格控制从加水拌合到完成压实的时间。另外可使用传统的施工设备施工,二灰土施工可根据工程情况,可以用路拌设备进行路拌法施工;也可以采用厂拌法拌合,摊铺机摊铺施工;或者是厂拌法拌合,平地机摊铺施工。

三、二灰稳定类施工质量控制重点

二灰稳定类施工与石灰稳定类基本相同。但在下面几个方面需作为重点控制。

(1) 原材料控制

严格控制原材料的质量,不使用不符合要求的材料。

从二灰土的材料组成上看,土在二灰土中所占的比例最大,它是起骨架作用的。有关试验资料表明,在同样组成比例的二灰土中,由于土的塑性指数的变化,特别是塑性指数在10~20之间变化,其二灰土的强度的变化尤为明显。塑性指数高的土,强度亦高,但是土的塑性指数越高,越难粉碎,不易施工,塑性指数在20以上的土更是难于施工。所以,有条件的话,尽量挑选塑性指数在13~18之间的土较为理想,不但好施工,而且各项技术指标易达到设计要求。在实际施工中,应结合当地土质情况,多做试验,多比较,同时考虑工程成本进行优选。

粉煤灰由于产地的不同,其材料性质差别较大。由于它在二灰土中石灰的激发下,有慢性固结作用,使后期强度有较多的增长。因此,应选用较细的,比表面积大的,烧失量小的粉煤灰。

石灰只要能满足Ⅲ级以上即可。

(2) 配比设计控制

应采用正交试验的方法进行配比设计。一个好的配比设计只是完成设计还不行,应在施工中不折不扣的加以实现,使拌合出来的混合料能把各种材料的组成误差控制在规定的范围内。这同样是一项关键工作,施工中应特别重视。

(3) 施工工艺流程控制

①备料。粉煤灰的准备,如采用湿排的粉煤灰在使用前几天运到现场,以便滤水,干拌的粉煤灰应在装运前适当加水运送或用封闭车辆运输,以免扬灰,堆放时必须使粉煤灰含有足够的水分(含水量15%。20%),以防飞扬,特别是干燥多风季节,更应使料堆表面保持湿润或加覆盖。

②摊铺。运输和摊铺可按工艺流程图进行,也可先摊铺集料再运输摊铺预拌的二灰混合料。第一种材料摊铺均匀后,宜先用两轮压路机碾压1~2遍,然后再运输并摊铺第二种材料;同样在第二种材料层上也应先用两轮压路机碾压1~2遍,然后再运送并摊铺第三种材料。

③拌合。当配合比组成设计确定后,首要控制的过程就是拌合料拌合的控制,拌合料均匀一致是保证二灰土质量的前提,无论采用路拌或是厂拌,这都是必须严格控制的过程。

就路拌而言,还应注意:

根据施工配套设备能力由试验确定各种材料松铺系数；布土、布灰（石灰、粉煤灰）要均匀，厚薄一致，特别是粉煤灰石灰应码成标准断面、控制剂量，人工均匀撒布，并严格监控。松铺系数参考值见表2-2。

二灰土松铺系数　　　　　　　　　　　　表2-2

材料名称		松铺系数	材料名称		松铺系数
人工整型	二灰土	1.5～1.7	人工整型	石灰煤渣土	1.6～1.8
	二灰集料	1.3～1.5		石灰煤渣集料	1.4

厂拌法摊铺机摊铺施工采用摊铺机走钢丝控制高程、横坡；如采用平地机摊铺施工时，宜采用推土机分料初平，并排压进行初平整型，然后用平地机精平，控制方法同路拌施工。

第四节　嵌挤类路面结构层的施工

一、填隙碎石

水结碎石与干压碎石统称为填隙碎石，也就是说用单一尺寸的粗碎石做主骨料，形成嵌锁作用，用石屑填满石间的孔隙，增加密实度和稳定性，这种结构称填隙碎石。填隙碎石可适用于各等级公路的底基层和二级以下公路的基层。

1. 材料要求

填隙碎石用作基层时，碎石的最大粒径不应超过60mm；用作底基层时，碎石的最大粒径不应超过80mm（均指圆孔筛）。粗碎石可以用具有一定强度的各种岩石或漂石轧制，也可以用稳定的矿渣轧制。材料中的扁平、细长和软弱颗粒不应超过15%。粗碎石的颗粒组成应符合表2-3的规定。

填隙碎石中粗碎石的颗粒组成　　　　　　　表2-3

编号	标准尺寸(mm)	通过下列筛孔（mm）的质量百分率（%）							
		80	60	50	40	30	25	20	10
1	40～80	100	25～60		0～15		0～5		
2	30～60		100		25～50	0～15		0～5	
3	25～50			100	35～70		0～15		0～5

轧制碎石时所得的5mm以下的细筛余料（即石屑）是最好的填隙料，填隙料宜具有表2-4的颗粒组成。

填隙料的颗粒组成　　　　　　　　　　表2-4

筛孔尺寸（mm）	10	5	2.0	0.5	0.75	塑性指数
通过百分率（%）	100	80～100	60～80	30～50	0, 10	小于6

用作基层的粗碎石的集料压碎值不大于26%；用作底基层的粗碎石的集料压碎值不大于30%。

2. 施工程序

(1) 准备下承层

填隙碎石结构层下面是底基层、垫层或土基时,都要求严整坚实,无松散或软弱地点,平整度、压实度、路拱横坡度、控制高程都要符合规范规定的要求。

(2) 施工放样

在下承层上恢复中线。直线段每 15～20m 设一桩,平曲线段每 10～15m 设一桩,并在两侧路肩外设指示桩。同时要进行水平测量。在两侧指示桩上标出基层边缘的设计高程。

(3) 备料

根据结构层的宽度、厚度及松铺系数 (1.20～1.30) 计算粗碎石的用量,填隙料的用量约为粗碎石质量的 30%～40%。

(4) 运输与摊铺粗碎石

将料用车辆运到下承层上(注意堆放距离),然后用平地机或其他适合的机具将粗碎石均匀地摊铺在预定的宽度上,并检验松铺厚度。

(5) 撒铺填隙料和碾压

1) 干法施工(干压碎石)

①初压。用 8t 两轮压路机碾压 3～4 遍,使粗碎石稳定就位。在直线段上,碾压从两侧路肩开始,逐渐错轮向路中心进行;在有超高路段上,碾压以内侧路肩逐渐错轮向外侧路肩进行。错轮时,每次重叠 1/3 轮宽。在第一遍碾压后,应再次找平。初压终了时,表面应平整,并具有要求的路拱和纵坡。

②撒铺填隙料。用石屑撒布机或类似的设备将干填隙料均匀地撒铺在已压稳的粗碎石层上,松厚约 2.5～3.0cm。

③碾压。用振动压路机慢速碾压。将全部填隙料振入粗碎石间的孔隙中。如没有振动压路机,可用重型振动板。

④再次撒布填隙料。用石屑撒布机或类似的设备将干填隙料再次撒铺在粗碎石层上,松厚约 2.0～25cm。用人工或机械扫匀。

⑤再次碾压。用振动压路机碾压,碾压过程中,对局部填隙料不足之处,人工进行找补,将局部多余的填料扫除,使填隙料不应在粗碎石表面局部地自成一层。表层必须能见粗碎石。

⑥设计厚度超过一层铺筑厚度,需在其上再铺一层时,应扫除一部分填隙料,然后在其上摊铺第二层粗碎石及填隙料。

⑦填隙碎石表面孔隙全部填满后,用 12～15t 三轮压路机再碾压 1～2 遍。在碾压过程中,不应有任何蠕动现象。

2) 湿法施工(水结碎石)

①开始的工序与干法施工相同。

②粗碎石层表面孔隙全部填满后,应立即用洒水车洒水,直到饱和为止。

③用 12～15t 三轮压路机跟在洒水车后面进行碾压。在碾压过程中,将湿填隙料继续扫入所出现的孔隙中。洒水和碾压应一直进行到细集料和水形成粉浆为止。

④干燥碾压完成的路段要留待一段时间,让水分蒸发。结构层变干后,表面多余的细

料，应扫除干净。

填隙碎石施工完毕后，表面粗碎石间的孔隙既要填满填隙料又不能覆盖粗集料而自成一层，表面应看得见粗碎石。碾压后基层的固体体积率应不小于85%，底基层的固体体积率应不小于83%。填隙碎石基层未洒透层沥青或未铺封层时，禁止开放交通。

二、泥结碎石

采用单一尺寸的碎石和一定比例的塑性指数较高的黏性土，经过碾压密实后形成的结构层。泥结碎石结构由于施工简便和造价较低，仍在我国现有低等级公路中占有相当大的比重。

1. 材料要求

（1）石料

可采用轧制碎石或天然碎石。轧制碎石的材料可以是各种类型的较坚硬的岩石、圆石或矿渣。碎石的扁平细长颗粒不宜超过20%，并不得有其他杂物。碎石形状应尽量采用接近立方体，并具有棱角的为宜。泥结碎石适用的材料规格如下表。

泥结碎石材料规格　　　　　表2-5

编号	通过下列筛孔（mm）的质量百分率（%）					层位
	75	50	40	20	10	
1	100		0~15	0~5		下层或基层
2		100		0~15	0~5	
3			100	0~15	0~5	上层或面层
4				85~100	0~5	
5					85~100　0~5	嵌缝

（2）黏土

泥结碎石路面中的黏土主要起黏结和填充空隙的作用。塑性指数较高的土，粘结力强而渗透性弱。其缺点是胀缩性大。反之，塑性指数低的土，则粘结力弱而渗透性强，水分容易渗入。因此，对土的塑性指数一般在18~27之间为宜。黏土内不得含腐殖质或其他杂质，黏土用量不宜超过石料干重的20%。

2. 施工方法与程序

泥结碎石路面的施工方法，常用灌浆法和拌合法两种，其中灌浆法修筑的效果较好。灌浆法施工，一般可按下列工序进行。

（1）准备工作

包括放样、布置料堆，整理路槽和拌制泥浆。泥浆按水土体积比0.8∶1~1∶1进行拌制，过稀或不均匀，都将直接影响到结构层的强度和稳定性。

（2）摊铺石料

将事先准备好的石料按松铺厚度一次铺足。松铺系数为1.2~1.3。

（3）初步碾压

初碾的目的是使碎石颗粒经初碾压紧，但仍保留有一定数量的空隙，以便泥浆能灌进去。因此，以选用三轮压路机或振动压路机碾压为宜。碾压至碎石无松动情况为佳。

（4）灌浆

在初压稳定的碎石层上，灌注预先调制好的泥浆。泥浆要浇得均匀，数量要足够灌满碎石间的孔隙。泥浆的表面与碎石齐平，但碎石的棱角仍应露出泥浆之上，必要时，可用竹扫帚将泥浆扫匀。灌浆时务必使得泥浆灌到碎石层的底部，灌浆后 1~2h，当泥浆下注，孔隙中空气溢出后，在未干的碎石层表面撒嵌缝料。以填塞碎石表面的空隙，嵌缝料要撒得均匀。

（5）碾压

灌浆后，待表面已干而内部泥浆尚处于半湿状态时，再用三轮压路机或振动压路机继续碾压，并随时注意将嵌缝料扫匀，直至碾压到无明显轮迹及在碾轮下材料完全稳定为止。在碾压过程中，每碾压 1~2 遍后，即撒铺薄层石屑并扫匀，再进行碾压，以便碎石缝隙内的泥浆流到表面与所撒石屑黏结成整体。

拌合法施工与灌浆法施工不同之处，在于土不必制成泥浆，而是将土直接铺撒在摊铺平整的碎石层上，用平地机、多铧犁或多齿耙均匀拌合，然后用三轮压路机或振动压路机进行碾压，碾压方法同灌浆法。在碾压过程中，需要时应补充洒水，碾压 4~6 遍后，撒铺嵌缝料，然后继续碾压，直至无明显轮迹及在碾轮下材料完全稳定为止。

泥灰结碎石路面结构层施工程序与泥结碎石相同。

第三章　沥青混凝土面层工程

　　沥青路面结构层可由面层、基层、底基层、垫层组成。面层是直接承受车轮荷载反复作用和自然因素影响的结构层，可由 1～3 层组成，其中表面层应根据使用要求设置抗滑耐磨、密实稳定的沥青层；中面层、下面层应根据公路等级、沥青层厚度、气候条件等选择适当的沥青结构层。基层是设置在面层之下，并与面层一起将车轮荷载的反复作用传布到底基层、垫层、土基，起主要承重作用的层次。基层材料的强度指标应有较高的要求。基层视公路等级或交通量的需要可设置一层或两层。当基层较厚需分两层施工时，可分别称为上基层、下基层。底基层是设置在基层之下，并与面层、基层一起承受车轮荷载反复作用，起次要承重作用的层次。底基层材料的强度指标要求可比基层材料略低。底基层视公路等级或交通量的需要可设置一层或两层。底基层较厚需分两层施工时，可分别称为上底基层、下底基层。垫层是设置在底基层与土基之间的结构层，起排水、隔水、防冻、防污等作用。

第一节　沥青路面面层原材料要求

一、沥青材料

　　1. 特性：沥青是由一些极其复杂的高分子碳氢化合物和它们的一些非金属（氧、硫、氮等）衍生物所组成的混合物，沥青是公路铺筑路面的主要物资，也是房屋、桥梁、涵洞等构造物常用的主要防水材料和嵌缝材料。

　　2. 沥青材料分为地沥青（天然沥青、石油沥青）和焦油沥青（煤沥青、木沥青、页岩沥青）两类。

　　3. 公路工程用沥青主要是道路石油沥青、乳化沥青、改性沥青和改性乳化沥青。道路沥青分为 A、B、C 三级沥青，每级沥青又分为 7 个标号；乳化沥青分为阳离子乳化沥青，阴离子乳化沥青，非离子乳化沥青三类；改性沥青根据使用改性材料（高分子聚合物）不同分为 SBS 类、SBR 类、EVA 及 PE 类；改性乳化沥青分为喷洒型改性乳化沥青及拌合用乳化沥青。

二、沥青混合料

　　1. 特性：沥青混合料是由沥青、粗集料、细集料和粉矿以及外加剂组成的一种复合材料，将不同粒径的碎石、天然砂或破碎砂等按适当的配比配制成符合规定级配范围的混合料加热后，与适当比例的热沥青及矿粉在规定的温度下拌合均匀所得混合料称为沥青混凝土混合料。

　　2. 沥青混合料主要分为沥青混凝土（简称 AC）和沥青碎石混合料（简称 AM）。

第二节 热拌沥青混合料面层施工技术

热拌沥青混合料是人工组配的矿质混合料与黏稠沥青在专门设备中加热拌合而成,用保温运输工具运送至施工现场,并在热态下进行摊铺和压实的混合料。

热拌沥青混合料(HMA)适用于各种等级公路的沥青面层。

一、施工准备

1. 选购经调查试验合格的材料进行备料,矿料应分类堆放,矿粉必须是石灰岩磨细而成不得受潮,必要时做好矿料堆放场地的硬化处理和场地四周排水及搭设矿粉库房或储存罐。

2. 做好配合比设计报送监理工程师审批,对各种原材料进行符合性检验。

3. 在验收合格的基层上恢复中线(底面层施工时)在边线外侧 0.3~0.5m 处每隔 5~10m 钉边桩进行水平测量,拉好基准线,画好边线。

4. 对下承层进行清扫,底面层施工前两天在基层上洒透层油。在中底面层上喷洒粘层油。

5. 试验段开工前 28d 安装好试验仪器和设备,配备好的试验人员报请监理工程师审核。各层开工前 14d 在监理工程师批准的现场备齐全部机械设备进行试验段铺筑,以确定松铺系数、施工工艺、机械配备、人员组织、压实遍数,并检查压实度,沥青含量,矿料级配,沥青混合料马歇尔各项技术指标等。

二、沥青混合料的拌制

1. 各种集料分类堆放,每个料源均进行试验,按要求的配合比进行配料。

2. 设置间歇式具有密封性能及除尘设备,并有检测拌合温度装置的沥青混凝土拌合站。

3. 拌合站设试验室,对沥青混凝土的原材料和沥青混合料及时进行检测。

4. 热拌沥青混合料的施工温度与石油沥青的标号有关。沥青的加热温度控制在规范规定的范围之内,即 145~170℃。集料的加热温度视拌合机类型决定,间歇式拌合机集料的加热温度比沥青温度高 10~30℃,连续式拌合机集料的加热温度比沥青温度高 5~10℃;混合料的出料温度控制在 135~170℃。当混合料出料温度过高即废弃。混合料运至施工现场的温度控制在不低于 135~150℃。

5. 出厂的混合料须均匀一致,无白花料,无粗细料离析和结块现象,不符要求时废弃。

三、混合料的运输

1. 根据拌合站的产量、运距合理安排运输车辆。

2. 运输车的车厢内保持干净,涂防粘薄膜剂。运输车配备覆盖棚布以防雨和热量损失。

3. 已离析、硬化在运输车箱内的混合料,低于规定铺筑温度或被雨淋的混合料予以废弃。

四、混合料的摊铺

1. 根据路面宽度选用 1～2 台具有自动调节摊铺厚度及找平装置，可加热的振动熨平板，并选用运行良好的高密度沥青混凝土摊铺机进行摊铺。
2. 下、中面层采用走线法施工，表面层采用平衡梁法施工。
3. 摊铺机均匀行驶，行走速度和拌合站产量相匹配，以确保所摊铺路面的均匀不间断地摊铺。在摊铺过程中不准随意变换速度，尽量避免中途停顿。
4. 沥青混合料的摊铺温度根据气温变化进行调节。一般正常施工控制在不低于 125～140℃，在摊铺过程中随时检查并做好记录。
5. 开铺前将摊铺机的熨平板进行加热至不低于 100℃。
6. 采用双机或三机梯进式施工时，相邻两机的间距控制在 10～20m。两幅应有 30～60mm 宽度的搭接。
7. 在摊铺过程中，随时检查摊铺质量，出现离析、边角缺料等现象时人工及时补洒料，换补料。
8. 在摊铺过程中随时检查高程及摊铺厚度，并及时通知操作手。
9. 摊铺机无法作业的地方，在监理工程师同意后采取人工摊铺施工。

五、混合料的压实

1. 压路机采用 2～3 台双轮双振压路机及 2～3 台重量不小于 16t 胶轮压路机组成。
2. 初压：采用钢轮压路机静压 1～2 遍，正常施工情况下，温度应不低于 120℃并紧跟摊铺机进行，当对摊铺后初始压实度较大，经实践证明采用振动压路机或轮胎压路机直接碾压无严重推移而有良好效果时，可免去初压；复压：紧跟在初压后开始，不得随意停顿。密级配沥青混凝土优先采用胶轮压路机进行搓揉碾压，以增加密水性，总质量不宜小于 25t。边角部分压路机碾压不到的位置，使用小型振动压路机碾压。
3. 采用雾状喷水法，以保证沥青混合料碾压过程中不粘轮。
4. 不在新铺筑的路面上进行停机，加水、加油活动，以防各种油料、杂质污染路面。压路机不准停留在温度尚未冷却至自然气温以下已完成的路面上。
5. 碾压进行中压路机不得中途停留、转向或制动，压路机每次由两端折回的位置阶梯形随摊铺机向前推进，使折回处不在同一横断面上，振动压路机在已成型的路面上行驶关闭振动。

六、接缝处理

1. 梯队作业采用热接缝，施工时将已铺混合料部分留下 100～200mm 宽暂不碾压作为后摊铺部分的高程基准面，后摊铺部分完成立即骑缝碾压，以除缝迹。
2. 半幅施工不能采用热接缝时，采用人工顺直刨缝或切缝。铺另半幅前必须将边缘清扫干净，并涂洒少量粘层沥青。摊铺时应重叠在已铺层上 50～100mm，摊铺后将混合料人工铲走。碾压时由边向中碾压留下 100～150mm，然后压实新铺部分，再跨缝挤紧压实。

3. 横接缝的处理方法：首先用 3m 直尺检查端部平整度不符合要求时，垂直于路中线切齐清除。清理干净后在端部涂粘层沥青接着摊铺。摊铺时调整好预留高度，接缝处摊铺层施工结束后再用 3m 直尺检查平整度立即用人工处理。横向接缝的碾压先用双轮双振压路机进行横压，碾压时压路机位于已压实的混合料层上伸入新铺层的宽为 150mm，然后每压一遍向铺混合料方向移动 150~200mm，直至全部在新铺层上为止，再改为纵向碾压。

七、检查试验

1. 按施工技术规范要求的频率认真做好各种原材料、施工温度、矿料级配、马歇尔试验、压实度等试验工作。
2. 在施工过程中随时检查铺筑厚度、平整度、宽度、横坡度、高程。
3. 所有检验结果资料报监理工程师审批和申报计量支付。

第三节　沥青表面处治施工技术

沥青表处路面简称沥青表处，是由沥青和细粒碎石按比例组成的一种不大于 3cm 的薄层路面。沥青表处路面薄、造价低、施工简便、行车性能好，适用于三级及三级以下公路的沥青面层。

沥青表面处治可采用道路石油沥青、乳化沥青、煤沥青铺筑，沥青表面处治的集料最大粒径应与处治层的厚度相等。

沥青表面处治通常采用层铺法施工，按照洒布沥青及铺撒矿料的层次的多少，可分为单层式、双层式和三层式 3 种，单层式和双层式为三层式的一部分。沥青表面处治宜选择在干燥和较热的季节施工，并在最高温度低于 15℃到来以前半个月及雨期前结束。

三层法施工工序是：施工准备→洒透层油→洒第一层沥青→撒第一层集料→碾压→洒第二层沥青→撒第二层集料→碾压→洒第三层沥青→撒第三层集料→碾压→初期养护成型。

第四节　沥青贯入式面层施工技术

在初步压实的碎石（或破碎砾石）上，分层浇洒沥青、撒布嵌缝料。或再在上部铺筑热拌沥青混合料封层，经压实而成的沥青面层称为沥青贯入式沥青路面。沥青贯入式面层于三级及三级以下公路，也可作为沥青路面的联结层或基层。其厚度宜为 4~8cm，但乳化沥青贯入式路面的厚度不宜超过 5cm。当贯入层上部加铺拌合的沥青混合料面层成为上拌下贯式路面时，拌合层的厚度宜不小于 1.5cm。

沥青贯入式面层具有较高的强度和稳定性，其强度主要由以矿料的嵌挤为主，沥青的黏结力为辅而构成的。由于沥青贯入式面层是一种多空隙结构，为防止路表面水的浸入和增强路面的水稳定性，最上层应撒布封层料或加铺拌合层。乳化沥青贯入式面层铺筑在半刚性基层上时，应铺筑下封层。沥青贯入层作为联结层使用时，可不撒表面封层料。

沥青贯入式面层的施工工艺流程为：清扫基层→洒透层或粘层沥青（乳化沥青贯入式

或沥青贯入式厚度小于5cm)→撒主层矿料→碾压→洒布第一遍沥青→撒布第一遍嵌缝料→碾压→洒布第二遍沥青→撒第二遍嵌缝料→碾压→洒布第三遍沥青→撒封层料→碾压→初期养护。沥青贯入式面层宜选择在干燥和较热的季节施工，并宜在日最高温度降低至15℃以前的半个月结束，使贯入式结构层通过开放交通碾压成型。

第五节 沥青路面透层、粘层、封层施工技术

一、透层施工技术

1. 作用与适用条件

1) 透层的作用：为使沥青面层与基层结合良好，在基层上浇洒乳化沥青、煤沥青或液体沥青而形成的透入基层表面的薄层。

2) 沥青路面各类基层都必须喷洒透层油。沥青层必须在透层油完全渗透入基层后方可铺筑。基层上设置下封层时，透层油不宜省略。

2. 一般要求

1) 凡是用水泥、石灰、粉煤灰等无机结合料稳定土或粒料的半刚性基层、级配砂砾、级配碎石基层都应喷洒透层油。

2) 透层油沥青的稠度宜通过试验确定，对于表面致密的半刚性基层宜采用渗透性好的稀透层沥青；对级配砂砾、级配碎石等粒料基层宜采用软稠的透层沥青。

3) 透层油沥青宜采用慢裂的洒布型乳化石油沥青，或者是中、慢裂液体石油沥青或煤沥青。

4) 使用乳化石油沥青时，用于制作乳化沥青的沥青标号应根据基层种类、当地气候等条件确定。

5) 透层沥青的品种和用量应根据基层的种类通过试验确定，并符合有关的技术要求。

3. 注意事项

1) 透层油洒布后应不致流淌，应渗入基层一定深度，不得在表面形成油膜。

2) 如遇大风或将下雨时，不能喷洒透层油；气温低于10℃不得喷洒透层油。

3) 应按设计喷油量一次均匀洒布，当有漏洒时，应人工补洒。

4) 喷洒透层油后一定要严格禁止人和车辆通行。

5) 在摊铺沥青前，应将局部尚有多余的未渗入基层的沥青清除。

6) 透层油布洒后应待充分渗透，一般不少于24h后才能摊铺上层，但也不能在透层油喷洒后很久不做上层施工，应尽早施工。

7) 对无机结合料稳定的半刚性基层喷洒透层油后，如果不能及时铺筑面层时，并还需开放交通，应铺撒适量的石屑或粗砂，此时宜将透层油增加10%的用量。用6~8t钢筒式压路机稳压一遍，并控制车速。在摊铺上层时发现局部沥青剥落，应修补，还需清扫浮动石屑或砂。

二、粘层施工技术

1. 作用与适用条件

(1) 粘层的作用：使上下层沥青结构层或沥青结构层与结构物（或水泥混凝土路面）完全黏结成一个整体。

(2) 符合下列情况，必须喷洒粘层沥青：

1) 双层式或三层式热拌热铺沥青混合料路面的沥青层之间。

2) 水泥混凝土路面、沥青稳定碎石基层或旧沥青路面层上加铺沥青层。

3) 路缘石、雨水进水口、检查井等构造物与新铺沥青混合料接触的侧面。

2. 一般要求

(1) 粘层沥青的技术要求

粘层沥青材料目前一般多采用乳化沥青。使用乳化沥青时，宜使用快裂型的乳化沥青，也可以使用快、中凝液体石油沥青或煤沥青。粘层油的规格、质量应符合有关的要求。

粘层沥青的种类、标号宜与面层所用沥青相同，但需经乳化或稀释。

(2) 粘层沥青的用量、品种选择

路面的基层结构不一样，使用粘层沥青的品种就不一样。如级配碎石基层的渗透性好，可采用慢裂乳化沥青，而半刚性基层使用慢裂石油沥青洒布后会严重流淌，应使用快裂型沥青。

3. 注意事项

(1) 喷洒表面一定清扫干净，并表面干燥。

(2) 当气温低于10℃或路面潮湿时禁止喷洒。

(3) 喷洒粘层后，严禁车辆行人通过。

(4) 粘层沥青喷洒后，一定要等乳化沥青破乳，水分蒸发完后才能铺筑上层沥青混凝土。

三、封层的施工技术

1. 作用与适用条件

(1) 封层的作用：一是封闭某一层起着保水防水作用；二是起基层与沥青表面层之间的过渡和有效联结作用；三是路的某一层表面破坏离析松散处的加固补强；四是基层在沥青面层铺筑前，要临时开放交通，防止基层因天气或车辆作用出现水毁。封层可分为上封层和下封层。就施工类型来分，可采用拌合法或层铺法的单层式表面处治，也可以采用乳化沥青稀浆封层。

(2) 符合下列情况之一时，应在沥青面层上铺筑上封层。

1) 沥青面层的空隙较大，透水严重。

2) 有裂缝或已修补的旧沥青路面。

3) 需加铺磨耗层改善抗滑性能的旧沥青路面。

4) 需铺筑磨耗层或保护层的新建沥青路面。

2. 一般要求

(1) 使用层铺法沥青表面处治铺筑上封层时，施工方法按层铺法表面处治工艺施工。其材料用量要求应符合有关规定。沥青用量可采用规定范围的中、低限。

(2) 使用层铺法沥青表面处治铺筑下封层时，施工工艺同上封层。矿料用量应根据矿料尺寸、形状、种类等情况确定，宜为 $5\sim8m^3/1000m^2$。沥青用量可采用规定范围的中、高限。

（3）采用拌合法施工上、下封层时，应按照热拌沥青混凝土路面的施工工艺进行。当为下封层铺筑时，宜采用 AC-5（或 LH-5）砂粒式沥青混凝土，厚度宜为 1cm。

（4）使用乳化沥青稀浆封层施工上、下封层。

1）稀浆封层的厚度宜为 $3\sim6mm$。

2）稀浆封层的矿料类型应根据封层的目的、道路等级进行选择；矿料级配应根据铺筑厚度、集料尺寸及摊铺用量等因素选用。

3）稀浆封层使用的乳化沥青可采用慢裂或中裂的拌合型乳化沥青，当需要减缓破乳速度时，可掺加适量的氧化乳作外加剂。当需要加快破乳时，可采用一定数量的水泥或消石灰粉作填料。

4）乳化沥青的合理用量通过试验确定。

5）混合料的湿轮磨耗试验的磨耗损失不宜大于 $800g/m^2$；轮荷压砂试验的砂吸收量不宜大于 $600g/m^2$。

6）稀浆封层混合料的加水量应根据施工摊铺和易性由稠度试验确定，要求的稠度应为 $2\sim3cm$。

3. 注意事项

（1）当在被磨损的旧路面上铺筑稀浆封层时，施工前应先修补坑槽、整平路面。

（2）稀浆封层施工时应在干燥情况下进行。

（3）稀浆封层施工应使用稀浆封层铺筑机，其工作速度宜匀速铺筑，应达到厚度均匀，表面平整的要求。

（4）稀浆封层铺筑后，必须待乳液破乳、水分蒸发、干燥成型后方可开放交通。

（5）稀浆封层施工气温不得低于 10℃。

第四章 水泥混凝土路面工程

第一节 材料要求

一、水泥

水泥属于水硬性无机胶凝材料,是公路工程的主要材料之一。按不同类别以水泥的主要水硬性矿物、混合材料、用途和主要特性进行水泥的命名,力求简明准确。公路工程中使用的水泥对其化学性质和物理性质有较高的要求,水泥中的氧化镁含量不得超过5%,三氧化硫含量不得超过3%,抗压强度和抗折强度要符合国家标准。水泥按照水泥砂浆试件3d、28d的强度不同分级,水泥的强度等级分为32.5级、32.5R级、42.5级、42.5R级、52.5级、52.5R级等。

公路工程主要使用硅酸盐类水泥中的五种通用水泥,即:硅酸盐水泥、普通硅酸盐水泥、矿渣硅酸盐水泥、火山灰质硅酸盐水泥和粉煤灰硅酸盐水泥;路面工程还会用上道路硅酸盐水泥。

二、水泥混凝土

水泥混凝土具有可塑性、经济、耐用、耐热、能效高、现场制作、艺术性、能耗低、原料丰富、可就地取材等优点。但水泥混凝土也有抗拉强度低、韧性差、体积不稳定、强度/重量比值低等缺点。用于公路工程施工的混凝土主要有桥涵水泥混凝土和道路水泥混凝土。

三、混凝土外加剂

(一)特性

混凝土外加剂是在混凝土制作过程中加入的一种少量甚至微量材料,它使得混凝土在施工时、硬化过程中或硬化后具有某些新的特性。

(二)分类

混凝土外加剂按其主要功能分为四类:

1. 改善混凝土拌合物流变性能的外加剂——各种减水剂、引气剂和泵送剂等。
2. 调节混凝土凝结时间、硬化性能的外加剂——早强剂、缓凝剂和速凝剂等。
3. 改善混凝土耐久性的外加剂——引气剂、防水剂和阻锈剂等。
4. 改善混凝土其他性能的外加剂——加气剂、膨胀剂、防冻剂、着色剂、防水剂和泵送剂等。

第二节　水泥混凝土路面的施工

一、施工准备

1. 选择施工机械

目前，我国在水泥混凝土路面工程建设中，高速公路、一级公路基本上使用滑模摊铺装备和工艺，二级及其以下公路水泥混凝土路面的施工，大多采用三辊轴机组施工设备与工艺，小型机具施工工艺多用于三、四级公路。

2. 施工组织

施工单位应根据设计图纸、合同文件、摊铺方式、施工条件等，确定混凝土路面施工工艺流程、施工方案，编制详细的切实可行的施工组织设计；对平面和高程进行复测和恢复性测量；建立具备资质要求的现场实验室；铺设必要的施工便道及对相关的技术人员进行培训。

3. 选择混凝土拌合场地

根据施工路线的长短和所采用的运输工具，混凝土可集中在一个场地拌制，也可以在沿线选择几个场地，随工程进展情况迁移。拌合场地的选择首先要考虑使运送混合料的运距最短；同时拌合场还要接近水源和电源。此外，拌合场应有足够的面积，以供堆放砂石材料和搭建水泥库房。

4. 进行材料试验和混凝土配合比设计

根据技术设计要求与当地材料供应情况，做好混凝土各组成材料的试验，进行混凝土各组成材料的配合比设计。

5. 基层的检查与整修

基层的宽度、路拱与标高、表面平整度和压实度，均应检查其是否符合要求。如有不符之处，应予整修，否则，将使面层的厚度变化过大，而增加其造价或减少其使用寿命。半刚性基层的整修时机很重要，过迟难以修整且很费工。当在旧砂石路面上铺筑混凝土路面时，所有旧路面的坑洞、松散等损坏，以及路拱横坡或宽度不符合要求之处，均应事先翻修调整压实。混凝土摊铺前，基层表面应洒水润湿，以免混凝土底部的水分被干燥的基层吸去，变得疏松以致产生细裂缝。有时也可在基层和混凝土之间铺设薄层沥青混合料或塑料薄膜。

二、混凝土搅拌与运输

1. 拌合

（1）组成材料计量与进料顺序

进行拌合时，掌握好混凝土施工配合比，严格控制加水量，应根据砂、石料的实测含水量，调整拌合时的实际用水量。混合料组成材料的计量允许误差为：水泥±1%；粗细集料为±5%；水为±1%；外加剂为±2%。

（2）拌合时间

拌合时间依赖于叶片总行程。从控制拌合物的粘聚性、匀质性及强度稳定性的角度出发,规定不同搅拌楼的总拌合时间及纯拌合时间。搅拌均匀的核心问题并非取决于时间,而依赖于叶片总行程。由于负载大小不同,叶片行程也不同,因此,时间控制只有在额定容量时才正确,所以也可控制叶片总行程即叶片搅拌总周长。

拌合时间确定应同时考虑质量和产量。拌合时间确定是要在提高拌合物质量要求延长时间与提高拌合物产量和拌合效率这对矛盾中取得最佳的平衡。我国高速公路水泥混凝土路面滑模摊铺时的拌合时间在铺筑初期,一般以质量控制为主,总拌合时间与纯拌合时间均比规范规定的时间要长。纯拌合时间一般不小于45s,施工正常时,在确保质量的前提下提高产量,再调整到35~40s。不得小于规范给出的总拌合时间60s与纯拌合时间35s。

2. 运输

混合料宜采用翻斗车或自卸车运输,当运距较远时,宜采用水泥混凝土搅拌运输车运输。运送混凝土的车辆装料前,应清净厢罐,洒水润壁,排干积水。装料时,自卸车应挪动车位,防止离析。搅拌楼卸料落差不应大于2m。混凝土运输过程中应防止漏浆、漏料和污染路面,途中不得随意耽搁。自卸车运输应减小颠簸,防止拌合物离析。车辆起步和停车应平稳。

运输到现场的拌合物必须具有适宜摊铺的工作性。不同摊铺工艺的混凝土拌合物从搅拌机出料到运输、铺筑完毕的允许最长时间可根据水泥初凝时间及施工气温确定,且应符合表4-1的规定。不满足时应通过试验、加大缓凝剂或保塑剂的剂量。超过表4-1规定摊铺允许最长时间的混凝土不得用于路面摊铺。混凝土一旦在车内停留超过初凝时间,应采取紧急措施处置,严禁混凝土硬化在车厢(罐)内。使用自卸车运输混凝土最远运输距离不宜超过20km。

混凝土拌合物出料到运输、铺筑完毕允许最长时间　　　　表4-1

施工温度(℃)	到运输完毕允许最长时间(h)		到铺筑完毕允许最长时间(h)	
	滑模、轨道	三轴、小机具	滑模、轨道	三轴、小机具
5~9	2.0	1.5	2.5	2.0
10~19	1.5	1.0	2.0	1.5
20~29	1.0	0.75	1.5	1.25
30~35	0.75	0.50	1.25	1.0

烈日、大风、雨天和低温天远距离运输时,自卸车应遮盖混凝土,罐车宜加保温隔热套。

运输车辆在模板或导线区调头或错车时,严禁碰撞模板或基准线,一旦碰撞,应告知测量工重新测量纠偏。

车辆倒车及卸料时,应有专人指挥。卸料应到位,严禁碰撞摊铺机和前场施工设备及测量仪器,卸料完毕,车辆应迅速离开。

三、面层铺筑

1. 安装模板

(1) 边侧模板

定模摊铺,使用量最大、最多的是边缘侧向模板。公路混凝土路面板、桥面板和加铺层的施工模板应采用刚度足够的槽钢、轨模或钢制边侧模板,不应使用木模板、塑料模板等其他易变形的模板。

模板的高度为面板设计厚度。模板顶面用水准仪检查标高，不符合要求时予以调整。施工时，要经常检查模板平面和高程，并严加控制。模板长度以人工便于架设为准，一般为3～5m，且不宜短于3m。在小半径弯道为了渐变弯道，可使用较短的模板。横向连接摊铺需设置拉杆时应按设计要求的拉杆距离，在模板上预留拉杆插入孔。为了提高模板的架设稳固性，要求每米模板应设置1处支撑固定装置进行水平固定。固定的作用主要是防止振捣机、三辊轴、振捣梁、滚杠振动和重力作用下向外水平位移。模板垂直度用垫木楔方法调整。模板底部的空隙，宜使用砂浆垫实或铺垫塑料薄膜，以防止振捣漏浆。立好的模板在浇筑混凝土之前，其表面应涂刷肥皂液、废机油等防粘剂，以便拆模。

（2）端头模板

横向施工缝端模板应为焊接钢制或槽钢模板，并按设计规定的传力杆直径和间距设置传力杆插入孔和定位套管。横向施工缝端头模板上的传力杆设置精确度要求较高，施工定位精确度不足时，传力杆将顶坏水泥路面。两边缘传力杆到自由边距离不宜小于150mm。每米设置1个垂直固定孔套。

（3）模板的数量

模板或轨模数量应根据施工进度和施工气温确定，并应满足拆模周期内周转需要。一般情况下，模板或轨模总量不宜少于3～5d摊铺的需要。

（4）模板架设与安装

支模前在基层上应进行模板安装及摊铺位置的测量放样，每20m应设中心桩；每100m宜布设临时水准点；核对路面标高、面板分块、胀缝和构造物位置。测量放样的质量要求和允许偏差应符合相应测量规范的规定。纵横曲线路段应采用短模板。每块模板中点应安装在曲线切点上，以便较圆滑顺畅过渡曲线，并使混凝土用量最省。轨道摊铺应采用长度为3m的专用钢制轨模，轨模底面宽度宜为高度的80%，轨道用螺栓、垫片固定在模板支座上，模板应使用钢钎与基层固定。轨道顶面应高于模板20～40mm，轨道中心至模板内侧边缘距离宜为125mm。

轨道摊铺机使用的是轨道与模板合一的专用轨模。其尺寸一般由厂家提供。

模板应安装稳固、顺直、平整，无扭曲，相邻模板连接应紧密平顺，底部不得有漏浆、前后错茬、高低错台等现象。模板应能承受摊铺、振实、整平设备的负载行进、冲击和振动时不发生位移。严禁在基层上挖槽，嵌入安装模板。模板架设最主要的要求是稳固，在上部机械和机具的摊铺、振捣、整平及饰面作业下不位移且不妨碍各项作业。规定每米一个固定栓杆，小型机具作业时，稳固要求低一些，而轨道与三辊轴机组支模稳固性要求高些。

模板安装检验合格后，与混凝土拌合物接触的表面应涂脱模剂、隔离剂或粘贴塑料薄膜；接头应粘贴胶带或塑料薄膜等密封。目的是便于拆模，且防止漏浆、跑料。

（5）模板拆除及矫正

当混凝土抗压强度不小于8.0MPa时方可拆模。适宜的拆模时间与施工时当地的昼夜平均气温和所用的水泥品种有关。气温高，水泥中掺加的混合材料少者，则拆模时间短；反之拆模时间长。要注意的是路面混凝土中掺加粉煤灰时，正常气温下，一般应延长1～2d拆模，低温条件下应延长3～5d拆模。

拆模不得损坏板边、板角和传力杆、拉杆周围的混凝土，也不得造成传力杆和拉杆松动或变形。模板拆卸宜使用专用拔楔工具，严禁使用大锤强击拆卸模板。主要目的是在拆模时，不得损伤或撬坏路面，同时不得敲打和损坏模板。拆下的模板应将粘附的砂浆清除干净，并矫正变形或局部损坏。不符合要求的模板应废弃，不得再使用。

2. 摊铺、振实与整平

(1) 摊铺

混凝土拌合物摊铺前，应对模板的位置及支撑稳固情况，传力杆、拉杆的安设等进行全面检查。修复破损基层，并洒水润湿。用厚度标尺板全面检测板厚与设计值相符，方可开始摊铺。卸料时需专人指挥自卸车，尽量准确卸料。人工布料应用铁锹反扣，严禁抛掷和搂耙。人工摊铺混凝土拌合物的坍落度应控制在 5~20mm 之间，拌合物松铺系数宜控制在 1.10~1.25 之间。料偏干，取较高值；反之，取较低值。松铺系数控制的实际目的是估计布料高度超出边缘模板多少是合适的，小型机具施工与其他定模摊铺的方式一样，均要求布料高度应高出边模一定高度，以便振捣梁和辊杠能够起到挤压、振动及密实饰面的作用。

(2) 振实

1) 插入式振捣棒振实

在待振横断面上，每车道路面应使用 2 根振捣棒，组成横向振捣棒组，沿横断面连续振捣密实，并应注意路面板底、内部和边角处不得欠振或漏振。振捣棒应轻插慢提，不得猛插快拔，严禁在拌合物中推行和拖拉振捣棒振捣。振捣时，应辅以人工补料，应随时检查振实效果、模板、拉杆、传力杆和钢筋网的移位、变形、松动、漏浆等情况，并及时纠正。

2) 振动板振实

在振捣棒已完成振实的部位，可开始振动板纵横交错两遍全面提浆振实，每车道路面应配备 1 块振动板。振动板须由两人提拉振捣和移位：不得自由放置或长时间持续振动。移位控制以振动板底部和边缘泛浆厚度 (3±1) mm 为限。缺料的部位，应辅以人工补料找平。

3) 振动梁振实

每车道路面宜使用 1 根振动梁。振动梁应具有足够刚度和质量，底部应焊接或安装深度 4mm 左右的粗集料压实齿，保证 (4±1) mm 的表面砂浆厚度。振动梁应垂直路面中线沿纵向拖行，往返 2~3 遍，使表面泛浆均匀平整。在振动梁拖振整平过程中，缺料处应使用混凝土拌合物填补，不得用纯砂浆填补；料多的部位应铲除。

(3) 整平饰面

整平包括滚杠提浆整平、抹面机压浆整平、精平饰面三道工序，此三道整平工序缺一不可。

1) 滚杠提浆整平

每车道路面应配备 1 根滚杠。振动梁振实后，应拖动滚杠往返 2~3 遍提浆整平。第一遍应短距离缓慢推滚或拖滚，以后应较长距离匀速拖滚，并将水泥浆始终赶在滚杠前方。多余水泥浆应铲除。

2) 压浆整平

拖滚后的表面宜采用 3m 刮尺，纵横各 1 遍整平饰面，或采用叶片式或圆盘式抹面机往返 2~3 遍压实整平饰面。抹面机配备每车道路面不宜少于 1 台。

3）精平饰面

在抹面机完成作业后，应进行清边整缝，清除粘浆，修补缺边、掉角。应使用抹刀将抹面机留下的痕迹抹平，当烈日曝晒或风大时，应加快表面的修整速度，或在防雨篷遮阴下进行。精平饰面后的面板表面应无抹面印痕，致密均匀，无露骨，平整度应达到规定要求。

四、接缝施工与养生

1. 纵缝施工

（1）纵向施工缝施工

企口纵缝在滑模或模板上很容易制作，采用滑模施工时，纵向施工缝的中间拉杆可用摊铺机自动拉杆装置插入；侧向拉杆可使用边缘装置插入。采用固定模板施工方式时，应在振实过程中，从侧模预留孔中插入拉杆。

（2）纵向缩缝

纵向缩缝可在摊铺过程中以专用的拉杆插入装置插入拉杆，并用切缝法施工假纵缝。

插入的侧向拉杆应牢固，不得松动、碰撞或拔出。若发现拉杆松脱或漏插，应在横向相邻路面摊铺前，钻孔重新置入。置入拉杆前，在钻好的孔中填入锚固剂，然后打入拉杆，保证锚固牢固。当发现拉杆可能被拔出时，宜进行拉杆拔出力（握裹力）检验。

2. 横缝施工

（1）设传力杆缩缝

在特重和重交通公路、收费广场，邻近胀缝或路面自由端的 3 条缩缝应采用假缝加传力杆型。传力杆设置方式有两种：一是用滑模摊铺机配备的传力杆自动插入装置在摊铺时置入；二是使用前置钢筋支架法施工。后者传力杆设置精确度有保证，但设有布料机的情况下，影响摊铺速度，且投资增大。使用传力杆自动插入装置时，传力杆插入造成的上部破损缺陷应由振动搓平梁进行彻底修复。

（2）胀缝施工

胀缝应采用前置钢筋支架法施工，也可采用预留一块面板，高温时再铺封。前置法施工，应预先加工、安装和固定胀缝钢筋支架，并在使用手持振捣棒振实胀缝板两侧的混凝土后再摊铺。胀缝板应连续贯通整个路面板宽度。胀缝施工的关键技术有两条：一是保证钢筋支架和胀缝板准确定位，使机械或人工摊铺时不产生推移、支架不弯曲、胀缝板不倾斜，要求支架和胀缝板较有力地固定。二是胀缝板上部软嵌入临时木条，胀缝板顶部会提前开裂，来不及硬切（双）缝，已经弯曲断开，缝宽不一致，很难处理。解决办法是临时软嵌入（20~25）mm×20mm 的木条，保持均匀缝宽和边角完好性，直到填缝时剔除木条（施工车辆通行期间不剔除），再填入胀缝专用多孔橡胶条或其他填缝料。

（3）横向施工缝

每天摊铺结束或摊铺中断时间超过 30min 时，混凝土已经初凝，中断或结束摊铺应使用端头钢模板设横向施工缝。其位置宜与胀缝或缩缝重合，确有困难不能重合时，施工缝应采用设螺纹拉杆的企口缝形式。这样做的目的是在横向施工缝中不仅保证优良的荷载传递，而且拉成整体板。这种板中施工缝也会由于面板混凝土干缩形成微细裂缝，所以也需要切缝和灌缝。横向施工缝应与路中心线垂直。

3. 切缝

各混凝土基层、各种混凝土面层、加铺层、桥面和搭板的纵、横向缩缝均应采用切缝法施工。

(1) 横向缩缝切缝

水泥混凝土路面切缝，设备有软切缝机、普通切缝机、支架切缝机等；切缝方式有全部硬切缝、软硬结合切缝和全部软切缝三种。切缝方式的选用，应由施工期间该地区路面摊铺完毕到切缝时的昼夜温差确定。根据我国南北方各地的施工经验观察，给出了在当地日温差条件下适宜的切缝方法和深度。

对分幅摊铺的路面应在先摊铺的混凝土板横缩缝已断开的部位做标记，在后摊铺的路面上应对齐已断开的横缩缝提前软切缝。分幅横向连接摊铺纵缝有拉杆的水泥混凝土路面，对先铺路面已经断开的缩缝，由于拉杆会传递拉应变，导致后铺路面在硬切缝之前就断板了，应特别注意提前软切缝防止断板。

纵向带拉杆假缩缝及横向带传力杆缩缝的切缝应受到高度重视。近年来，采用滑模摊铺机和三辊轴机组一次摊铺两个车道不小于 7.5m 宽的路面，由于假纵缝和传力杆缩缝切缝深度过浅和切缝时间太迟，引起了一些拉杆和传力杆端部的纵向开裂现象，因此规定已设置拉杆的假纵缝和设有传力杆的缩缝，切缝深度不应小于 1/3～1/4 板厚，最浅不小于 70mm；无传力杆缩缝的切缝深度应为 1/4～1/5 板厚，最浅不得小于 60mm。最迟切缝时间不宜超过 24h。

(2) 施工纵缝处置

各级公路填方高度不小于 10m 的路段、软基路段、填挖方交界路段、桥面、桥头搭板部位的纵向施工缝在涂沥青的基础上，还应硬切缝后灌缝，这是对特殊路段的双重防水保护措施。其目的是要防止水从这些部位的纵缝渗到桥面、易沉降变形的高填方、桥头等基层中去。

(3) 切纵缝

纵向缩缝的切缝要求应与横向缩缝相同。对已插入拉杆的纵向假缩缝切缝深度不应小于 1/3～1/4 板厚，最浅切缝深度不应小于 70mm，纵横缩缝宜同时切缝。已插入拉杆的假纵缝必须加深切缝以防止传力杆端部混凝土路面断裂。

(4) 切缝宽度

切缝宽度应控制在 4～6mm，锯片厚度不宜小于 4mm，切缝时锯片晃度不应大于 2mm。当切缝宽度小于 6mm，可采用 6～8mm 厚锯片二次扩填缝槽或台阶锯片切缝，这有利于将填缝料形状系数控制在 2 左右。接缝断开后适宜的填缝槽宽度宜为 7～10mm，最宽不宜大于 10mm，填缝槽深度宜为 25～30mm。这样既保证了接缝不因嵌入较大粒径的坚硬石子而崩碎边角，又兼顾了填缝材料不致因拉应变过大而过早拉裂失去密封防水效果。施工中应注意区分切缝、断开缝与填缝槽的宽度与深度。

(5) 变宽路段切缝

在变宽度路面上，宜先切缝划分板宽。匝道上的纵缝宜避开轮迹位置，横缝应垂直于每块面板的中心线。变宽度路面缩缝，允许切割成小转角的折线，相邻板的横向缩缝切口必须对齐，允许偏差不得大于 5mm。在弯道加宽段、渐变段、平面交叉口和匝道进出横向加宽或变宽路面上，横向缩缝切缝必须缝对缝，无法对齐时，可采用小转角折线缩缝。其原因是，纵缝有拉杆传递拉开变形，将未对缝的面板拉断，若不对缝，又不允许拉断，变宽路面纵缝两侧应采用钢筋混凝土或配边缘补强钢筋。

4. 灌缝

(1) 灌缝技术要求

采用 0.5MPa 压力水流或压缩空气清除接缝中砂石杂物和清洗缝槽，确保缝壁及内部清洁、干燥。具体要求是缝壁检验以擦不出灰尘为灌缝标准。

使用常温聚氨酯和硅树脂等填缝料时，应按规定比例将两组分材料按 1h 灌缝量混拌均匀后使用；使用加热填缝料时应将填缝料加热至规定温度。加热过程中应将填缝料彻底融化，搅拌均匀，并保温使用。

灌缝的形状系数宜控制在 2 左右，灌缝深度宜为 15~20mm，最浅不得小于 15mm。先挤压嵌入直径 9~12mm 多孔泡沫塑料背衬条，再灌缝。灌缝顶面高温天应与板面齐平；低温天应填为凹液面，中心低于板面 1~2mm。填缝必须饱满、均匀、厚度一致并连续贯通，填缝料不得缺失、开裂和渗水。

高速公路、一级公路推荐使用树脂、橡胶和改性沥青类填缝材料；二、三级公路可用热灌沥青和胶泥类填缝材料。

常温施工式填缝料的养生期，低温天宜为 24h，高温天宜为 12h。加热施工式填缝料的养生期，低温天宜为 2h，高温天宜为 6h。在灌缝料养生期间应封闭交通，常温反应固化型及加热施工填缝料均需要封闭交通养生。

(2) 胀缝填缝

路面胀缝和桥台隔离缝等应在填缝前，凿去接缝板顶部嵌入的木条，涂粘结剂后，嵌入胀缝专用多孔橡胶条或灌进适宜的填缝料。当胀缝的宽度不一致或有啃边、掉角等现象时，必须灌缝，不得嵌缝，因为只要有一侧边角破损时，是无法进行嵌缝的。

从胀缝很大的变形量来看，胀缝中的填缝料不宜使用各种密实型填缝材料，因为填料在夏季容易被挤出、带走或磨掉，而冬季则会收缩成槽，所以推荐上表面较厚、有重防护的多孔橡胶条。桥面伸缩缝应按伸缩缝厂商提供的配套填缝材料（一般为特种橡胶带）和要求填缝。

5. 抗滑构造施工

(1) 拉毛处理

人工修整表面时，宜使用木抹。用钢抹修整过的光面，必须再拉毛处理，以恢复表面抗滑构造。

(2) 塑性拉槽

当工程量较小时，可使用人工拉槽施工。当工程量较大，施工速度较快时，宜采用拉毛机施工。即日施工进度超过 500m，抗滑沟槽制作宜选用拉毛机械施工。没有拉毛机时，可采用人工拉槽方式。在混凝土表面泌水完毕 20~30min 内应及时进行拉槽。拉槽深度应为 2~4mm，槽宽 3~5mm，槽间距 15~25mm，槽深基本均匀。

(3) 硬刻槽

特重和重交通混凝土路面宜采用硬刻槽，凡使用圆盘、叶片式抹面机整平后的混凝土路面、钢纤维混凝土路面必须采用硬刻槽方式制作抗滑沟槽。可采用等间距刻槽，其几何尺寸同上；为降低噪声宜采用非等间距刻槽，尺寸宜为：槽深3～5mm，槽宽3mm，槽间距在12～24mm之间随机调整。对路面结冰地区，硬刻槽的形状宜使用上宽6mm下窄3mm的梯形槽；硬刻槽机重量宜重不宜轻，一次刻槽最小宽度不应小于500mm，硬刻槽时不应掉边角，亦不得中途抬起或改变方向，并保证硬刻槽刻到面板边缘。抗压强度达到40%后可开始硬刻槽，并宜在两周内完成。硬刻槽后应随即冲洗干净路面，并恢复路面的养生。

（4）抗滑构造的恢复

新建路面或旧路面抗滑构造不满足要求时，可使用磨平后，再采用硬刻槽或喷砂打毛等方法加以恢复。

6. 混凝土路面养生

混凝土路面铺筑完成或软作抗滑构造完毕后应立即开始养生。机械摊铺的各种混凝土路面、桥面及搭板宜采用喷洒养生剂同时保湿覆盖的方式养生。在雨天或养生用水充足的情况下，也可采用覆盖保湿膜、土工毡、土工布、麻袋、草袋、草帘等洒水湿养生方式，不宜使用围水养生方式。

养生时间应根据混凝土弯拉强度增长情况而定，不宜小于设计弯拉强度的80%，应特别注重前7d的保湿（温）养生。一般养生天数宜为14～21d，高温天不宜少于14d，低温天不宜少于21d。掺粉煤灰的混凝土路面，最短养生时间不宜少于28d，低温天应适当延长。

混凝土板养生初期，严禁人、畜、车辆通行，在达到设计强度40%后，行人方可通行。在路面养生期间，平交道口应搭建临时便桥。面板达到设计弯拉强度后，方可开放交通。

五、真空脱水工艺

小型机具施工的三、四级公路混凝土路面，应优先采用在拌合物中掺外加剂。无外加剂降低水灰比时，应使用真空脱水工艺，以降低拌合物的水灰比，提高耐磨性，该工艺适用于面板厚度不大于240mm混凝土面板施工。

但真空脱水工艺也具有明显的缺点，真空脱水后，面板内形成了众多的上下贯通的毛细管通道，有损于面板的实际弯拉强度及其在一块板内的均匀性，且影响平整度。此缺点可以在真空脱水后使用较重型的抹面机或三辊轴整平机，再一次反复压实抹面，可得到一定程度的弥补或修复。

使用真空脱水工艺时，混凝土拌合物的最大单位用水量可比不采用外加剂时增大3～12kg/m³。拌合物坍落度适宜：高温天30～50mm；低温天20～30mm。

真空脱水机具要求使用真空度稳定、有自动脱水计量装置，有效抽速不小于15L/s的脱水机。真空度均匀，密封性能好，脱水效率高、操作简便、铺放容易、清洗方便的真空吸垫。每台真空脱水机应配备不少于3块吸垫。

真空脱水作业前，应检查真空泵空载真空度不小于0.08MPa，并检查吸管、吸垫连接后的密封性，同时应检查随机工具和修补材料是否齐备。吸垫铺放应采取卷放，避免皱折；边缘应重叠已脱水的面板50～100mm。

开机脱水，真空度应逐渐升高，最大真空度不宜超过 0.085MPa。脱水量应经过脱水试验确定，当脱水达到规定时间和脱水量要求后（双控），应先将吸垫四周微微掀起 10～20mm，继续抽吸 15s，以便吸尽作业表面和吸管中的余水。

真空脱水后，应采用振动梁、滚杠或叶片、圆盘式抹面机重新压实精平 1～2 遍，真空脱水整平后的路面，应采用硬刻槽方式制作抗滑构造，真空脱水混凝土路面切缝时间可比规定时间适当提前。

第五章 路面防、排水施工

第一节 路面表面排水、防水

一、概述

路面表面排水设施由路拱横坡、路肩坡度和拦水带等组成。路面表面排水的任务是迅速将降落在路面和路肩表面的降水排走,以免造成路面积水而影响安全。

二、施工注意事项

1. 降落在路面上的雨水,应通过路面横向坡度向两侧排走,避免行车道路面范围内出现积水。

2. 在路线纵坡平缓、汇水量不大、路堤较低且边坡坡面不会受到冲刷的情况下,应采用在路堤边坡上横向漫流的方式排除路面表面水。

3. 在路堤较高,边坡坡面未做防护而易遭受路面表面水流冲刷,或者坡面虽已采取防护措施但仍有可能受到冲刷时,应沿路肩外侧边缘设置拦水带,汇集路面表面水,然后通过泄水口和急流槽排离路堤。

4. 设置拦水带汇集路面表面水时,拦水带过水断面内的水面,在高速公路及一级公路上不得漫过右侧车道外边缘,在二级及二级以下公路不得漫过右侧车道中心线。拦水缘石一般采用混凝土预制块或用路缘石成型机现场铺筑的沥青混凝土,拦水缘石高出路肩12cm,顶宽 8~10cm。

5. 当路基横断面为路堑时,横向排流的表面水汇集于边沟内。当路基横断面为路堤时,可采用两种方式排除路面表面水:一种是让路面表面水以横向漫流形式向路堤坡面分散排放;另一种方式是在路肩外侧边缘放置拦水带,将路面表面水汇集在拦水带同路肩铺面(或者路肩和部分路面铺面)组成的浅三角形过水断面内,当硬路肩汇水量较大时,可在土路肩上设置 U 形混凝土预制构件砌筑的排水沟,沟底纵坡同路肩纵坡,并不小于 0.3%,在适当长度内(20~50cm)设置泄水口配合急流槽将路面积水排于路基之外。

第二节 路面内部排水

一、概述

1. 路面内部排水的目的是将渗入路面结构内的水分迅速排除。
2. 路面内部排水系统的使用条件:
(1) 年降水量为 600mm 以上的湿润和多雨地区,路基由渗水差的细粒土(渗透系数

不大于 10^{-5} cm/s）组成的高速公路、一级公路或重要的二级公路。

（2）路基两侧有滞水，可能渗入路面结构内。

（3）严重冰冻地区，路基由粉性土组成的潮湿、过湿路段。

（4）现有路面改建或改善工程，需排除积滞在路面结构内的水分。

二、施工注意事项

1. 路面内部排水系统中各项排水设施的泄水能力均应大于渗入路面结构内的水量，且下游排水设施的泄水能力应超过上游排水设施的泄水能力。

2. 渗入水在路面结构内的最大渗流时间，冰冻区不应超过 1h，其他地区不超过 2（重交通）～4h（轻交通）。渗入水在路面结构内渗流路径长度不宜超过 45～60m。

3. 各项排水设施不应被渗流从路面结构、路基或路肩中带来的细料堵塞，以保证系统的排水能力不随时间推移而很快丧失。

第三节　路面基层排水

一、概述

路面基层排水系统是直接在面层下设置透水性排水基层，在其边缘设置纵向集水沟和排水管以及横向出水管等，组成排水基层排水系统，采用透水性材料做基层，使渗入路面结构内的水分，先通过竖向渗流进入排水层，然后横向渗流进入纵向集水和排水管，再由横向出水管引出路基。

二、施工注意事项

1. 排水层也采用横贯路基整个宽度的形式，不设纵向集水沟和排水管以及横向出水管。渗入排水层内的自由水，横向渗流，直接排泄到路基坡面外。

在一些特殊地段，如连续长纵坡坡段、曲线超高过渡段和凹形竖曲线段等，排水层内渗流的自由水有可能被堵封或者渗流路径超过 45～60m。在这些路段，应增设横向排水管以拦截水流，缩短渗流长度。

2. 排水层的透水性材料可以采用经水泥或沥青处治，或者未经处治的开级配碎石集料。未处治碎石集料的透水性一般比水泥或沥青处治的要低，其渗透系数大致变动于60～100m/d 范围内。而水泥或沥青处治碎石集料的渗透系数则大致在 1000～6000m/d 范围内，其中沥青处治的碎石集料的透水性略高于水泥处治的碎石。未经水泥或沥青处治的碎石集料，在施工摊铺时易出现离析，在碾压时不易压实稳定，并且易在施工机械行驶下出现推移变形，因而一般情况下不建议采用作为排水基层。用作水泥面层的排水基层时，宜采用水泥处治开级配碎石集料，最大粒径可选用 25mm。而用作沥青混凝土面层的排水层时，则宜采用沥青处治碎石集料，最大粒径宜为 20mm。材料的透水性同集料的颗粒组成情况有关，孔隙率大的组成材料，其渗透系数也大，需通过透水试验确定。

3. 纵向集水沟布置在路面横坡的下方。行车道路面采用双向坡路拱时，在路面两侧都设纵向集水沟。集水沟内侧边缘可设在行车道面层边缘处，但有时为了避免排水管被面层施工机械压裂，或者避免路肩铺面受集水沟沉降变形的影响，将集水沟向外侧移出60～90cm。路肩采用水泥混凝土铺面时，集水沟内侧边缘可外移到路肩面层边缘处。

4. 排水基层下必须设置不透水垫层或反滤层，以防止表面水向下渗入垫层，浸湿垫层和路基，同时防止垫层或路基土中的细粒进入排水基层而造成堵塞。

第四节 封堵、阻隔排水

1. 在干旱、少雨地区，通常采用透水性小的密级配沥青混合料作表面层。
2. 对多雨、潮湿地区，表面层可采用上封层组成防滑面层。
3. 当面层渗水性大而基层、底基层及路基的水稳定性较差者，可在基层做下封层防止或减少水下渗。
4. 对于地下水位较高、路基长期处于潮湿状态，强度和稳定性会降低，在重载作用下路面会出现问题的地段，应设置渗透性小的垫层，隔绝地下水向上入浸。

第六章 城市桥梁工程基础施工技术

第一节 桥梁的组成、分类及主要施工技术

一、桥梁的组成

1. 桥梁的组成

概括地说,桥梁由上部结构、下部结构、支座系统和附属设施四个基本部分组成。上部结构通常又称为桥跨结构,是在线路中断时跨越障碍的主要承重结构;下部结构包括桥墩、桥台和基础;桥梁附属设施包括桥面系、伸缩缝、桥台搭板和锥形护坡等,桥面系包括桥面铺装(或称行车道铺装)、排水防水系统、栏杆(或防撞栏杆)、灯光照明等。

2. 相关尺寸与术语名称

(1) 净跨径:对于梁式桥是设计洪水位上相邻两个桥墩(或桥台)之间的净距,用 L 表示;对于拱式桥则是每孔拱跨两个拱脚截面最低点之间的水平距离。

(2) 总跨径:是多孔桥梁中各孔净跨径的总和,也称为桥梁孔径(Σl_0),它反映了桥下宣泄洪水的能力。

(3) 计算跨径:对于具有支座的桥梁,是指桥跨结构相邻两个支座之间的距离,用 L 表示,对于拱式桥,拱圈(或拱肋)各截面形心点的连接称为拱轴线。计算跨径为拱轴线两端点之间的水平距离。

(4) 桥梁全长:简称桥长,是桥梁两端两个桥台的侧墙或八字墙后端点之间的距离,以 L 表示,对于无桥台的桥梁为桥面系行车道的全长。

(5) 桥梁高度:简称桥高,是指桥面与低水位之间的高差,或为桥面与桥下线路路面之间的距离。桥高在某种程度上反映了桥梁施工的难易性。

(6) 桥下净空高度:是设计洪水位或计算通航水位至桥跨结构最下缘之间的距离,以 H 表示,它应保证能安全排泄,并不得小于对该河流通航所规定的净空高度。

(7) 桥梁建筑高度:是桥上行车路面(或轨道)标高至桥跨结构最下缘之间的距离,它不仅与桥梁结构的体系和跨径的大小有关,而且还随行车部分在桥上布置的高度位置而异,公路(或铁路)定线中所确定的桥面(或轨顶、标高)与通航净空顶部标高之差,又称为容许建筑高度,桥梁的建筑高度不得大于其容许建筑高度,否则就不能保证桥下的通航要求。

(8) 净矢高:是从拱顶截面下缘至相邻两拱脚截面下线最低点之连线的垂直距离,用 f_0 表示;计算矢高:是从拱顶截面形心至相邻两拱脚截面形心之连线的垂直距离,用 f 表示。

(9) 矢跨比:是拱桥中拱圈(或拱肋)的计算矢高 f 与计算跨径 L 之比(f/L)也称拱矢度,它是反映拱桥受力特性的一个重要指标。

二、桥梁的分类

(一) 桥梁的基本体系

按结构体系划分,有梁桥、拱桥、刚架桥、悬索桥等4种基本体系。其他还有几种由基本系组合而成的组合体系等。

1. 梁式体系

梁式体系是古老的结构体系。梁作为承重结构是以它的抗弯能力来承受荷载的。梁分简支梁、悬臂梁、固端梁和连续梁等。悬臂梁、固端梁和连续梁都是利用支座的卸载弯矩去减少跨中弯矩,使梁跨内的内力分配更合理,以同等抗弯矩能力的构件截面就可以建成更大跨径的桥梁。

2. 拱式体系

拱式体系的主要承重结构是拱肋(或拱箱)。以承受压力为主,可采用抗压能力强的圬工材料(石、混凝土与钢筋混凝土)来修建,拱分为单铰拱、双铰拱、三铰拱和无铰拱。拱是有水平推力的结构,对地基承载要求较高,一般建于地基良好的地区。

3. 刚架桥

刚架桥是介于梁与拱之间的一种结构体系。它是由受弯的上部梁(或板)结构与承压的下部柱(或墩)整体结合在一起的结构。由于二梁与柱的刚性连接,梁因柱的抗弯刚度而得到卸载作用。整个体系是压弯结构,也是有推力的结构。刚架分直腿刚架与斜腿刚架。刚架桥施工较复杂。一般用于跨径不大的城市桥或公路高架桥和立交桥。

4. 悬索桥

就是指以悬索为主要承重结构的桥。其主要构造是:缆、塔、锚、吊索及桥面。一般还有加劲梁。其受力特征是:荷载由吊索传至缆。再传至锚墩。传力途径简捷、明确。悬索桥的特点是:构造简单,受力明确。在等条件下,跨径愈大,单位跨度的材料耗费愈少、造价愈低。索桥是大跨桥梁的主要形式。

5. 组合体系

(1) 连续刚构:连续刚构是由梁和刚架相结合的体系。它是预应力混凝土结构采用悬臂施工法而发展起来的一种新体系。

(2) 梁、拱组合体系:这类体系中有系杆拱、桁架拱、多跨拱梁结构等。它们利用梁的承弯与拱的承压特点组成联合结构。

(3) 斜拉桥:它是由承压的塔、受拉的索与承弯的梁体组合起来的一种结构体系。

(二) 桥梁的其他分类

1. 按用途划分。有公路桥、铁路桥、公路铁路两用桥、农桥、人行桥、运水桥(渡槽)及其他专用桥梁(如通过管道、电缆等)。

2. 按桥梁全长和跨径的不同,分为特大桥、大桥、中桥和小桥。

3. 按主要承重结构所用的材料划分,有圬工桥(包括砖、石、混凝土桥)、钢筋混凝土桥、预应力混凝土桥、钢桥和平板木桥等。

4. 按跨越障碍的性质。可划分为跨河桥、跨线轿(立体交叉)、高桥和栈桥。

5. 按上部结构的行车道位置分为上承式桥、下承式桥和中承式桥。

第二节 桥梁基础

一、桥梁基础分类

桥梁基础分为：刚性基础、桩基础、管桩、沉井、地下连续墙等。

二、各类基础适用条件

1. 刚性基础：适用于地基承载力较好的各类土层，根据土质情况分别采用铁镐、十字镐、爆破等设备方法开挖。
2. 桩基础：按施工方法可分为沉桩、钻孔灌注桩、挖孔桩，其中沉桩又分为锤击沉桩法、振动沉桩法、射水沉桩法、静力压桩法。

（1）沉桩：锤击沉桩法一般适用于松散、中密砂土、黏性土、桩锤有坠锤、单动汽锤、双动汽锤、柴油机锤、液压锤等。可根据土质情况选用适用的桩机；振动沉桩法一般适用于砂土、硬塑及软塑的黏性土和中密及较松的碎石土；射水沉桩法适用在密实砂土、碎石土的土层中，用锤击法或振动法沉桩有困难时，可用射水法配合进行；静力压桩法在标准贯入度 $N<20$ 的软黏土中，可用特制的液压机或机力千斤顶或卷扬机等设备沉入各种类型的桩；钻孔埋置桩为钻孔后将预制的钢筋混凝土圆形有底空心桩埋入，并在桩周围压注水泥浆至成型而成，用于黏性土、砂土、碎石土中埋置大量的大直径圆桩。

（2）钻孔灌注桩适用于黏性土、砂土、砾卵石、碎石、岩石等各类土层。

（3）挖孔灌注桩适用于无地下水或少量地下水，且较密实的土层或风化岩层，如空气污染物超标，必须采取通风措施。

3. 管桩、沉井适合用于各种土质的基底，尤其在深水、岩面不平、无覆盖或覆盖层很厚的自然条件下，不宜修建其他类型基础时，均可采用。
4. 地下连续墙适用于作地下挡土墙、挡水围堰、承受竖向和侧向荷载的桥梁基础、平面尺寸大或形状复杂的地下构造物基础，可用于除岩溶和地下承载水压很高处的其他各类土层。

第三节 桥梁基础施工

一、明挖大基础施工

明挖大基础施工的内容包括：基础的定位放样、基坑开挖、基坑排水、基底处理以及砌筑（浇筑）基础结构物等。

（一）准备工作

在开挖基坑前，应做好复核基坑中心线、方向和高程，并应按地质水文资料，结合现场情况，决定开挖坡度、支护方案以及地面的防水、排水措施。

放样工作系根据桥梁中心线与墩台的纵横轴线，推算出基础边线的定位点，再放线画出基坑的开挖范围。基坑底部的尺寸较设计平面尺寸每边各增加 0.5～1.0m，以便于支撑、排水与立模板（坑壁垂直的无水基坑坑底，可不必加宽，直接利用坑壁作基础模板亦可）。

（二）基坑开挖

1. 坑壁不加支撑的基坑

对于在干涸河滩、河沟中，或经改河或筑堤能排除地表水的河沟中，在地下水位低于基底，或渗透量少，不影响坑壁稳定；以及基础埋置不深，施工期较短，挖基坑时，不影响邻近建筑物安全的场所，可选用坑壁不加支撑的基坑。

黏性土在半干硬或硬塑状态，基坑顶无活荷载，稍松土质，基坑深度不超过 0.5m，中等密实（锹挖）土质基坑深度不超过 1.25m，密实（镐挖）土质基坑深度不超过 2.0m 时，均可采用垂直坑壁基坑。基坑深度在 5m 以内。土的湿度正常时，采用斜坡坑壁开挖或按坡度比值挖成阶梯形坑壁，每梯高度为 0.5~1.0m 为宜，可作为人工运土出坑的台阶。基坑深度大于 5m 时，坑壁坡度适当放缓，或加做平台。土的湿度影响坑壁的稳定性时，应采用该湿度下土的天然坡度或采取加固坑壁的措施。当基坑的上层土质适合敞口斜坡坑壁条件时，下层土质为密实黏性土或岩石可用垂直坑壁开挖，在坑壁坡度变换处，应保留至少 0.5m 的平台。

2. 坑壁有支撑的基坑

当基坑壁坡不易稳定并有地下水，或放坡开挖场地受到限制，或基坑较深、放坡开挖工程数量较大，不符合技术经济要求时，可根据具体情况，采取加固坑壁措施，如挡板支撑、钢木结合支撑、混凝土护壁及锚杆支护等。

混凝土护壁一般采用喷射混凝土。根据经验，一般喷护厚度为 5~8cm，一次喷护约需 1~2h。一次喷护如达不到设计厚度，应等第一次喷护层终凝后再补喷，直至要求厚度为止。喷护的基坑深度应按地质条件决定，一般不宜超过 10m。

（三）基坑排水

桥梁基础施工中常用的基坑排水方法有：

1. 集水坑排水法。除严重流沙外，一般情况下均可适用。

2. 井点排水法。当土质较差有严重流沙现象，地下水位较高，挖基坑较深，坑壁不易稳定，用普通排水方法难以解决时，可采用井点排水法。

3. 其他排水法。对于土质渗透性较大、挖掘较深的基坑，可采用板桩法或沉井法。此外，视工程特点、工期及现场条件等，还可采用帐幕法：即将基坑周围土层用硅化法、水泥灌浆法及冻结法等处理成封闭的不透水的帐幕。

（四）基坑施工过程中注意要点

1. 在基坑顶缘四周适当距离处设置截水沟，并防止水沟渗水，以避免地表水冲刷坑壁，影响坑壁稳定性；

2. 坑壁边缘应留有护道，静荷载距坑边缘不小于 0.5m，动荷载距坑边缘不小于 1.0m；垂直坑壁边缘的护道还应适当增宽；水文地质条件欠佳时应有加固措施；

3. 应经常注意观察坑边顶面土有无裂缝，坑壁有无松散塌落现象发生；

4. 基坑施工不可持续时间过长，自开挖至基础完成，应抓紧时间连续施工；

5. 如用机械开挖基坑，挖至坑底时，应保留不小于 30cm 厚度的底层，在基础浇筑坞工前用人工挖至基底标高；

6. 基坑应尽量在少雨季节施工；

7. 基坑宜用原土及时回填，对桥台及有河床铺砌的桥墩基坑，则应分层夯实。

二、钻孔灌注桩基础施工

（一）钻孔灌注桩的特点

钻孔灌注桩桩长可以根据持力土层的起伏面变化，并按使用期间可能出现的最不利内力组合配置钢筋，钢筋用量较少，便于施工，且承载能力强，故应用较为普遍。

（二）钻孔灌注桩施工的主要工序

钻孔灌注桩施工的主要工序有：埋设护筒、制备泥浆、钻孔、清孔、钢筋笼制作与吊装、灌注（水下）混凝土等。

1. 埋设护筒：护筒能稳定孔壁、防止坍孔，还有隔离地表水、保护孔口地面、固定桩孔位置和起到钻头导向作用等。

护筒要求坚固耐用，不漏水，其内径应比钻孔直径大（旋转钻约大20cm，潜水钻、冲击或冲抓锥约大40cm），每节长度约2～3m。一般常用钢护筒，在陆上与深水中均能使用，钻孔完成，可取出重复使用。在深水中埋设护筒时，先打入导向架，再用锤击或振动加压沉入护筒。护筒入土深度视土质与流速而定。护筒平面位置的偏差不得大于5cm，倾斜度不得大于1‰。

2. 泥浆制备：钻孔泥浆由水、黏土（膨润土）和添加剂组成，具有浮悬钻渣、冷却钻头、润滑钻具，增大静水压力，并在孔壁形成泥皮，隔断孔内外渗流，防止塌孔的作用。

通常采用塑性指数大于25，粒径小于0.005mm的黏土颗粒含量大于50%的黏土，通过泥浆搅拌机或人工调和，贮存在泥浆池内，再用泥浆泵输入钻孔内。

3. 钻孔：一般采用螺旋钻头或冲击锥等成孔，或用旋转机具辅以高压水冲成孔。根据井孔中土（钻渣）的取出方法不同，常用的方法有：螺旋钻孔、正循环回转钻孔、反循环回转钻孔、潜水钻机钻孔、冲抓钻孔、冲击钻孔、旋挖钻机钻孔。

（1）正循环回转钻孔：系利用钻具旋转切削土体钻进，泥浆泵将泥浆压进泥浆笼头，通过钻杆中心从钻头喷入钻孔内，泥浆挟带钻渣沿钻孔上升，从护筒顶部排浆孔排出至沉淀池，钻渣在此沉淀而泥浆流入泥浆池循环使用。其特点是钻进与排渣同时连续进行，在适用的土层中钻进速度较快，但需设置泥浆槽、沉淀池等，施工占地较多，且机具设备较复杂。

（2）反循环回转钻孔：与正循环法不同的是泥浆输入钻孔内，然后从钻头的钻杆下口吸进，通过钻杆中心排出至沉淀池内。其钻进与排渣效率较高，但接长钻杆时装卸麻烦，钻渣容易堵塞管路。另外，因泥浆是从上向下流动，孔壁坍塌的可能性较正循环法的大，为此需用较高质量的泥浆。

（3）旋挖钻机钻孔：旋挖钻机是一种高度集成的桩基施工机械，采用一体化设计、履带式360°回转底盘及桅杆式钻杆，一般为全液压系统。旋挖钻机采用筒式钻斗，钻机就位后，调整钻杆垂直度，注入调制好的泥浆，然后进行钻孔。当钻头下降到预定深度后，旋转钻斗并施加压力，将土挤入钻斗内，仪表自动显示筒满时，钻斗底部关闭，提升钻斗将土卸于堆放地点。钻进施工过程中应保证泥浆面始终不得低于护筒底部，保证孔壁稳定性。通过钻斗的旋转、削土、提升、卸土和泥浆撑护孔壁,反复循环直至成孔。

旋挖钻机特殊的桶型钻头直接取土出渣,不需接长钻杆,钻孔时孔口注浆以保持孔内泥浆高度即可,因而能大大缩短成孔时间,提高施工效率。由于带有自动垂直度控制和自动回位控制,成孔垂直度和孔位等能得到保证。桶钻取土上提过程中对孔壁扰动较小,桶钻周边设有溢浆孔,溢出泥浆可起到护壁作用。

旋挖钻机一般适用黏土、粉土、砂土、淤泥质土、人工回填土及含有部分卵石、碎石的地层。对于具有大扭矩动力头和自动内锁式伸缩钻杆的钻机,可适用微风化岩层的钻孔施工。

4. 成孔检查与清孔:钻孔的直径、深度和孔形直接关系到成桩质量,是钻孔桩成败的关键。为此,除了钻孔过程中严谨操作、密切观测监督外,在钻孔达到设计要求深度后,应采用适当器具对孔深、孔径、孔形等认真检查,符合设计要求后,填写"终孔检查表"。

(1) 清孔的方法有抽浆法、换浆法、掏渣法、喷射清孔法以及用砂浆置换钻渣清孔法等,应根据设计要求、钻孔方法、机具设备和土质条件决定。其中抽浆法清孔较为彻底,适用于各种钻孔方法的灌注桩。对孔壁易坍塌的钻孔,清孔时操作要细心,防止塌孔。

(2) 清孔的质量要求:对摩擦桩,孔底沉淀土的厚度,中、小桥不得大于 (0.4~0.6) d (d 为桩的直径),大桥按设计文件规定。清孔后的泥浆性能指标,含砂率为 4%~8%,相对密度为 1.10~1.25,黏度为 18~20s。对支承桩(柱桩、嵌岩桩),宜用抽浆法清孔,并宜清理至吸泥管出清水为止。灌注混凝土前,孔底沉淀土厚度不得大于 50mm。

若孔壁易坍塌,必须在泥浆中灌注混凝土时,建议采用砂浆置换钻渣清孔法,清孔后的泥浆含砂率不大于 4%。其他泥浆性能指标同摩擦桩要求。对于沉淀土厚度的测量,用冲击、冲抓锤时,沉淀土厚度从锥头或抓锥底部所到达的孔底平面算起。沉淀土厚度测量方法可在清孔后用取样盒(开口铁盒)吊到孔底,待到灌注混凝土前取出,直接量测沉淀在盒内的沉渣厚度。

5. 钢筋笼制作与吊装:

钢筋笼的制作应符合设计和规范要求,长桩骨架宜分段制作,分段长度应根据吊装条件确定;后场制作时应在固定胎架上进行,以保证钢筋笼的顺直;注意在钢筋笼外侧设置控制保护层厚度的垫块;钢筋笼起吊入孔一般用吊机,无吊机时,可采用钻机钻架、灌注塔架。

6. 灌注水下混凝土:

(1) 灌注水下混凝土时配备的搅拌机等设备,应能满足桩孔在规定时间内灌注完毕。灌注时间不得长于首批混凝土初凝时间。若估计灌注时间长于首批混凝土初凝时间,则应掺入缓凝剂。

(2) 水下混凝土一般用钢导管灌注,导管内径为 200~350mm,视桩径大小而定。导管使用前应进行水密承压和接头抗拉试验,严禁用压气试压。

(3) 混凝土拌合物运至灌注地点时,应检查其均匀性和坍落度等,如不符合要求,应进行第二次拌合,二次拌合后仍不符合要求时,不得使用。

(4) 首批灌注混凝土的数量应能满足导管首次埋置深度和填充导管底部的需要。首批混凝土拌合物下落后,混凝土应连续灌注。

(5) 在灌注过程中，导管的埋置深度宜控制在 2~6m，在灌注过程中，应经常测探井孔内混凝土面的位置，及时地调整导管埋深。

(6) 为防止钢筋骨架上浮，当灌注的混凝土顶面距钢筋骨架底部 1m 左右时，应降低混凝土的灌注速度。当混凝土拌合物上升到骨架底口 4m 以上时，提升导管，使其底口高于骨架底部 2m 以上，即可恢复正常灌注速度。

(7) 在灌注过程中，特别是潮汐地区和有承压水地区，应注意保持孔内水头。

(8) 在灌注过程中，应将孔内溢出的水或泥浆引流至适当地点处理，不得随意排放，污染环境及河流。

(9) 灌注中发生故障时，应查明原因，确定合理处理方案，及时处理。

三、围堰施工技术

围堰的种类：有土围堰、土袋围堰、竹或铁丝笼围堰、间隔有桩围堰、钢板桩围堰、钢筋混凝土板桩围堰、套箱围堰、双壁钢围堰等。

（一）各种围堰的适用范围（表 6-1）

围堰适用范围表 表 6-1

序号	围堰名称	适 用 范 围
1	土围堰	水深 1.5m 以内，水流流速 0.5m/s 以内，河床土质渗水较小时
2	土袋围堰	水深 3m 以内，水流流速 1.5m/s 以内，河床土质渗水较小时
3	套箱围堰	适用于埋置不深的水中基础或修建桩基的水中承台
4	钢筋混凝土板桩围堰	适用于黏性土、砂类土及碎石类土河床
5	竹、钢丝笼围堰	适用于流速较大而水深为 1.5~4m
6	钢板桩围堰	适用于各类土（包括强风化岩）的深水基础
7	双壁钢围堰	适用于深水基础

（二）对各类围堰的基本要求

1. 围堰高度应高出施工期内（到可以撤除围堰时为止）可能出现的最高水位（包括浪高 0.5~0.7m）。这里指的施工期是：自排除堰内积水，边排水边挖除堰内基坑土（石）方，砌筑墩台基础及墩身（高出施工水位或堰顶高程）。基础应尽量安排在枯水期内施工，这样，围堰高度可降低，断面可减小，挖基坑时排水工作量也可减少。

2. 围堰外形设计时应考虑水深及河底断面被压缩后，流速增大而引起水流对围堰、河床的集中冲刷及航道影响等因素。

3. 围堰内平面尺寸应满足基础施工的要求：当基坑为渗水的土质时，坑底尺寸应根据排水要求（包括排水沟、集水井、排水管网等）和基础模板设计所需基坑大小而定，一般基底应比基础的平面尺寸增宽 0.5~1.0m。

4. 围堰结构和断面应满足堰身强度、稳定和防水要求。

（三）土围堰的施工要求

1. 堰顶宽度可为 1~2m。当采用机械挖掘时，应视机械的种类确定，但不宜小于 3m。堰外边坡迎水流冲刷的一侧，边坡坡度宜为 1:2~1:3，背水冲刷的一侧的边坡坡度可在 1:2 内，堰内边坡宜为 1:1~1:1.5，内坡脚与基坑顶边缘的距离根据河床土质及基坑开挖深度而定，但不得小于 1m。

2. 筑堰材料宜用黏性土或砂夹黏土，填出水面之后应进行夯实。填土应自上游开始至下游合龙。

3. 在筑堰之前，必须将堰底下河床底的树根、淤泥、石块及杂物清除干净。

4. 因筑堰引起流速增大使堰外坡面有受冲刷的危险时，可在外坡面用草皮、柴排、片石、草袋或土工织物等加以防护。

（四）土袋围堰的施工要求

1. 堰顶宽度可为1~2m。当采用机械挖掘时，应视机械的种类确定，但不宜小于3m。围堰中心部分可填筑黏土及黏性土芯墙。堰外边坡为1∶0.5~1∶1，堰内边坡为1∶0.2~1∶0.5，坡脚与基坑顶边缘的距离根据河床土质及基坑开挖深度而定，但不得小于1m。

2. 在筑堰之前，必须将堰底下河床底的树根、淤泥、石块及杂物清除干净。

3. 土袋堆码应自上游开始至下游合龙。

4. 堆码的土袋上下层和内外层应相互错缝，尽量堆码密实平整。

（五）钢板桩围堰的施工要求

1. 钢板桩围堰适用于各类土（包括强风化岩）的深水基坑。

2. 钢板桩的机械性能和尺寸应符合规定要求。经过整修或焊接后的钢板桩应用同类型的钢板桩进行锁口试验、检查。

3. 钢板桩堆存、搬运、起吊时，应防止因自重而引起的变形及锁口损坏。

4. 当起吊能力许可时，宜在打桩之前，将2~3块钢板桩，拼为一组并夹牢。

5. 施打钢板桩时，应注意如下事项：

（1）在施打钢板桩前，应在围堰上下游一定距离及两岸陆地设置经纬仪观测点，用以控制围堰长、短边方向的钢板桩的施打定位。

（2）施打前，钢板桩的锁口应用止水材料捻缝，以防漏水。

（3）施打钢板桩，必须备有导向设备，以保证钢板桩的正确位置。

（4）施打顺序按施工组织设计进行，一般由上游分两头向下游合龙。施打时宜先将钢板桩逐根或逐组施打到稳定深度，然后依次施打至设计深度。在垂直度有保证的条件下，也可一次打到设计深度。

（5）钢板桩可用锤击、振动、射水等方法下沉，但在黏土中不宜使用射水下沉办法。

（6）接长的钢板桩，其相邻两钢板桩的接头位置应上下错开。

（7）同一围堰内使用不同类型的钢板桩时，宜将两种不同类型的钢板桩的各半块拼焊成一块异形钢板桩以便连接。

（8）施打时，应随时检查其位置是否正确、桩身是否垂直，不符合要求时应立即纠正或拔起重新施打。

6. 拔桩前，宜向堰内灌水使内外水位持平并从下游侧开始拔桩。拔桩时宜用射水、锤击等松动措施，并应尽可能采用振动拔桩法。

7. 拔出来的钢板桩应进行检修涂油，堆码保存。

四、沉入桩施工技术要求

沉入桩基础常用的施工方法：锤击沉桩和静力压桩。

（一）锤击沉桩法

锤击沉桩是以桩锤（坠锤、柴油锤、液压锤等）锤击预制桩的桩头而将桩沉入地下土层中的施工方法。

1. 锤击沉桩法的特点

（1）锤击沉桩是在桩将土向外侧推挤的同时而贯入的施工方法，桩周围的土被挤压，因此增大了桩与土接触面之间的摩擦力；

（2）由于沉桩时会产生较大的噪声和震动，在人口稠密的地方一般不宜采用；

（3）各种桩锤的施工效果在某种程度上受地层、地质、桩重和桩长等条件的限制，因此需注意选用。

2. 锤击沉桩设备

选择锤击法沉桩的施工机械包括桩锤、桩架、动力装置、送桩杆（替打）及衬垫等，应按工程地质条件、现场环境、工程规模、桩型特性、桩密集度、工期、动力供应等多种因素来选择。

锤击沉桩设备选择的一般思路为选择锤型→选择锤重→选择桩架。

（1）选择锤型

只能在所在地方可供资源范围内按表6-2选取。

各种锤型适用范围参考表 表6-2

序号	锤型	适用范围	优缺点
1	坠锤	1. 适用于沉木桩和断面较小混凝土桩； 2. 重型及特重型龙门锤适用于沉钢筋混凝土桩； 3. 在一般黏性土、砂土、含有少量砾石土均可使用	设备简单，使用方便，冲击力大，能随意调整落距，但锤击速度慢（每分钟约6~20次），效率低
2	柴油锤	1. 杆式适宜沉小型桩、钢板桩； 2. 筒式锤适宜沉混凝土桩、钢管桩等； 3. 不适宜在过软或过硬土中沉桩； 4. 用于浮船中沉桩较为有利	附有桩架动力等设备，机架轻，移动方便、沉桩快，燃料消耗少，也可以打斜桩，是使用最广的一种，但震动大、噪声大
3	液压锤	1. 适用于沉重型的混凝土桩、钢桩； 2. 适用于黏性土、砂土含少量砾石等	锤质量大、冲击次数多、工作效率高，其冲程可根据不同土质用人工调整，在一定条件下，可保证锤对桩的锤击力控制，噪声小，且不会污染空气

（2）选择锤重按锤质量与桩质量的比值选择，见表6-3。

锤质量与桩质量比值表 表6-3

桩类别	锤类别 土状态	坠锤		柴油锤和液压锤	
		硬土	软土	硬土	软土
混凝土桩		1.5	0.35	1.5	1.0
钢桩		2.0	1.0	2.5	2.0

3. 选择桩架

桩架为沉桩的主要设备，可以用钢、木结构组拼而成，其主要作用是装吊锤和桩并控制锤的运动方向。

桩架因施工对象和使用锤型的不同可分两大类：自行移动式桩架和非自行移动式桩架。自行移动式可分为履带式、导轨式和轮胎式。

城市桥梁施工多采用自行移动式桩架，且都与桩锤配套供应。桩架选择要考虑的主要因素之一是桩架高度。

桩架高度 H 可按式（6-1）计算

$$H = h_1 + h_2 + h_3 + h_4 + h_5 - h_6 \tag{6-1}$$

式中 h_1——滑轮组高度（包括适当工作余量）；

h_2——锤的轮廓高度；

h_3——桩帽高度；

h_4——送桩高度（按最长考虑）；

h_5——桩长；

h_6——桩下端可能伸出桩架底盘以下的长度（随水深或基坑深度而定）。

各部分互相交错的长度，如桩帽套入桩头及某些锤的导杆伸入桩帽中等，视具体情况予以核减。

4. 沉入桩的施工技术要求

（1）水泥混凝土桩要达到100％设计强度并具有28d龄期。

（2）重锤低击：桩帽与弹性垫层要与桩和锤相适应，并及时更换失去弹性的垫层材料。混凝土管桩桩帽上宜开逸气孔。

（3）打桩顺序：在一个基坑内沉入较多个桩时，桩会把土挤紧或使土上拱。因此打桩顺序是个很重要的问题，一般是由一端向另一端打；密集群桩由中心向四边打；先打深桩，后打浅桩；先打坡顶，后打坡脚；先打靠近建筑的桩，然后往外打；遇到多方向桩应设法减少变更桩机斜度或方向的作业次数，并避免桩顶干扰。沉入土中的桩，将使桩周附近3～5倍桩径范围内的土受到很大的重塑作用，因此在黏土层中沉桩，当桩距较小时更应注意顺序问题。

（4）在桩的打入过程中，应始终保持锤、桩帽和桩身在同一轴线上。

（5）沉桩时，以控制桩尖设计标高为主。桩尖标高等于设计标高而贯入度较大时，应继续锤击，使贯入度接近控制贯入度；当贯入度已达到控制贯入度，而桩尖标高未达到设计标高时，应继续锤击100mm左右（或锤击30～50击）如无异常变化时，即可停锤。

在饱和的细、中、粗砂中连续沉桩时，易使流动的砂紧密挤实于桩的周围，妨碍砂中水分沿桩上升，在桩尖下形成压力很大的"水垫"，使桩产生暂时的极大贯入阻力，休息一定时间之后，贯入阻力就降低，这种现象称为桩的"假极限"。

在黏性土中连续沉桩时，由于土的渗透系数小，桩周围水不能渗透扩散而沿着桩身向上挤出，形成桩周围水的滑润套，使桩周摩阻力大为减小，但休息一定时间后，桩周围水消失，桩周摩阻力恢复、增大，这种现象称为"吸入"。

锤击沉桩发现上述两种情况时，均应进行复打，以确定桩的实际承载力。复打前桩应休息一定时间。

桩的上浮有两种情况，被锤击的桩上浮和附近的桩上浮。对于前者，如使用坠锤时，可将坠锤停留在桩头的时间长一些；当用柴油锤时，如系空心管桩，桩尖不要封闭，将桩内土排除，可减少桩上浮。无论何种情况，桩都应进行复打。若桩尖标高比设计标高高得多时，应与设计单位和监理研究确定。

（6）无论桩多长，打桩和接桩均须连续作业，中间不应有较长时间的停歇。

（7）在一个墩、台桩基中，同一水平面内的桩接头数不得超过桩基总数的1/4，但采用法兰盘按等强度设计的接头，可不受此限制。

（8）沉桩过程中，若遇到贯入度剧变，桩身突然发生倾斜、位移或有严重回弹，桩顶或桩身出现严重裂缝、破碎等情况时，应暂停沉桩，分析原因，采取有效措施。

（9）在硬塑黏土或松散的砂土地层下沉群桩时，如在桩的影响区内有建筑物，应防止地面隆起或下沉对建筑物的破坏。

（二）静力压桩法

静力压桩法系借助专用桩架自重、配重或结构物自重，通过压梁或压柱将整个桩架自重、配重或结构物反力，以卷扬机滑轮组或电动油泵液压方式施加在桩顶或桩身上，当施加给桩的静压力与桩的入土阻力达到动态平衡时，桩在自重和静压力作用下逐渐沉入地基土中。

1. 静力压桩法的特点

（1）施工时无冲击力，产生的噪声和振动较小，施工应力小，可减少打桩振动对地基的影响；

（2）桩顶不易损坏，不易产生偏心沉桩，精度较高；

（3）能在施工中测定沉桩阻力为设计施工提供参数，并预估和验证桩的承载能力；

（4）由于专用桩架设备的高度和压桩能力受到一定限制，较难压入30m以上的长桩，但可通过接桩，分节压入；

（5）机械设备的拼装和移动耗时较多。静力压桩法通常应用于高压缩性黏土层或砂性较轻的软黏土地基。当桩需要穿过有一定厚度的砂性土中间夹层时，必须根据砂性土层的厚度、密实度、上下土层的力学指标，桩的结构、强度、形式或设备能力等综合考虑其适用性。

静力压桩法按加力方式可分为压桩机（压桩架、压桩车、压桩船）施工法、吊载压力施工法、结构自重压力施工法等。

2. 静力压桩法施工要求

（1）静力压桩前应对压桩地区的土层地质情况调查清楚，并据以估算桩的阻力，如有夹砂层时，应采取相应的施工措施。

（2）选用压桩设备的设计承载力宜大于压桩阻力的40%。

（3）压桩前应详细检查各种设备，并做好一切准备工作，如压桩机的辅助设备、测量仪器等的检查校定，使压桩工作不致间断。

（4）使用两台卷扬机同时启动放下压梁时，必须使其同步运行，确保压梁不偏斜。在压桩过程中，应始终保持压梁中轴线与桩帽、桩身中轴线在同一直线上。

（5）压桩时，应尽量避免中途停歇，如必须要停歇时（如接桩、接送桩等），应尽量减少停歇时间，并考虑将桩尖停歇在软弱土层中，使再启动时减小阻力。

（6）当桩尖标高接近设计标高时，应严格控制进程，不得过早或过迟停压。
（7）遇到下列情况，应暂停施压，分析原因并予以处理：
①插桩初压时桩尖即有较大走位和倾斜；
②压桩过程中桩身倾斜或下沉速度加快；
③压桩阻力突然剧增或压桩机倾斜。

第七章 城市桥梁工程下部结构施工技术

第一节 承台施工

一、围堰及开挖方式的选择

1. 当承台处于干处时，一般直接采用明挖基坑，并根据基坑状况采取一定措施后，在其上安装模板，浇筑承台混凝土。

2. 当承台位于水中时，一般先设围堰（钢板桩围堰或吊箱围堰）将群桩围在堰内，然后在堰内河底灌注水下混凝土封底，凝结后，将水抽干，使各桩处于干处，再安装承台模板，在干处灌筑承台混凝土。

3. 对于承台底位于河床以上的水中，采用有底吊箱或其他方法在水中将承台模板支撑和固定，如利用桩基，或临时支撑。承台模板安装完毕后抽水，堵漏，即可在干处灌筑承台混凝土。

4. 承台模板支承方式的选择应根据水深、承台类型、现有的条件等因素综合考虑。

二、开挖基坑

1. 基坑开挖一般采用机械开挖，并辅以人工清底找平，基坑的开挖尺寸要求根据承台的尺寸，支模及操作的要求，设置排水沟及集水坑的需要等因素进行确定。

2. 基坑的开挖坡度以保证边坡的稳定为原则。

3. 基坑顶面应设置防止地面水流入基坑的措施，如截水沟等。

4. 当基坑地下水采用普通排水方法难以解决，可采用井点法降水。

三、承台底的处理

1. 低桩承台：当承台底层土质有足够的承载力，又无地下水或能排干时，可按天然地基上修筑基础的施工方法进行施工。当承台底层土质为松软土，且能排干水施工时，可挖除松软土，换填10～30cm厚砂砾土垫层，使其符合基底的设计标高并整平，即立模灌筑承台混凝土。

2. 高桩承台：当承台底以下河床为松软土时，可在板桩围堰内填入砂砾至承台底面标高。填砂时视情况决定，可抽干水填入或静水填入，要求能承受灌注封底混凝土的重量。

四、模板及钢筋

1. 模板一般采用组合钢模，纵、横楞木采用型钢，在施工前必须进行详细的模板设计，以保证使模板有足够的强度、刚度和稳定性，能可靠地承受施工过程中可能产生的各项荷载，保证结构各部形状、尺寸的准确。模板要求平整，接缝严密，拆装容易，操作方便。一般先拼成若干大块，再由吊车或浮吊（水中）安装就位，支撑牢固。

2. 钢筋的制作严格按技术规范及设计图纸的要求进行，墩身的预埋钢筋位置要准确、牢固。

五、混凝土的浇筑

1. 混凝土的配制要满足技术规范及设计图纸的要求外，还要满足施工的要求。如泵送对坍落度的要求。为改善混凝土的性能，根据具体情况掺加合适的混凝土外加剂。如减水剂、缓凝剂、防冻剂等。

2. 混凝土的拌合采用拌合站集中生产，混凝土罐车通过便桥或船只运输到浇筑位置。采用流槽、漏斗或泵车浇筑。也可由混凝土地泵直接在岸上泵入。

3. 混凝土浇筑时要分层，分层厚度要根据振捣器的功率确定，要满足技术规范的要求。

六、混凝土养护和拆模

混凝土浇筑后要适时进行养护，尤其是体积较大，气温较高时尤其要注意，防止混凝土开裂。混凝土强度达到拆模要求后再进行拆模。

第二节 墩 台 施 工

一、钢筋混凝土墩台

1. 在承台顶面准确放出墩台中线和边线，考虑混凝土保护层后，标出主钢筋就位位置。

2. 将加工好的钢筋运至工地现场绑扎，在配置第一层垂直筋时，应使其有不同的长度，以符合同一断面筋接头的有关规定。随着绑扎高度的增加，用圆钢管搭设绑扎脚手架，作好钢筋网片的支撑并系好保护层垫块。

3. 条件许可时，可事先加工成钢筋网片或骨架，整体吊装焊接就位。

4. 将标准钢模组合成分块模板片，板片高度及宽度视墩台身尺寸和吊装能力确定。

5. 用夹具将工字钢立柱和板片竖向连接，横向用销钉和槽钢横肋，将整个模板连成整体，安装就位，用临时支撑支牢，待另一面模板吊装就位后，用圆钢拉杆外套塑料管并加设锥形垫，外加垫块螺帽，内加横内撑，将两面模板横向连成整体，校正定位。

6. 端头模板要和墙面模板牢固连接，认真采取支撑、加固措施，防止跑模、漏浆。

7. 施工脚手架用螺栓连接在立柱上，立柱下部设置可调斜撑，以确保模板位置的正确。

8. 安装直坡式墩台模板，为便于提升，宜有 0.5%～1.0% 模板高度的锥度，在制作模板时可根据锥度要求加工一定数量的梯形模板，为适应于空心墩台，还须制作收坡式模板。

9. 统筹安排混凝土拌合站的位置，拌合站的拌合能力必须满足施工需要，原材料质量、混凝土施工配合比、坍落度等必须符合设计要求。

10. 混凝土浇筑前应将模板内杂物、已浇混凝土面上泥土清理干净，模板、钢筋检查合格后，方可进行混凝土的浇筑。

11. 墩台身高度不大时，可搭设木板坡道，中间钉设防滑木条，用手推车运输混凝土浇筑。当墩台身高度较大，混凝土下落高度超过 2m 时，要使用漏斗、串筒。

12. 拼装式模板用于高墩台时，应分层支撑、分层浇筑，在浇筑第一层混凝土时，于墩台身内预埋支承螺栓，以支承第二层模板的安装和混凝土的浇筑。

13. 浇筑墩台混凝土通常搭设普通外脚手架，浇筑高墩台混凝土时，须采用简易活动脚手架或滑动脚手架。浇筑空心高墩台混凝土宜搭设内脚手架，并兼作提升吊架。

14. 混凝土应分层、整体、连续浇筑，逐层振捣密实，轻型墩台需设置沉降缝时，缝内要填塞沥青麻絮或其他弹性防水材料，并和基础沉降缝保持顺直贯通。

15. 混凝土浇筑时要随时检查模板、支撑是否松动变形、预留孔、预埋支座钢板是否移位，发现问题要及时采取补救措施。

二、石砌墩台施工

1. 墩台砌筑施工要点

(1) 在砌筑前应按设计图放出实样，挂线砌筑。

(2) 砌筑基础的第一层砌块时，如基底为土质，只在已砌石块的侧面铺上砂浆即可，不需坐浆；如基底为石质，应将其表面清洗、润湿后，先坐浆再砌石。

(3) 砌筑斜面墩台时，斜面应逐层放坡，以保证规定的坡度。

(4) 砌块间用砂浆粘结并保持一定的缝厚，所有砌缝要求砂浆饱满。形状比较复杂的工程，应先作出配料设计图，注明块石尺寸。

2. 砌筑方法

同一层石料及水平灰缝的厚度要均匀一致，每层按水平砌筑，丁顺相间，砌石灰缝互相垂直。砌石顺序为先角石，再镶面，后填腹。填腹石的分层高度应与镶面石相同。

圆端、尖端及转角形砌体的砌石顺序，应自顶点开始，按丁顺排列接砌镶面石。圆端形桥墩的圆端顶点不得有垂直灰缝，砌石应从顶端开始先砌，然后依丁顺相间排列，按砌四周镶面石。

3. 砌体质量应符合以下规定：

(1) 砌体所用各项材料类别、规格及质量符合要求；

(2) 砌缝砂浆或小石子混凝土铺填饱满、强度符合要求；

(3) 砌缝宽度、错缝距离符合规定，勾缝坚固、整齐，深度和形式符合要求；

(4) 砌筑方法正确；

(5) 砌体位置、尺寸不超过允许偏差。

第八章 城市桥梁上部结构施工技术

第一节 桥梁上部结构装配式施工

一、先张法预制梁板

1. 先张法预制梁板工序

(1) 按预制需要，整平场地，完善排水系统，统筹规划水电管路的布设安装。

(2) 根据梁的尺寸、数量、工期确定预制台座的长度、数量、尺寸，台座应坚固、平整、不沉陷，表面压光。

(3) 承力台座由混凝土筑成，应有足够的强度、刚度和稳定性，钢横梁受力后，挠度不能大于 2mm。

(4) 多根钢筋同时张拉时，其初应力要保持一致，活动横梁始终和固定横梁保持平行。

(5) 在台座上注明每片梁的具体位置、方向和编号。

(6) 将预应力筋（钢绞线）按计算长度切割，在失效段套上塑料管，放在台座上，线两端穿过定位钢板，卡上锚具，用液压千斤顶单束张拉，先张拉中间束，再向两边对称张拉。

(7) 按技术规范或设计图纸规定的张拉强度进行张拉，一般为 $0 \rightarrow$ 初应力 $\rightarrow 105\% \sigma_K$（持荷 2min）$\rightarrow \sigma_K$（锚固）。如端横梁刚度大，每根梁可采用同一张拉值。

(8) 钢绞线张拉后 8h，开始绑扎除面板外的普通钢筋。

(9) 使用龙门吊机将涂以脱模剂的钢模板吊装就位，分节拼装紧固，用法兰螺栓支撑，力求接缝紧密，防止漏浆、移位。

(10) 用龙门吊机吊运混凝土，先浇底板并振实，振捣时注意不得触及钢绞线，当底板浇至设计标高，将经检查合格的充气胶囊安装就位，用定位箍筋与外模联系，上下左右加以固定，防止上浮，同时绑扎面板钢筋，然后对称、均匀地浇胶囊两侧混凝土，从混凝土开始浇筑到胶囊放气时为止，其充气压力要始终保持稳定，最后浇筑面板混凝土，振平后，表面作拉毛处理。

2. 先张法预应力筋的张拉操作时的施工要点

(1) 同时张拉多根预应力筋时，应预先调整其初应力，使相互之间的应力一致。张拉过程中，应使活动横梁与固定横梁始终保持平行，并应抽查预应力值，其偏差的绝对值不得超过按一个构件全部力筋预应力总值的 5%。

(2) 预应力筋张拉完毕后，与设计位置的偏差不得大于 5mm，同时不得大于构件最短边长的 4%。

(3) 张拉时，同一构件内预应力钢丝、钢绞线的断丝数量不得超过 1%，同时对于预应力钢筋不允许断筋。

(4) 横梁须有足够的刚度,受力后挠度应不大于 2mm。

(5) 应先张拉靠近台座截面重心的预应力钢材,防止台座承受过大的偏心压力。

(6) 在台座上铺放预应力筋时,应采取措施防止沾污预应力筋。

(7) 用横梁整批张拉时,千斤顶应对称布置,防止活动横梁倾斜。

(8) 张拉时,张拉方向与预应力钢材在一条直线上。

(9) 紧锚塞时,用力不可过猛,以防预应力钢材折断;拧紧螺母时,应注意压力表读数始终保持在控制张拉力处。

(10) 台座两端应设置防护措施。张拉时,沿台座长度方向每隔 4~5m 应放一防护架。

(11) 当预应力钢筋张拉到控制张拉力后,宜停 2~3min 再打紧夹具或拧紧螺母,此时,操作人员应站在侧面。

二、后张法预制梁板

1. 后张法预制梁板施工工序

(1) 按施工需要规划预制场地,整平压实,完善排水系统,确保场内不积水。

(2) 根据预制梁的尺寸、数量、工期,确定预制台座的数量、尺寸,台座用表面压光的梁(板)筑成,应坚固不沉陷,确保底模沉降不大于 2mm,台座上铺钢板底模或用角钢镶边代作底模。当预制梁跨度大于 20m 时,要按规定设置反拱。

(3) 根据需要及设备条件,选用塔吊或跨梁龙门吊作吊运工具,并铺设轨道。

(4) 统筹规划梁(板)拌合站及水、电管路的布设安装。

(5) 预制模板由钢板、型钢组焊而成,应有足够的强度、刚度和稳定性,尺寸规范、表面平整光洁、接缝紧密、不漏浆,试拼合格后,方可投入使用。

(6) 在绑扎工作台上将钢筋绑扎焊接成钢筋骨架,把制孔管按坐标位置定位固定,如使用橡胶抽拔管要插入芯棒。

(7) 用龙门吊机将钢筋骨架吊装入模,绑扎隔板钢筋,埋设预埋件,在孔道两端及最低处设置压浆孔,在最高处设排气孔,安设锚垫板后,先安装端模,再安装涂有脱模剂的钢侧模,统一紧固调整和必要的支撑后交验。

(8) 将质量合格的梁(板)混凝土用拌合车运输,卸入吊斗,由龙门吊从梁的一端向另一端水平分层浇筑,先下部捣实再腹板、翼板,浇至接近另一端时改从另一端向相反方向顺序下料,在距梁端 3~4m 处浇筑合龙,一次整体浇筑成型。当梁高跨长,或混凝土拌制跟不上浇筑进度时,可采用斜层浇筑,或纵向分段,水平分层浇筑。

(9) 梁(板)混凝土的振捣以紧固安装在侧模上的附着式为主,插入式振捣器为辅,振捣时要掌握好振动的持续时间、间隔时间和钢筋密集区的振捣,力求使梁(板)混凝土达到最佳密实度而又不损伤制孔管道。

(10) 梁(板)混凝土浇筑完成后要将表面抹平、拉毛,收浆后适时覆盖,洒水湿养护不少于 7d,蒸汽养护恒温不宜超过 80℃,也可采用喷洒养生剂。

(11) 使用龙门吊拆除模板,拆下的模板要顺序摆放,清除灰浆,以备再用。

(12) 构件脱模后,要标明型号,预制日期及使用方向。

（13）将力学性能和表面质量符合设计要求的预应力钢丝或钢绞线按计算长度下料，梳理顺直，编扎成束，用人工或卷扬机或其他牵引设备穿入孔道。

（14）当构件梁（板）达到规定强度时，安装千斤顶等张拉设备，准备张拉。

（15）张拉使用的张拉机及油泵、锚、夹具必须符合设计要求，并配套使用，配套定期校验，以准确标定张拉力与压力表读数间的关系曲线。

（16）按设计要求在两端同时对称张拉，张拉时千斤顶的作用线必须与预应力轴线重合，两端各项张拉操作必须一致。

（17）预应力张拉采用应力控制，同时以伸长值作为校核。实际伸长值与理论伸长值之差应满足规范要求，否则要查明原因采取补救措施。

（18）张拉过程中的断丝、滑丝数量不得超过设计规定，否则要更换钢筋或采取补救措施。

（19）预应力筋锚固要在张拉控制应力处于稳定状态时进行，其钢筋内缩量不得超过设计规定。

（20）预应力筋张拉后，将孔道中冲洗干净，吹除积水，尽早压注水泥浆。

2. 后张法张拉时的施工要点

（1）对钢筋施加预应力之前，应对构件进行检验，外观尺寸应符合质量标准要求。张拉时，构件混凝土强度应符合设计要求；设计无要求时，不应低于设计强度等级值的75%。当块体拼装构件的竖缝采用砂浆接缝时，砂浆强度不低于15MPa。

（2）对预留孔道应用通孔或压气、压水等方法进行检查。端部预埋铁板与锚具和垫板接触处的焊渣、毛刺、混凝土残渣等应清除干净。当采用先穿束的方法时用压气、压水较好。

（3）钢筋穿束前，螺丝端杆的丝扣部分应用水泥袋纸等包缠2~3层，并用细钢丝扎牢；钢丝束、钢绞线束、钢筋束等穿束前，将一端找齐平，顺序编号。对于短束，用人工从一端向另一端穿束；对于较长束，应套上穿束器，由引线及牵引设备从另一端拉出。

（4）对于夹片式锚具，上好的夹片应齐平，在张拉前并用钢管捣实。

（5）预应力筋的张拉顺序应符合设计要求，当设计未规定时，可采取分批、分段对称张拉。

（6）应使用能张拉多根钢绞线或钢丝的千斤顶同时对每一钢束中的全部力筋施加应力，但对于扁平管道中不多于4根的钢绞线除外。

（7）预应力筋张拉端的设置应符合设计要求。当设计无具体要求时，对于曲线预应力筋或长度不小于25m的直线预应力筋，宜在两端张拉；对长度小于25m的直线预应力筋，可在一端张拉；曲线配筋的精轧螺纹钢筋应在两端张拉，直线配筋的精轧螺纹钢筋可在一端张拉。

（8）后张预应力筋断丝及滑丝不得超过有关规定的控制数。

（9）预应力筋在张拉控制应力达到稳定后方可锚固。预应力筋锚固后的外露长度不宜小于300mm，锚具应用封端混凝土保护，当需长期外露时，应采取防止锈蚀的措施。一般情况下，锚固完毕并经检验合格后即可切割端头多余的预应力筋，严禁用电弧焊切割，强调用砂轮机切割。

（10）张拉切割后即封堵。用素灰将锚头封住，然后用塑料布将其裹住进行养护，以防止裂缝而使锚头漏浆、漏气,影响压浆质量。

3. 施工中易出现的问题及处理方法

(1) 预应力损失过大

预应力损失过大是指预应力施加完毕后预应力筋松弛,应力值达不到设计值的现象。

1) 原因分析

①锚具滑丝或钢绞线(钢丝束)内有断丝。

②钢绞线(钢丝)的松弛率超限。

③量测表具数值有误,实际张拉值偏小。

④锚具下混凝土局部破坏变形过大。

⑤钢索与孔道间摩阻力过大。

2) 防治措施

①检查预应力筋的实际松弛率,张拉钢索时应采取张拉力和引伸量双控制。事先校正测力系统,包括表具。

②锚具滑丝失效,应予更换。

③钢绞线(钢丝束)断丝率超限,应将其锚具、预应力筋更换。

④锚具下混凝土破坏,应将预应力释放后,用环氧混凝土或高强度混凝土补强后重新张拉。

⑤改进钢束孔道施工工艺,使孔道线形符合设计要求,必要时可使用减摩剂。

(2) 锚头下锚板处混凝土变形开裂

1) 原因分析

①通常锚板附近钢筋很密,浇筑时振捣不密实,以致该处混凝土强度低。

②锚垫板下的钢筋布置不够、受压区面积不够、锚板或锚垫板设计厚度不够。

2) 预防措施

①锚板、锚垫板必须有足够的厚度以保证其刚度。锚垫板下应布置足够的钢筋,以使钢筋混凝土足以承受因张拉预应力索而产生的压应力和主拉应力。

②浇筑混凝土时应特别注意在锚头区的混凝土质量,因在该处往往钢筋密集,混凝土的粗骨料不易进入而只有砂浆,会严重影响混凝土的强度。

3) 治理方法

将锚具取下,凿除锚下损坏部分,然后加筋用高强度混凝土修补,将锚下垫板加大加厚,使承压面扩大。

第二节 桥梁上部结构支架施工

一、支架、拱架、模板的类型

1. 支架

支架按其构造分为立柱式、梁式和梁柱式支架;按材料可分为木支架、钢支架、钢木混合支架和万能杆件拼装的支架等。

(1) 立柱式支架。立柱式支架构造简单，可用于陆地或不通航河道以及桥墩不高的小跨径桥梁施工。

(2) 梁式支架。根据跨径不同，梁可采用工字钢、钢板梁或钢构梁。

(3) 梁柱式支架。当桥梁较高、跨径较大或必须在支架下设孔通航或排洪时可用梁柱式支架。

2. 拱架

拱架按结构分为支柱式、撑架式、扇形、桁式、组合式等；按材料分为木拱架、钢拱架、竹拱架和土牛拱胎。

3. 模板

施工所用模板，有组合钢模板、木模板、木胶合板、竹胶合板、硬铝模板、塑料模板、各类纤维材料板。施工时应根据结构物的外观要求选用。

二、支架、模板制作与安装应注意事项

1. 构件的连接应尽量紧密，以减小支架变形，使沉降量符合设计要求。
2. 为保证支架稳定，应防止支架与脚手架和便桥接触。
3. 模板的接缝必须密合，如有缝隙须塞堵严实，以防漏浆。
4. 建筑物外露面的模板应涂石灰乳浆、肥皂水或无色润滑油等润滑剂。
5. 为减少现场施工的安装和拆卸工作和便于周转使用，支架和模板应尽量做成装配式组件或块件。
6. 钢支架宜做成装配式常备构件，应特别注意构件外形尺寸的准确性。
7. 模板应用内撑支撑，用对拉螺栓销紧，内撑有钢管内撑、钢筋内撑、塑料胶管内撑。

三、确定施工预拱度应考虑的因素

1. 卸架后上部构造本身及活载一半所产生的竖向挠度。
2. 支架在荷载作用下的弹性压缩挠度。
3. 支架在荷载作用下的非弹性压缩挠度。
4. 支架基底在荷载作用下的非弹性沉陷。
5. 由混凝土收缩及温度变化而引起的挠度。

四、施工工序（下面以现浇预应力混凝土箱梁为例）

1. 地基处理

地基处理应根据箱梁的断面尺寸及支架的形式对地基的要求决定，支架的跨径越大，对地基的要求就越高，地基的处理形式就得加强，反之就可相对减弱。地基处理时要做好地基的排水，防止雨水或混凝土浇筑和养护过程中滴水对地基的影响。

2. 支架

(1) 支架的布置根据梁截面大小并通过计算确定以确保强度、刚度、稳定性满足要求，计算时除考虑梁体混凝土重量外，还需考虑模板及支架重量，施工荷载（人、料、机等），作用在模板、支架上的风力，及其他可能产生的荷载（如雪荷载，保证设施荷载）等。

(2) 支架应根据技术规范的要求进行预压,以收集支架、地基的变形数据,作为设置预拱度的依据,预拱度设置时要考虑张拉上拱的影响。预拱度一般按二次抛物线设置。

(3) 支架的卸落设备可根据支架形式选择使用木楔、砂筒、千斤顶、U形顶托等,卸落设备尤其要注意有足够的强度。

3. 模板

模板由底模、侧模及内模三个部分组成,一般预先分别制作成组件,在使用时再进行拼装,模板以钢模板为主,在齿板、堵头或棱角处采用木模板。模板的楞木采用方钢、槽钢或方木组成,布置间距以75cm左右为宜,具体的布置需根据箱梁截面尺寸确立,并通过计算对模板的强度、刚度进行验算。

4. 普通钢筋、预应力筋的布设

(1) 在安装并调好底模及侧模后,开始底、腹板普通钢筋绑扎及预应力管道的预设。混凝土采用一次浇筑时,在底、腹板钢筋及预应力管道完成后,安装内模,再绑扎顶板钢筋及预应力管道。混凝土采用两次浇筑时,底、腹板钢筋及预应力管道完成后,浇筑第一次混凝土,混凝土终凝后,再支内模顶板,绑扎顶板钢筋及预应力管道,进行混凝土的第二次浇筑。

(2) 普通钢筋及预应力筋按规范的要求做好各种试验,并报请工程师批准,严格按设计图纸的要求布设,对于腹板钢筋一般根据其起吊能力,预先焊成钢筋骨架,吊装后再绑扎或焊接成型,钢筋绑扎、焊接要符合技术规范的要求。

(3) 预应力管道采用镀锌钢带制作,预应力管道的位置按设计要求准确布设,并采用每隔50cm一道的定位筋进行固定,接头要平顺,外用胶布缠牢,在管道的高点设置排气孔。

(4) 锚垫板安装前,要检查锚垫板的几何尺寸是否符合设计要求,锚垫板要牢固地安装在模板上。要使垫板与孔道严格对中,并与孔道端部垂直,不得错位。

(5) 预应力筋的下料长度要通过计算确定,计算应考虑孔道曲线长、锚夹具长度、千斤顶长度及外露工作长度等因素。

(6) 预应力筋穿束前要对孔道进行清理。

5. 混凝土的浇筑

浇筑施工前,应做混凝土的配合比设计及各种材料试验,并报请工程师批准,并根据实际情况进行综合比较确定箱梁混凝土采用一次、两次或三次浇筑。以下两点施工中应给予重视。

(1) 混凝土浇筑时要安排好浇筑顺序,其浇筑速度要确保下层混凝土初凝前覆盖上层混凝土。

(2) 混凝土的振捣采用插入式振捣器进行,振捣器的移动间距不超过其作用半径的1.5倍,并插入下层混凝土5~10cm。对于每一个振动部位,必须振动到该部位混凝土密实为止,也不得超振。

6. 预应力的张拉

(1) 在进行张拉作业前,必须对千斤顶、油泵进行配套标定,并每隔一段时间进行一次校验。有几套张拉设备时,要进行编组,不同组号的设备不得混用。

(2) 当梁体混凝土强度达到设计规定的张拉强度时,方可进行张拉。

(3) 预应力的张拉采用双控,即以张拉力控制为主,以钢束的实际伸长量进行校核,实测伸长值与理论伸长值的误差不得超过规范要求，否则应停止张拉，查找原因。后张法预应力筋张拉时的理论伸长值为：

$$\Delta L_0 = PL/A_y E_R \tag{8-1}$$

式中　P——预应力筋的平均张拉力；

　　　L——预应力筋的长度；

　　　A_y——预应力筋的截面面积；

　　　E_R——预应力筋的弹性模量。

由于预应力筋张拉时，应先调整到初应力，再开始张拉和量测伸长值，实际伸长值由两部分组成，即：

$$\Delta L = \Delta L_1 + \Delta L_2 \tag{8-2}$$

式中　ΔL——实际伸长值；

　　　ΔL_1——初应力至张拉控制应力时的实测伸长量；

　　　ΔL_2——初应力时推算的伸长值。

（4）张拉的程序按技术规范的要求进行。

（5）张拉过程中的断丝、滑丝不得超过规范或设计的规定。

7. 压浆、封锚

（1）张拉完成后要尽快进行孔道压浆和封锚，压浆所用灰浆的强度、稠度、水灰比、泌水率、膨胀剂用量按施工技术规范及试验标准中的要求控制。

（2）每个孔道压浆到最大压力后，应有一定的稳定时间。压浆应使孔道另一端饱满和出浆。并使排气孔排出与规定稠度相同的水泥浓浆为止。

（3）压浆完成后，应将锚具周围冲洗干净并凿毛，设置钢筋网，浇筑封锚混凝土。

第三节　桥梁上部结构逐孔施工

一、概述

逐孔施工法从施工技术方面有三种类型：

1. 采用临时支承组拼预制节段逐孔施工。对于多跨长桥，在缺乏较大能力的起重设备时，可将每跨梁分成若干段，在预制场生产；架设时采用一套支承梁临时承担组拼节段的自重，并在支承梁上张拉预应力筋，并将安装跨的梁与施工完成的桥梁结构按照设计的要求联结，完成安装跨的架梁工作。之后，移动临时支承梁，进行下一桥跨的施工。

2. 使用移动支架逐孔现浇施工。此法亦称移动模架法，它是在可移动的支架、模板上完成一孔桥梁的全部工序。由于此法是在桥位上现浇施工，可免去大型运输和吊装设备，桥梁整体性好。同时它还具有在桥梁预制厂生产的特点，可提高机械设备的利用率和生产效率。

3. 采用整孔吊装或分段吊装逐孔施工。这种施工方法是早期连续梁桥采用逐孔施工的唯一方法，可用于混凝土连续梁和钢连续梁桥的施工中。

二、用临时支承组拼预制节段逐孔施工的要点

1. 节段划分

（1）桥墩顶节段由于桥墩顶节段要与前一跨连接，需要张拉钢索或钢索接长，为此对

墩顶节段构造有一定要求。此外，在墩顶处桥梁的负弯矩较大，梁的截面还要符合受力要求。

（2）标准节段前一跨墩顶节段与安装跨第一节段间可以设置就地浇筑混凝土封闭接缝，用以调整安装跨第一节段的准确程度。封闭接缝宽15～20cm，拼装时由混凝土垫块调整。在施加初预应力后用混凝土封填，这样可调整节段拼装和节段预制的误差。

2. 支承梁

（1）钢构架导梁。钢梁应设置预拱度，要求每跨箱梁节段全部组拼之后，钢导梁上弦应符合桥梁纵断面标高要求。同时还需准备一些附加垫片，用于临时调整标高。

（2）下挂式高架钢构架。在节段组拼过程中，架桥机前臂必然下挠，安装桥跨第一块中间节段的挠度倾角调整是该跨架设的关键，因此要求当一跨节段全部由架桥机空中吊起后，第一个中间节段与墩上节段的接触面应全部吻合。

三、用移动支架逐孔现浇施工（移动模架法）

当桥墩较高，桥跨较长或桥下净空受到约束时，可以采用非落地支承的移动模架逐孔现浇施工，称为移动模架法。移动模架法适用于多跨长桥，桥梁跨径可达50m，使用一套设备可多次移动周转使用。

移动模架法施工的主要工序：侧模安装就位、安装底模、支座安装、预拱度设置与模板调整、绑扎底板及腹板钢筋、预应力系统安装、内模就位、顶板钢筋绑扎、箱梁混凝土浇筑、内模脱模、施加预应力、管道压浆、落模、拆底模及滑模纵移。

四、整孔吊装或分段吊装逐孔施工

1. 整孔吊装或分段吊装逐孔施工的吊装机具有桥式吊、浮吊、龙门起重机，汽车吊等多种，可根据起吊物重力、桥梁所在的位置以及现有设备和掌握机具的熟练程度等因素决定。

2. 整孔吊装和分段吊装施工应注意以下几个问题

（1）采用分段组装逐孔施工的接头位置可以设在桥墩处也可设在梁的L/5附近，前者多为由简支梁逐孔施工连接成连续梁桥；后者多为悬臂梁转换为连续梁。在接头位置处可设有0.5～0.6m现浇混凝土接缝，当混凝土达到足够强度后张拉预应力筋，完成连续。

（2）桥的横向是否分隔，主要根据起重能力和截面形式确定。当桥梁较宽，起重能力有限的情况下，可以采用T梁或工字梁截面，分片架设之后再进行横向整体化。为了加强桥梁的横向刚度，常采用梁间翼缘板有0.5m宽的现浇接头。采用大型浮吊横向整体吊装将会简化施工和加快安装速度。

（3）对于先简支后连续的施工方法，通常在简支梁架设时使用临时支座，待连接和张拉后期钢索完成连续时拆除临时支座，放置永久支座。为使临时支座便于卸落，可在橡胶支座与混凝土垫块之间设置一层硫磺砂浆。

（4）在梁的反弯点附近设置接头，在有可能的情况下，可在临时支架上进行接头。结构各截面的恒载内力根据各施工阶段进行内力叠加计算。

第九章 管涵和箱涵施工技术

涵洞是横贯公路路基，用以泄水或通过人、畜、车辆的小型构筑物。根据涵洞按跨径分类标准，涵洞的单孔跨径小于 5m 或多孔跨径总长小于 8m，但圆管涵及箱涵不论管径或跨径大小、孔数多少，均称为涵洞。涵洞按建筑材料可分为砖涵、石涵、混凝土涵和钢筋混凝土涵；按涵洞断面形式可分为管涵、板涵、箱涵、拱涵；按涵顶填土情况可分为明涵（涵顶无填土）和暗涵（涵顶填土大于 50cm）；按水力性能分为无压涵、半压力涵和压力涵。

第一节 混凝土和钢筋混凝土圆管涵施工

一、圆管涵施工主要工序

测量放线→基坑开挖→砌筑砖工基础或现浇混凝土管座基础→安装圆管→出入口浆砌→防水层施工→涵洞回填及加固。

二、涵管预制

为保证涵管节的质量，管涵宜在工厂中成批预制，再运到现场安装，预制混凝土圆涵管可采用振动制管法、离心法、悬辊法和立式挤压法。在运输条件限制时，也可在现场就地制造。钢筋混凝土圆管成品应符合下列要求：

1. 管节端面应平整并与其轴线垂直。斜交管涵进出水口管节的外端面，应按斜交角度进行处理。
2. 管壁内外侧表面应平直圆滑，如有蜂窝，蜂窝处应修补完善后方可使用。
3. 管节各部分尺寸不得超过规定的允许偏差。
4. 管节混凝土强度应符合设计要求。
5. 管节外壁必须注明适用的管顶填土高度。

三、安装管节时的注意事项

1. 应注意按涵顶填土高度取用相应的管节，管节应检查合格后方可使用。
2. 各管节应顺流水坡度安装平顺，当管壁厚度不一致时应调整高度使内壁齐平，管节必须垫稳坐实，管道内不得遗留泥土等杂物。
3. 对插口管，接口应平直，环形间隙应均匀，并应安装特制的胶圈或用沥青、麻絮等防水材料填塞，不得有裂缝、空鼓、漏水等现象；对平接管，接缝宽度应不大于 10～20mm，禁止用加大接缝宽度来满足涵洞长度要求；接口表面应平整，并用有弹性的不透水材料嵌塞密实，不得有间断、裂缝、空鼓和漏水等现象。

第二节 拱涵、盖板涵施工

一、石拱涵或钢筋混凝土拱涵施工主要工序

测量放样→基坑开挖、排水及换填→混凝土基础或浆砌基础施工→拱涵涵身、台座立模灌注→支立拱架、安装拱模→对称灌注拱圈混凝土或浆砌拱圈→养护拱圈混凝土或砂浆强度达80％设计值→对称拆除拱架、拱模→施做防水层→涵顶对称填土夯实→出入口、八字墙等附属工程施工。

二、盖板涵（预制吊装）施工主要工序

测量放线→基坑开挖→下基础→浆砌墙身→现浇板座→吊装盖板→出入口浆砌→防水层施工→涵洞回填及加固。

三、拱涵、盖板涵的施工要求

1. 拱圈和出入口拱上端墙的施工，应由两侧向中间同时对称进行。
2. 钢筋混凝土、混凝土拱圈和盖板混凝土的现场浇筑施工宜连续进行，避免施工接缝，当涵身较长时，可沿长度方向分段进行，接缝应设在涵身沉降缝处。
3. 就地浇筑的拱涵和盖板涵，宜采用组合钢模板，在缺乏钢木材料的情况下，可采用全部土胎。
4. 拱圈砌筑砂浆或混凝土强度达到设计强度的75％时，方可拆除拱架；达到设计强度后，方可回填土。
5. 在拱架未拆除的情况下，拱圈砌筑砂浆或混凝土强度达到设计强度的75％时，可进行拱顶填土；在拱圈强度达到设计强度100％后，方可拆除拱架。

四、预制拱圈和盖板的安装注意事项

1. 拱圈和盖板成品混凝土强度达到设计强度的70％时，方可搬运安装。
2. 成品安装前，应检查成品及拱座、墩、台的尺寸。
3. 安装后，成品拱圈和盖板上的吊装孔，应以砂浆填塞，如系吊环应锯掉。
4. 拱座与拱圈、拱圈与拱圈的拼装接触面，应先拉毛或凿毛（沉降缝处除外），安装前应浇水湿润，再以M10水泥砂浆砌筑。

第三节 倒虹吸管施工

一、倒虹吸管施工主要工序

测量放线→基坑开挖→基坑修整与检查→铺设砂垫层和现浇混凝土管座→安装管节→接缝防水施工→竖井、出入口施工→防水层施工→回填土及加固。

二、倒虹吸管施工注意事项

1. 倒虹吸管宜采用钢筋混凝土或混凝土圆管，进出水口必须设置竖井，包括防淤沉淀井。施工时管节接头及进出水口砌缝应特别严格，不漏水。填土覆盖前应做灌水试验，符合要求后，方可填土。
2. 倒虹吸管如需在冰冻期施工时，应按冬期要求施工进行，并应在冰冻前将管内积水排出，以防冻裂。
3. 倒虹吸管的进出水口应在竣工后及时盖上。

第四节 通道涵的顶进施工

当公路须从现有铁路、公路路基下面立交通过时，对原有路线采取必要的加固措施后，可采取顶进法施工通道涵。

一、通道涵顶进施工主要工序

测量放线→工作坑定位与开挖→工作坑基础、导轨及附属设施施工→后背设计与施工→桥涵身预制→顶进设备与设施准备→既有线路的加固→顶进作业，附属工程施工。

二、顶进工作坑及后背施工要求

1. 顶进的工作坑位置应根据现场地形、土质、结构物尺寸及施工需要决定，在保证排水和安全的前提下，工作坑边缘距公路、铁路应有足够的安全距离。
2. 工作坑基底的承载力应能满足顶入涵的要求，否则应加固。
3. 工作坑滑板应满足下列要求：
（1）滑板中心线与涵中心线一致。
（2）具有足够的强度、刚度和稳定性，必要时可在滑板上层配置钢筋网，以防顶进时滑板开裂。
（3）表面平整，减小顶进时的阻力。
（4）底面设粗糙面或锚梁，增加抗滑能力。
（5）宜将滑板做成前高后低的仰坡，坡度为3％左右。
（6）沿顶进方向，在滑板的两侧，距涵外缘50～100m处设置导向墩，以控制涵顶入方向。
4. 顶进涵的后背，应根据现场条件、地质、材料设备情况及强度、稳定性的要求，进行设计计算，确保顶进工作顺利和安全。

三、顶进作业

1. 涵顶进前应检查验收涵主体结构的混凝土强度、后背，应符合设计要求。应检查顶进设备并做预顶试验。
2. 千斤顶应按涵的中轴线对称布置。顶进法的传力设备安装时应与顶力线一致，并与横梁垂直。顶程较长时，顶柱与横梁应用螺栓固定。

3. 涵顶进挖土时保持刃角有足够的吃土量，挖掘进尺及坡度应视土质情况确定。挖土必须与观测紧密配合，根据偏差随时改变挖土方法。列车通过时不得挖土，施工人员应离开土坡1m以外，发现有危险的坍方影响行车安全时，应迅速组织抢修加固。

4. 顶推施工应在工作坑内安装导轨，导轨高程允许偏差为±2mm，中心线允许偏差为3mm。首节涵安放在导轨上，应测量其中线和前后两端高程，合格后方可顶进。

5. 顶推施工时，可在管前端先挖土，后顶进，一般轴向超挖量在铁路道岔下不得大于100mm，其余情况不得大于300mm，管节上部超挖量不得大于15mm，管节下部135°范围内不应超挖。

6. 涵顶进中，应经常对涵中线和高程进行观测，发现偏差及时纠正。发生左右偏差时，可采用挖土校正法和千斤顶校正法调整；发生上下偏差时，可采用调整刃角挖土量或铺筑石料等方法调整。

7. 顶进作业应连续进行，不得长期停顿，以防地下水渗出，造成路基坍塌。出现事故时应立即停止顶进。

8. 涵顶进时，对节间接缝及结构物应按设计要求进行防水处理。

第十章 隧道工程施工

第一节 概 述

一、公路隧道主要种类

公路隧道工程主要分为山岭隧道、水下隧道、沉管隧道和航运隧道。

(1) 山岭隧道是指建筑在公路交通线上山岭区段的隧道。

绝大多数公路隧道是位于山岭地区的。如正在修建的西康公路秦岭终南山特长隧道（东线、西线隧道，各长 18.020km）。

(2) 水下隧道是指建筑在河床或海床以下地层中的交通隧道。

当交通线需要横跨河道或海峡，但水道通航需要较高的净空，而桥梁又受两端引线高程的限制，无法抬起必要的高度而不适合采用桥梁通过时，或者受天气条件限制不宜采用轮渡或桥梁通过时，可采用水下隧道通过。它不但可以避免限制水道通航和天气条件对交通的影响，而且在战时有较好的隐蔽性，是国防上的较好选择。

水下隧道多采用盾构法施工或掘进机法施工。盾构法（Shield）主要适用于软岩地层施工，掘进机（TBM）法主要适用于硬岩地层施工。

如布鲁诺于 1843 年首次在伦敦泰晤士河下采用高 6.8m 火宽 11.4m 的矩形盾构建成了全长 458m 的世界上第一条水下隧道。1890 年，在美国和加拿大之间的圣克莱河下采用直径 6.4m 的圆形盾构建成一条长 1800 余米的水下铁路隧道。我国上海于 1969 年采用直径 10.2m 的圆形盾构建成全长 2793m 的上海第一条黄浦江打浦路越江公路隧道。

(3) 沉管隧道是指用沉埋法建筑在河床或海床上的交通隧道或输水隧道，也称为沉管隧道或沉埋隧道。

自从美国波士顿于 1894 年建成一条城市水底污水隧道以来，宣告了一种新的隧道建筑形式—沉埋法的成功诞生；底特律于 1904 年又建成水底铁路隧道。1959 年加拿大迪斯（Deas）隧道工程中，成功地采用水力压接法进行管段水下连接，使得沉埋施工技术变得更加成熟，并很快就被世界各国推广采用。

我国台湾省于 1984 年首先建成了高雄海底沉管隧道，我国香港特别行政区穿越维多利亚海湾连接九龙半岛与香港岛的通道中，已建成 5 座沉管隧道，而没有修建一座桥梁。这样既解决了交通问题，又不影响海湾船舶通航，同时，也很好地保持了海湾的自然景观的美感。

(4) 航运隧道是建筑在水运交通线上的隧道。

在河道受山岭阻碍迂回曲折，流程较长而落差不大的条件下，可以用隧道穿越山岭，截弯取直河道，缩短船只通航航程。显然这种隧道可过水又过船。

二、隧道现场监控量测

隧道现场监控量测，包括隧道施工阶段与营运阶段控制测量和监控量测。控制测量主要目的是：检查隧道施工阶段或竣工验收后的隧道中线和净空断面的位置与尺寸，是否能符合设计要求；监控量测解决的问题是：在隧道施工阶段和营运阶段，使用各种量测仪表和工具，对围岩变化情况及支护结构的工作状态进行量测，及时提供围岩稳定程度和支护结构可靠性的安全信息，预见事故和险情，作为调整和修改支护设计的依据，并在复合式衬砌中，依据测量结果确定二次衬砌施作的时间，以达到监控隧道围岩和支护结构的变位与应力不超过设计标准。监控设计和信息设计的原理：通过现场测量获得围岩力学动态和支护状态的有关数据（信息），再通过对这些数据（信息）的数理和力学分析，来判断围岩和支护结构体系的稳定性及工作状态，从而选择和修正支护参数以及指导施工。

隧道主要量测项目量测方法有以下几种：

(1) 洞内观察与地质素描

洞内观察：隧道坑道开挖工作面的观察，在每个开挖面进行，特别是在软弱破碎围岩条件下，开挖后应立即进行地质调查，绘出地质素描图。若遇特殊不稳定情况时，应派专人进行不间断地观察。

地质素描：与隧道施工进展同步进行的洞内围岩地质和支护状况的观察和描述，这里称为地质素描。在隧道设计和施工过程中，它是不可缺少的一项重要的现场的地质详勘工作，是围岩工作地质特性和支护措施的合理性、有效性的最直观、最简便、最经济的描述和评价。

(2) 采用水准仪测拱顶下沉或地表下沉

由已知高程的 BMi 水准点（通常借用隧道高程控制点），使用较高精度的水准仪，可测出隧道拱顶或浅埋隧道上方地表各测点的下沉量及其随时间的变化情况。隧道底隆鼓也可用此法观测。通常这个数值是绝对位移值。另外也可以用收敛计量测拱顶相对于隧道底的相对位移。

(3) 采用收敛计量测坑道净空相对位移

隧道开挖后，围岩向坑道方向的位移是围岩动态的显著表现，最能反映出围岩或围岩与支护的稳定性。坑道周边净空变化，一般采用收敛计或净空变位仪量测其中两点之间的相对位移值，来反映围岩位移动态。

(4) 位移计量测围岩内部位移

围岩内部各点的位移是围岩动态表现，它能反映围岩内部的松弛程度和范围的大小，这也是判断围岩稳定性的一个重要参数指标。在实际中，先量测围岩测位钻孔相对位移，然后用位移计量测围岩钻孔内部各点相对于岩壁孔口一点的相对位移。

(5) 钢筋计量测锚杆内应力及拉拔器量测锚杆抗拔力

系统锚杆的主要作用是：限制围岩的松弛变形。锚杆工作状态好坏直接影响限制围岩松弛变形的效果，而锚杆工作状态好坏主要以其受力后的应力—应变来反映。因此，测试锚杆在工作时的应力—应变值，就可以知道其工作状态和判断其对围岩松弛变形限制作用的强弱。

实际量测是采用与设计锚杆强度相等，且刚度基本相等的各式钢筋计来观测锚杆的应力应变值。

（6）围岩与支护界面上接触压力量测

为了全面了解支护背后的压力情况，该项量测应在横断面布设 15～20 个测点，测点设于衬砌上的关键受力部位。围岩与支护（喷混凝土或模筑混凝土衬砌）之间的接触应力大小，反映支护工作状态及围岩施加于支护的变形压力情况，因此，量测支护的内应力及其与围岩界面的接触应力是选测项目。

这种量测可采用盒式压力传感器（压力盒）进行量测。实际测试时是将压力盒埋设于混凝土内的测试部位及在支护与围岩接触面的测试部位，压力盒所受压力即为该部位测点应力。

（7）声波仪测围岩弹性波速度

采用各种声波仪及配套探头测试是地球物理探测方法的一种。它是在代表性地段的岩体的一端激发弹性波，而在另一端接收通过岩体传递过来的弹性波，弹性波通过不同岩体传递后，其波速、波幅、波频均发生改变，这主要是由于岩体的物理力学性质各不相同所致。因此弹性波在岩体中的传播特征反映了岩体的物理力学性质（动弹性模量、岩体密实度、围岩的完整性或破碎程度、岩体强度等），据此可判别围岩的稳定性和围岩分类。

（8）隧道钢拱架压力量测

隧道钢支撑内力及外力的量测、钢拱架压力量测，可以在每 10 榀钢拱架支撑布置一对测力计或压力盒、支柱压力计或其他测力计进行测试。实际进行隧道钢支撑或钢拱架的压力测试时，应当采用能经受支撑或钢架屈服强度的压力盒，压力盒通常放在钢拱架支撑的底板下面；在有挤压力或膨胀力的地层内，使用仰拱横撑时，压力盒应放在特制的拱架上面。

第二节　隧道工程施工技术

在隧道工程施工技术方面，由于控制爆破技术、盾构掘进技术、深基坑围护技术、管段浮运技术、管段沉埋技术、水下地基加固技术、量测监控技术的应用，以及（系统锚杆、超前锚杆）锚杆加固技术、（素喷或加钢筋网、钢纤维）喷射混凝土加固技术、管棚超前支护技术、（超前小导管或长钢管）预注浆加固技术、电渗固结技术、冷冻固结技术等新支护技术及加固技术的应用，引起了浅埋暗挖法、盖挖法、地下连续墙法、新奥法、掘进机法、盾构法、沉埋法等先进施工方法的提出和完善。这些技术和方法为在各种地质条件和建筑环境条件下修建不同功能和用途的隧道及地下工程提供了有效的技术保证。以下对几种典型的施工技术进行阐述。

一、盖挖法施工

当隧道埋置较浅时，可考虑采用"盖挖法"。盖挖法是在隧道浅埋时，由地面向下开挖至一定深度后，施作结构顶板，并恢复地面原状，其余的绝大部分土体的挖除和主体结构的施作则在封闭的顶板掩盖下完成的施工方法。

按照盖板下土体挖除和主体结构施作的顺序，浅埋盖挖法可以分为盖挖顺作法和盖挖逆作法。盖挖顺作法是在盖板的保护下由上至下逐层分块挖除并逐次分段施作隧道衬砌结构。盖挖逆作法是在盖板的保护下,逐层分块挖除并逐次分段施作隧道衬砌结构。

顺作法需要采用大量的大直径钢管作为临时水平支撑,但结构主体是由下而上顺序施作,墙柱混凝土施工缝易于处理,且质量容易保证。逆作法无需占用大量水平支撑,但结构主体是由上而下逆序施作,墙柱混凝土施工缝处理工艺复杂,质量不易保证,且结构受力状态不好。

盖挖法主要适用于城市地铁特浅埋隧道及地下工程中,尤其适用于地铁车站等地下洞室建筑物的施工。其中盖挖顺作法主要适用于单层地铁车站施工;盖挖逆作法主要适用于多层地铁车站施工。但应当注意的是,采用盖挖逆作法施工时,应特别注意结构体系受力状态的转换,以保证结构受力状态良好。

二、盾构法施工

"盾构法"是以"盾构(Shield)"这种施工机械在地面以下暗挖隧道的施工方法。"盾构"是一种集推进、挖土、衬砌等多种作业于一体的大型暗挖隧道施工机械。目前在软弱地质条件下的浅埋隧道工程中,盾构法已经得到很普遍的应用。

盾构施工首先要修建预备竖井,在竖井内安装盾构,然后边推进、边挖土、边衬砌。盾构推进的反力开始是由竖井后背墙提供,进入正洞后则由已拼装好的衬砌环提供。盾构挖掘出的土体由竖井通道送出洞外。挤压式盾构不出土。盾构每推进一环距离,就在盾尾支护下拼装一环衬砌。

盾构机的前端设置一个环行的活动钢筒结构,其作用是承受地层压力和提供地下作业空间。钢筒内的前端设置有支撑和挖掘土体的装置;中段安装有顶推千斤顶,使钢筒可以在地层中推进;尾部设置一个直径略小于前端钢筒直径的钢套筒,前筒推进后,由盾尾套筒(护盾)临时支护围岩。盾尾套筒向前收缩时是否注浆,及其与拼装衬砌的工艺配合,则视地层条件和盾构类型(有水无水、有压无压)不同而不同。有压、有水须边推进边压注水泥浆,无压无水且围岩可暂时自稳时则可在衬砌后压注豆砾石、水泥浆。压注水泥浆,可使衬砌与围岩保持紧密接触,既阻止地面沉陷,又可起到防水作用。

随着隧道与地下工程的发展,盾构机械的种类越来越多,适用性也越加广泛。一般而言,盾构法主要适用于软弱地质条件下进行暗挖法施工,最适于在松软含水地层中修建隧道,如在江河中修建水底隧道,在城市中修建地下铁道及各种市政设施。有资料显示,盾构法一般适宜于长隧道施工,对于短于750m的隧道被认为是不经济的。

三、新奥法施工

"新奥法"是奥地利隧道学家腊布希维兹教授在总结锚喷支护技术的基础上首先提出的,简称为NATM(New Austrian Tunnelling Method)。它是采用锚杆和喷射混凝土作为初期支护,达成坑道的基本稳定,待隧道开挖成形后,再逐步地施作内层衬砌作为安全储备,以保持隧道长期稳定的施工方法。新奥法施工的基本原则可以归纳为"少扰动、早锚喷、勤量测、紧封闭"。

新奥法主要采用锚杆和喷射混凝土作为维护围岩稳定的初期支护,以帮助围岩获得初步稳定,施作后的锚喷支护即成为永久性承载结构的一部分而不予拆除,然后在此基础上再施作内层衬砌作为安全储备（内层衬砌也称为后期支护）。初期支护、内层衬砌与围岩三者共同构成了永久的隧道结构体系。

四、掘进法施工

掘进机法（TBM-Full Face Tunnel Boring Machine）是在20世纪30年代开始应用于隧道工程的。它是用特制的破岩机在一个步距内连续破岩进行隧道掘进，多个循环完成隧道掘进的施工方法。破岩机的工作原理是：利用立足于洞壁上的支撑提供顶推反力，在顶推压力条件下旋转刀盘，带动盘刀在岩面上滚动，并以静压方式切削破岩，并在循环掘进过程中同步完成对已暴露围岩的初期支护。

山岭隧道全断面掘进机（简称TBM）按护盾形式分为开敞式、单护盾和双护盾三种。目前使用较多的主要是开敞式和单护盾全断面掘进机，且主要应用于硬岩地层的隧道掘进。

第三节 隧道工程质量通病及防治

根据实际经验，将隧道施工中经常出现的异常现象及应采取的措施列于表10-1中，其中，措施A指进行比较简单的改变就可解决问题的措施；措施B指包括需要改变支护方法等比较大的变动才能解决问题的措施。

施工中的现象及其处理措施　　　　　　　　　　　　　　　　　　表10-1

	施工中的现象	措施A	措施B
开挖面及其附近	正面变得不稳定	①缩短一次掘进长度 ②开挖时保留核心土 ③向正面喷射混凝土 ④用插板或并排钢管打入地层进行预支护	①缩小开挖断面 ②在正面打锚杆 ③采取辅助施工措施对地层进行预加固
	开挖面顶部掉块增大	①缩短开挖时间及提前喷射混凝土 ②采用插板或并排钢管 ③缩短一次开挖长度 ④开挖面暂时分步施工	①加钢支撑 ②预加固地层
	开挖面出现涌水或者涌水量增大	①加速混凝土硬化（增加速凝剂等） ②喷射混凝土前作好排水 ③加挂网格密的钢筋网 ④设排水片	①采取排水方法（如排水钻孔、井点降水等） ②预加固围岩
	地基承载力不足，下沉增大	①注意开挖，不要损害地基围岩 ②加厚底脚处喷射混凝土，增加支撑面积	①增加锚杆 ②缩短台阶长度，及早闭合支护环 ③用喷射混凝土做临时底拱预加固地层
	产生底鼓	及早喷射底拱混凝土	①在底拱处打锚杆 ②缩短台阶长度，及早闭合支护环

续表

	施工中的现象	措施 A	措施 B
喷混凝土	喷混凝土层脱离甚至塌落	①开挖后尽快喷射混凝土 ②加钢筋网 ③解除涌水压力 ④加厚喷层	打锚杆或增加锚杆
	喷混凝土层中应力增大，产生裂缝和剪切破坏	①加钢筋网 ②在喷混凝土层中增设纵向伸缩缝	①增加锚杆（用比原来长的锚杆） ②加入钢支撑
锚杆	锚杆轴力增大，垫板松弛或锚杆断裂		①增强锚杆（加长） ②采用承载力大的锚杆 ③为增大锚杆的变形能力，在垫锚板间夹入弹簧垫圈等
钢支撑	钢支撑中应力增大，产生屈服	松开接头处螺栓，凿开喷混凝土层，使之可自由伸缩	①增强锚杆 ②采用可伸缩的钢支撑，在喷混凝土层中社纵向伸缩缝
	净空位移增大，位移速度变快	①缩短从开挖到支护的时间提前打锚杆 ②缩短台阶、底拱一次开挖的长度 ③当喷混凝土开裂时，设纵向伸缩缝	①增强锚杆 ②缩短台阶长度，提前闭合支护环 ③在锚杆垫板间夹入弹簧垫圈等 ④采用超短台阶法，或在上半断面建造临时底拱

第十一章 城市给水排水工程

城市给水排水工程是用于水供给、废水排放和水质改善的工程，包含给水工程和排水工程。给水工程为居民和厂、矿、运输企业供应生活、生产用水的工程。由给水水源、取水构筑物、输水道、给水处理厂和给水管网组成，具有取集和输送原水、改善水质的作用。排水工程排除人类生活污水和生产中的各种废水、多余的地面水的工程。由排水管系（或沟道）、废水处理厂和最终处理设施组成。通常还包括抽升设施（如排水泵站）。

第一节 给水排水厂站施工

一、泵站构筑物沉井法施工

沉井施工法，根据工程地质和水文地质条件及施工费用的经济、合理，还划分有下列几种方式：在饱和土壤中排水沉降沉井；在饱和土壤中不排水沉降沉井；利用水力冲刷来沉降沉井（即射水法沉降沉井）；人工冻结饱和土壤后再沉降沉井。

现对上述四种沉井施工法的施工情况，简述如下：

1. 排水法沉降沉井，较不排水法为优，故应优先考虑采用，工程质量可以更好地得到保证，尤其在沉井发生倾斜时也易于纠正。但只有在稳定土壤中方宜采用排水法沉井，亦即，当在渗透量小的黏性土，或在砂砾层中虽渗水量很大，但排水并不困难，都可以采用这种方法。

排水时，一般是在井内设置排水沟与集水井，抽水机可设在地面上；当井深超过 6m 时，抽水机则可安设在井内支架上或在悬吊的支架上。排水工作必须不间断地进行，特别在松软地层中，应防止停止抽水底增加了水的动压力，而产生扰动土壤事故。排水法也有在井外垂直水流方向或环绕井外周设置渗水井（土井或井点），以截留地下水。

2. 不排水法沉降沉井是在严重流砂地层中以及在渗透量大的砂砾层中，排水发生困难时方宜采用。沉降沉井时一般采用水下挖土，挖土用抓斗、水力冲射空气吸泥机或水力吸泥机等。

3. 射水法沉降沉井能使沉降施工技术大为简化，它借助于预先安设在沉井外堵的水比借高压水的冲刷作用，使沉井下沉。在施工实践中，遇到沉井因放停止下沉时采用射水法来促使沉井的下沉，效果良好。

4. 人工冻结饱和土壤法沉降沉井，是在较厚的流砂层中，当沉降深度很深或沉井直径较大（18～25m）时才宜采用。这种方法系在基坑四周间隔设置直径 300mm 的钻孔，注入冷却溶液，使钻孔四周土壤逐渐冷却以致冻结，成一不透水的冻结土层。冻结法沉井可以在任何季节中进行施工，只是需要复杂的施工设备及熟练的施工人员，而且工程造价也较其他方法要高昂。目前在施工中还未广泛使用。

二、装配式预应力水池的施工

预应力混凝土水池通常指在现场浇筑的池底,池壁采用预制,经现场拼装后在环向施加预应力钢丝而成的水池。根据构造要求,池内的柱、梁及顶板混凝土均采用预制方式。

第二节 给水排水工程

在水工业制造业中,属净水设备的有:压滤器、除铁、除锰、除氡设备、一体化净水设备等,属污水处理用设备有:小型电镀废水处理设备、整体式生活污水处理设备、海水淡化设备等。

在施工现场,常常根据需要加工管道及其零件,如大口径卷焊钢管、供水钢筋混凝土管连接用钢制三通、四通、异径管等;还有一些小型设备如钢板水箱等,也在现场制作。

各种管道、零件及设备的制作材料有金属和非金属两类。大多采用金属材料,最常用的为碳钢,也叫碳素钢。其他的金属材料有低合金钢、不锈钢等。常用的非金属材料有热塑性塑料。其他的非金属材料有热固性塑料、耐蚀混凝土等。

金属管道及设备的成型一般采取焊接。非金属管道及容器一般采取模压成型、焊接、粘接。

第十二章 城市管道工程

城市管道工程包含给水排水管道、热力管道和燃气管道，下文介绍管道工程通用的施工技术。

第一节 沟槽开挖

一、沟槽的断面形式

管道施工沟槽的开挖断面，是指垂直于管道中心线方向开挖的形状及尺寸，也叫槽断面。

沟槽的断面形式一般有直槽、梯形槽、混合槽、联合槽等四种。

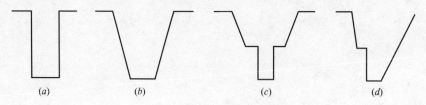

图 12-1 管道沟槽断面形式
(a) 直槽；(b) 梯形槽；(c) 混合槽；(d) 联合槽

二、沟槽开挖施工方法

1. 人工开挖

在小管径、土方量少，或施工现场狭窄、地下障碍物多，不易采用机械挖土时，或深槽作业、底槽需支撑而无法采用机械挖土时，通常采用人工挖土。

2. 机械开挖

机械挖土的特点是效率高，速度快，占用工期短，为了充分发挥机械施工的特点，提高机械利用率，保证安全生产，施工前的准备工作很重要。沟槽的开挖方法，多是采用机械开挖，人工清底的方法。

第二节 沟槽支撑

一、支撑的作用与应用范围

支撑的作用是在沟槽（基坑）挖土期间挡土、挡水，保证沟槽开挖和基础结构施工能安全、顺利地进行,并在基础施工期间不对邻近的建(构)筑物、道路和地下管线等产生危害。

安有支撑的直沟槽,可以减少土方量,可以缩小施工面积,尽量少拆或不拆附近建筑物;在有地下水的沟槽里设置板桩时,板柱下端低于槽底,使地下水渗入沟槽的途径加长,起到一定的阻水作用。但安装支撑增加了材料的消耗,也给后续作业带来不便。

二、支撑的分类

据结构形式,支撑主要有横撑、竖撑、板桩、横板柱桩撑、坡脚挡土墙支撑、地下连续墙。

据材料形式,支撑主要有木板支撑、工字钢柱木撑板、钢板撑。

三、支撑作业

1. 支撑的施工质量

(1) 支撑后,沟槽中心线到两侧的净宽不应小于施工设计的规定;

(2) 横撑不得妨碍下管和稳定;

(3) 安装应牢固,安全可靠;

(4) 钢板桩的轴线位移不得大于50mm,垂直度不得大于0.5%。

2. 支撑和拆除支撑时的注意事项

(1) 撑板支撑应随挖土的加深及时安装。雨期施工不得空槽过夜。

(2) 沟壁铲除平整,撑板均匀地紧贴沟壁,当有空隙时,应填实。横排撑板应水平,立排撑板应顺直,密排撑板的对接应严密。

(3) 撑板支撑的横梁、纵梁和横撑的布置应符合相关规定。

(4) 横梁、纵梁和横撑的安装,应符合相关规定。

(5) 采用横排撑板支撑,当遇有地下钢管或铸铁管道横穿沟槽时,管道下面的撑板上缘应紧贴管道安装;管道上面的撑板下缘距离管顶面小于100mm。

(6) 支撑应经常检查,当发现支撑构件有弯曲、松动、移位或劈裂等迹象时,应及时处理。

(7) 上下沟槽应设安全梯,不得攀登支撑。

(8) 撑托翻土板的横撑必须加固。翻土板铺设应平整,其与横撑的连接必须牢固。

(9) 在软土和其他不稳定土层中采用撑板支撑时,开始支撑的开挖沟槽深度不得超过1m。

(10) 拆除支撑前,应对沟槽两侧的建筑物、构筑物和槽壁进行安全检查,并应制订拆除支撑的实施细则和安全措施。

(11) 拆除撑板支撑时应符合下列规定:支撑的拆除应与回填土的填筑高度配合进行,且在拆除后应及时回填;采用排水沟的沟槽,应以两座相邻排水井的分水岭向两端延伸拆除;多层支撑的沟槽,应待下层回填完成后再拆除上层槽的支撑;拆除单层密排撑板支撑时,应先回填至下层横撑底面,再拆除下层横撑,待回填至半槽以上,再拆除上层横撑,当一次拆除有危险时,宜采取替换拆撑法拆除支撑。

第三节 下　　管

下管要在沟槽和管道基础验收合格后方可进行。为防止将不合格或已损坏的管材及管件下入沟槽，下管前应对管材进行检查与修补。管子经过检验、修补后，先在沟槽边排列成行（亦称排管），经核对管节、管件无误后方可下管。

一、下管方法

1. 人工下管

人工下管多用于重量不大的、口径偏小的中小型管子，或施工现场狭窄、不便于机械操作的情况，以方便施工和操作安全。常用的下管方法有压绳下管法、塔架下管法和溜管下管法。

2. 机械下管

机械下管一般是用汽车式或履带式起重机械进行下管，机械下管有分段下管和长管段下管两种方式。分段下管是利用起重机械将管子分别吊起后下入沟槽内，这种方式适用于大口径的铸铁管和钢筋混凝土管。长管段下管是将钢管节焊接连成长串管段，用2～3台起重机联合起重下管。

二、管材的运输、装卸和堆放

管材在长距离运输过程中，应捆绑牢固，防止滚动和相互碰撞。

装卸管子宜用吊车，特别是金属管材和钢筋混凝土管材。捆绑管子可用绳索兜底平吊或套捆立吊，不得将吊绳由管膛穿过吊运管子。采用兜底平吊管子时，吊绳与管子的夹角一般大于45度为宜。装卸管子时严禁管子相互碰撞和自由滚落，更不得向地面抛掷。

管子堆放的场地要平整，不同类别和不同规格的管子要分开堆放并做好标识。为方便材料进出，堆放时应留出通道。

三、稳管

稳管是将管子按设计高程和位置，稳定在地基或基础上。主要通过高程控制和轴线位置控制。

在稳管前由测量人员将管道的中心点和高程点测设在坡度板上，两高程点之间的连线即为管底坡度的平行线，称为坡度线。坡度线上的任何一点到管内底的垂直距离为一常数，称为下反数。稳管时用一木制样尺（或称高程尺）垂直放入管内底中心处，根据下反数和坡度线则可以控制高程。样尺高度一般取整数，以50cm一档为宜，使样尺高度固定，不宜搞错。坡度板应放置在稳定地点，每一管段两头的检查井处和中间部位放测的三块坡度板应能通视。坡度板必须经复核后方可使用，在挖至地层土、做基础、稳管等施工过程中应经常复核，发现偏差及时纠正，放样复核的原始记录必须妥善保存，以备检验。

轴线位置控制有中心线法和边线法两种方法。中心线法即在连接两块坡度板中心钉之间的线上挂一垂球,在管内放置一块带有中心刻度的水平尺,当垂球线与水平尺的中心刻度相吻合时,表示管子已居中。边线法即在管子的同一侧,钉一排边桩,边桩高度接近管中心处。在每一边桩上钉一个小钉,使其位置与管道轴线的水平距离为一常数。稳管时,在边桩的小钉上挂上边线,使管道外壁与边线保持平行,则管道即处于中心位置。

第四节 管 道 安 装

管道安装的顺序:先装地下,后装地上;先装大管道,后装小管道;先装支架、吊架,后装管道。

基本技术要求:

①材质检验合格。②接口应严密和坚固。③支架和管座应牢固稳定。④立管垂直,横管坡度符合设计要求。⑤阀类等附件和仪表安装正确。⑥管道防腐、绝热良好。⑦管道安装时不损坏附近房屋结构和其他生产设施。⑧安装时,管内清扫干净。安装时,使用边线或中心垂线控制管道中心,砂垫层的标高必须准确,以控制安管高程,并以水准仪校核。⑨管道安装后不得移动,用垫块等将管道固定。

接口:开挖工作坑处接口允许转角。

阀门安装一般规定:

①阀件在安装前应进行外观检查。②低压阀门应从每批中抽查10个,进行强度和严密性试验。③阀门密封面表面粗糙度和吻合度应满足要求。④高、中压和有毒、剧毒及甲、乙类火灾危险物质的阀门均应逐个进行强度和严密性试验。⑤合金钢阀门应逐个对壳体进行光谱分析,复查材质。⑥解体检查的阀门,质量应符合要求。⑦试验合格的阀门,应及时排尽内部积水,关闭阀门,封闭出人口。⑧阀门的传动装置和操作机构应进行清洗检查,要求动作灵活可靠,无卡涩现象。⑨带蒸汽夹套的阀门,夹套部分应以1.5倍的工作压力做强度试验。⑩严密性试验时,闸阀应分别从两面检查其严密性。

管道接口形式主要有钢管连接方法、铸铁管连接方法和塑料管连接方法。

第五节 沟 槽 回 填

回填制度是为了保证回填质量而制订的回填操作规程,如根据管道特点和回填密实度要求,确定回填土的土质、含水量;还土虚厚度;压实后厚度;夯实工具、夯击次数及走夯形式等。

回填施工一般包括还土、摊平、夯实、检查四道工序。

回填施工注意事项:

(1)雨期回填应先测定土壤含水量,排除槽内积水,还土时应避免造成地面水流向槽内的通道。

(2)冬期回填应尽量缩短施工段,分层薄填,迅速夯实,铺土须当天完成。

(3)有支撑的沟槽,拆撑时要注意检查沟槽及邻近建筑物、构筑物的安全。

(4) 回填时沟槽降水应继续进行,只有当回填土达到原地下水位以上时方可停止。

(5) 回填土时不得将土直接砸在抹带接口及防腐绝缘层上。

(6) 塑料管道回填的时间宜在一昼夜中温度最低的时刻,且回填土中不应含有砾石、冻土块及其他杂硬物体。

(7) 燃气管道、电力电缆、通信电缆回填后,应设置明显的标志。

(8) 为缓解热力管道的热胀作用,回填前应在管道弯曲部位的外侧设置硬泡沫垫块。

(9) 回填应使槽上土面略呈拱形,以免日久因土沉陷而造成地面下凹。

第十三章　城市园林绿化工程

城市园林绿化工程包括土方工程、给排水工程、水景工程、灌溉工程、铺装工程、桥梁工程、古建筑工程、绿化工程、用电及照明工程等。其中古建筑工程与市政公用工程相关性不强,而土方工程、给排水工程等主体工程的施工要求与市政公用工程中相关工程类似,可以借鉴运用。本节主要讲解绿化工程的施工要求。

绿化工程包含树木栽植、草坪草本地被建植及屋顶绿化三个方面。

第一节　树　木　栽　植

出于安全考虑,树木与架空线、地下线及建筑物等应保持一定的安全距离。

(1) 树木与架空线的距离应符合下列要求:

电线电压 380V,树枝至电线的水平距离及直线距离均不小于 1.00m。电线电压 3000~10000V,树枝至电线的水平距离及直线距离均不小于 3.00m。

(2) 树木与地下管线的间距:

乔木中心与各地下管线边缘的间距均不小于 0.95m。灌木边缘与各地下管线边缘的间距均不小于 0.5m。

(3) 树木与建筑、构筑物的平面距离见表 13-1。

树木与建筑、构筑物的平面距离　　　表 13-1

建筑物、构筑物名称	距乔木中心不小于(m)	灌木边缘(m)
公路铺筑面外侧	0.8	2.00
高 2m 以下围墙	1.00	0.50
高 2m 以上围墙(及挡土墙基)	2.00	0.50
建筑物外墙上无门、窗	2.00	0.50
建筑物外墙上有门、窗(人行道旁按具体情况决定)	4.00	0.50
电杆中心(人行道上近侧石一边不宜种灌木)	2.00	0.75
路旁变压器外缘、交通灯柱	3.00	不宜种
道路侧石线(人行道外缘)	0.75	不宜种
警亭	3.00	不宜种
消防龙头、邮筒	1.20	不宜种
天桥边缘	3.50	不宜种
路牌、交通指示牌、车站标志	1.20	不宜种

(4) 道路交叉口、里弄出口及道路弯道处栽植树木应满足车辆的安全视距。

(5) 种植施工应符合下列规定：

树木植入种植穴前，应先检查种植穴大小及深度。不符合根系要求时，应修整种植穴。行道树或行列种植树木应在一条线上，相邻植株规格应合理搭配，高度、干径、树形近似，种植的树木应保持直立，不得倾斜，加支撑立柱，同时应注意观赏面的合理朝向。种植深度一般乔灌木应与原种植线持平，个别快长、易生不定根的树种可较原土痕栽深5～10cm，常绿树栽植时土球应略高于地面5cm；竹类可比原种植线深5cm；树木种植根系必须舒展，填土应分层踏实。种植裸根树木时，应将种植穴底填土呈半圆土堆，置入树木填土至1/2时，应轻提树干使根系舒展，并充分接触土壤。带土球树木入穴前必须踏实穴底松土，土球放稳，树干直立，随后拆除并取出不易腐烂包装物。种植植篱应由中心向外顺序退植；坡式种植时应由上向下种植；大型块植或不同彩色丛植时，宜分区块种植。绿篱、植篱的株行距应均匀。树形丰满的一面应向外，按苗木高度、冠幅大小均匀搭配。对排水不良的种植穴，可在穴底铺10～15cm砂砾或铺设渗水管，加设盲沟，以利排水。

树木支撑、固定、浇水应符合下列规定：种植后应在略大于种植穴直径的周围，筑成高15～20cm的灌水围堰，堰应筑实不得漏水。种植乔木应设支撑物固定。支撑物应牢固，基部应埋入地下30cm以下，绑扎树木处应加垫物，不得磨损树干。新植树木应在当日浇透第一遍水，三日内浇透第二遍水，十日内浇透第三遍水。浇水渗下后，应及时用围堰土封树穴。再筑堰时，不得损伤根系。浇水时应防止因水流过急冲刷裸露根系或冲毁围堰，造成跑漏水。浇水后出现土壤沉陷，致使树木倾斜时，应及时扶正、培土。

第二节　草坪及草本地被建植

根据草坪及草本地被建植的使用功能、立地条件的不同及经济实力等因素，因地制宜选用不同草种和草本地被植物，种类应多样化。

草坪建植可选择播种、分栽、铺砌草块、草卷等方法；草本地被建植可选择播种和分栽的方法。

草坪和草本地被播种应符合下列规定：

选择优良合格种子，播种前应做发芽试验和催芽处理，确定合理的播种量。播种时，先把土地整平，大面积草坪应留0.3%～0.5%的坡度，再将表土疏松，镇压后播种，然后耙平，使种子和土壤混合，再过碌压实。播种后应及时喷水，水点宜细密均匀，浸透土层8～10cm，保持湿度。坡地和大面积草坪建植可采用喷播法。草坪混播草种组合应符合性状互补的原则，重点依据成坪速度、生长速度、抗病性、耐阴性、绿色期等指标进行组合。不同草种或草种间不同品种可以混播。

种子繁殖较困难的草种或匍匐茎、根状茎较发达植物用分株种植法种植，常用此法栽植的有野牛草、麦冬、崂峪苔草等。

分栽密度：野牛草15～20cm×15～20cm穴栽；羊胡子草（12～15）cm×（12～15）cm穴栽；结缕草15cm行距条栽；草地早熟禾10cm×10cm穴栽；匍匐剪股颖20cm×20cm穴栽；白三叶10cm×10cm穴栽；麦冬10cm×10cm穴栽；崂峪苔草10cm×10cm穴栽。每穴或每条的草量视草源及达到全面覆盖日期的长短而定。

铺设草块、草卷应符合下列规定：选择无杂草、覆盖度95%以上，草色纯正，生长势好的草源。掘草块、草卷前应适量浇水，待渗透后掘取。掘取草块、草卷应边缘整齐、厚度一致，紧密不散。草块、草卷运输时应用垫层相隔，分层放置，运输和装卸时，应防止破碎。运输时不宜堆放，以草叶挺拔鲜绿为准。铺设草块、草卷应周边平直整齐，高度一致，必须与其下的土壤密接，互相衔接不留缝。铺设后需碾压、拍打、踏实，并及时浇水，保持土壤湿润直至新叶开始生长。

第三节 屋 顶 绿 化

屋顶绿化必须根据屋顶的结构和荷载能力，在建筑物整体荷载允许范围内进行。必须具有良好的防水、排灌系统；必须采用轻质、含水率高的栽培基质，基质的厚度必须依据屋顶的荷载力和种植植物的种类而变化，最低厚度不得小于35cm；屋顶绿化应以植物造景为主，绿化种植材料应选择适应性强、耐旱、耐贫瘠、喜光、抗风、不易倒伏的园林植物；高大乔木不宜使用，种植乔木和大型植物材料必须加设固定设施；种植植物的容器宜选用轻型材料。

第二篇 公路与市政公用工程施工管理实务

第十四章 公路与市政公用工程施工项目成本管理

第一节 成 本 计 划

一、施工项目成本计划的组成

施工项目的成本计划一般由施工项目直接成本计划和间接成本计划组成。如果项目设有附属生产单位（如加工厂、预制厂、机械动力站和汽车队等），成本计划还包括产品成本计划和作业成本计划。

（一）施工项目直接成本计划

施工项目直接成本计划主要反映工程成本的预算价值、计划降低额和计划降低率。一般包括以下几方面的内容。

1. 总则

包括对施工项目的概述，项目管理机构及层次介绍，有关工程的进度计划、外部环境特点，对合同中有关经济问题的责任，成本计划编制中依据其他文件及其他规格也均应作适当的介绍。

2. 目标及核算原则

包括施工项目成本计划及计划利润总额、投资和外汇总节约额（如有的话）、主要材料和能源节约额、货款和流动资金节约额等。核算原则系指参与项目的各单位在成本、利润结算中采用何种核算方式，如承包方式、费用分配方式、会计核算原则（权责发生制与收付实现制）、结算款所用货币种类等等，如有不同，应予以说明。

3. 降低成本计划总表或总控制方案

项目主要部分的分部成本计划，如施工部分，编写项目施工成本计划，按直接费、间接费、计划利润的合同中标数、计划支出数、计划降低额分别填入。如有多家单位参与施工时，要分单位编制后再汇总。

4. 对施工项目成本计划中计划支出数估算过程的说明

要对材料、人工、机械费、运费等主要支出项目加以分解。以材料费为例，应说明：钢材、木材、水泥、砂石、加工订货制品等主要材料和加工预制品的计划用量、价格，模板摊销列入成本的幅度，脚手架等租赁用品计划付多少款，材料采购发生的成本差异是否列入成本等等，以便在实际施工中加以控制与考核。

5. 计划降低成本的来源分析

应反映项目管理过程计划采取的增产节约、增收节支和各项措施及预期效果。以施工部分为例，应反映技术组织措施的主要项目及预期经济效果。可依据技术、劳资、机械、材料、能源、运输等各部门提出的节约措施，加以整理、计算。

（二）间接成本计划

间接成本计划主要反映施工现场管理费用的计划数、预算收入数及降低额。间接成本计划应根据工程项目的核算期，以项目总收入费的管理费为基础，制定各部门费用的收支计划，汇总后作为工程项目的管理费用的计划。在间接成本计划中，收入应与取费口径一致，支出应与会计核算中管理费用的二级科目一致。间接成本计划的收支总额，应与项目成本计划中管理费一栏的数额相符。各部门应按照节约开支、压缩费用的原则，制定"管理费用归口包干指标落实办法"，以保证该计划的实施。

二、施工项目成本计划表

在编制了成本计划以后还需要通过各种成本计划表的形式将成本降低任务落实到整个项目的施工全过程，并且在项目实施过程中实现对成本的控制。成本计划表通常由成本计划任务表、技术组织措施表和降低成本计划表三个表组成，间接成本计划可用施工现场管理费计划表来控制。

（一）项目成本计划任务表

它主要是反映工程项目预算成本、计划成本、成本降低额、成本降低率的文件。成本降低额能否实现主要取决于企业采取的技术组织措施。因此，计划成本降低额这一栏要根据技术组织措施表和降低成本计划表来填写。

（二）技术组织措施表

它是预测项目计划期内施工工程成本各项直接费用计划降低额的依据。是提出各项节约措施和确定各项措施的经济效益的文件。由项目经理部有关人员分别就应采取的技术组织措施预测它的经济效益，最后汇总编制而成。编制技术组织措施表的目的，是为了在不断采用新工艺、新技术的基础上提高施工技术水平，改善施工工艺过程，推广工业化和机械化施工方法，以及通过采纳合理化建议达到降低成本的目的。

（三）降低成本计划表

它是根据企业下达给该项目的降低成本任务和该项目经理部自己确定的降低成本指标而制定出项目成本降低计划。它是编制成本计划任务表的重要依据。它是由项目经理部有关业务和技术人员编制的。其根据是项目的总包和分包的分工，项目中的各有关部门提供降低成本资料及技术组织措施计划。在编制降低成本计划表时还应参照企业内外以往同类项目成本计划的实际执行情况。

（四）施工现场管理费计划表

（五）成本计划中降低施工项目成本的可能途径

降低施工项目成本可从以下几方面考虑：

1. 加强施工管理，提高施工组织水平

主要是正确选择施工方案，合理布置施工现场；采用先进的施工方法和施工工艺，不断提高工业化、现代化水平；组织均衡生产，搞好现场调度和协作配合；注意竣工收尾，加快工程进度，缩短工期。

2. 加强技术管理，提高工程质量

主要是研究推广新产品、新技术、新结构、新材料、新机器及其他技术革新措施，制订并贯彻降低成本的技术组织措施，提高经济效果，加强施工过程的技术质量检验制度，提高工程质量，避免返工损失。

3. 加强劳动工资管理，提高劳动生产率

主要是改善劳动组织，合理使用劳动力，减少窝工浪费；执行劳动定额，实行合理的工资和奖励制度；加强技术教育和培训工作，提高工人的文化技术水平和操作熟练程度；加强劳动纪律，提高工作效率，压缩非生产用工和辅助用工，严格控制非生产人员比例。

4. 加强机械设备管理，提高机械使用率

主要是正确选配和合理使用机械设备，搞好机械设备的保养修理，提高机械的完好率、利用率和使用效率，从而加快施工进度、增加产量、降低机械使用费。

5. 加强材料管理，节约材料费用

主要是改进材料的采购、运输、收发、保管等方面的工作，减少各个环节的损耗，节约采购费用；合理堆置现场材料，组织分批进场，避免和减少二次搬运；严格材料进场验收和限额领料制度；制订并贯彻节约材料的技术措施，合理使用材料，尤其是三大材，大搞节约代用，修旧利废和废料回收，综合利用一切资源。

6. 加强费用管理，节约施工管理费

主要是精减管理机构，减少管理层次，压缩非生产人员，实行定额管理，制定费用分项分部门的定额指标，有计划地控制各项费用开支。

积极采用降低成本的新管理技术，如系统工程、工业工程、全面质量管理、价值工程等，其中价值工程是寻求降低成本途径的行之有效的方法。

第二节　成　本　控　制

一、施工项目成本控制的原则

（一）开源与节流相结合的原则

降低项目成本，需要一面增加收入，一面节约支出。因此，在成本控制中，也应该坚持开源与节流相结合的原则。要求做到：每发生一笔金额较大的成本费用，都要查一查有无与其相对应的预算收入，是否支大于收，在经常性的分部分项工程成本核算和月度成本核算中，也要进行实际成本与预算收入的对比分析，以便从中探索成本节超的原因，纠正项目成本的不利偏差，提高项目成本的降低水平。

（二）全面控制原则

1. 项目成本的全员控制

项目成本是一项综合性很强的指标，它涉及项目组织中各个部门、单位和班组的工作业绩。也与每个职工的切身利益有关。因此，项目成本的高低需要大家关心，施工项目成本管理（控制）也需要项目建设者群策群力，仅靠项目经理和专业成本管理人员及少数人的努力是无法收到预期效果的。项目成本的全员控制，并不是抽象的概念，而应该有一个系统的实质性内容，其中包括各部门、各单位的责任网络和班组经济核算等等，防止成本控制人人有责又人人不管。

2. 项目成本的全过程控制

施工项目成本的全过程控制，是指在工程项目确定以后，自施工准备开始，经过工程施工，到竣工交付使用后的保修期结束，其中每一项经济业务，都要纳入成本控制的轨道。也就是：成本控制工作要随着项目施工进展的各个阶段连续进行，既不能疏漏，又不能时紧时松，使施工项目成本自始至终置于有效的控制之下。

（三）中间控制原则

又称动态控制原则，对于具有一次性特点的施工项目成本来说，应该特别强调项目成本的中间控制。因为施工准备阶段的成本控制，只是根据上级要求和施工组织设计的具体内容确定成本目标、编制成本计划、制订成本控制的方案，为今后的成本控制做好准备。而竣工阶段的成本控制，由于成本盈亏已经基本定局，即使发生了偏差，也已来不及纠正。因此，必须加强中间控制，把成本控制的重点放在基础、结构、装饰等主要施工阶段上，则是十分必要的。

（四）目标管理原则

目标管理是贯彻执行计划的一种方法，它把计划的方针、任务、目的和措施等逐一加以分解，提出进一步的具体要求，并分别落实到执行计划的部门、单位甚至个人。目标管理的内容包括：目标的设定和分解，目标的责任到位和执行，检查目标的执行结果，评价目标和修正目标，形成目标管理的 P（计划）D（实施）C（检查）A（处理）循环。

（五）节约原则

节约人力、物力、财力的消耗，是提高经济效益的核心，也是成本控制的一项最主要的基本原则。节约要从三方面入手：一是严格执行成本开支范围、费用开支标准和有关财务制度，对各项成本费用的支出进行限制和监督；二是提高施工项目的科学管理水平，优化施工方案，提高生产效率，节约人、财、物的消耗量；三是采取预防成本失控的技术组织措施，制止可能发生的浪费。做到了以上三点，成本目标就能实现。

（六）例外管理原则

例外管理是西方国家现代管理常用的方法，它起源于决策科学中的"例外"原则，目前则被更多地用于成本指标的日常控制。在工程项目建设过程的诸多活动中，有许多活动是例外的，如施工任务单和限额领料单的流转程序等，通常是通过制度来保证其顺利进行的。但也有一些不经常出现的问题，我们称之为"例外"问题。这些"例外"问题，往往是关键性问题。对成本目标的顺利完成影响很大，必须予以高度重视。例如，在成本管理中常见的成本盈亏异常现象，即盈余或亏损超过了正常的比例，本来是可以控制的成本，突然发生了失控现象；某些暂时的节约，但有可能对今后的成本带来隐患（如由于平时机械维修费的节约，可能会造成未来的停工修理和更大的经济损失）等等，都应该视为"例外"问题，进行重点检查，深入分析，并采取相应的积极的措施加以纠正。

（七）责、权、利相结合的原则

要使成本控制真正发挥及时有效的作用，必须严格按照经济责任制的要求，贯彻责、权、利相结合的原则。

在项目施工过程中，项目经理、工程技术人员、业务管理人员以及各单位和生产班组都负有一定的成本控制责任，从而形成整个项目的成本控制责任网络。另一方面，各部门、各单位、各班组在肩负成本控制责任的同时，还应享有成本控制的权力，即在规定的权力范围内可以决定某项费用能否开支、如何开支和开支多少，以行使对项目成本的实质性控制。最后，项目经理还要对各部门、各单位、各班组在成本控制中的业绩进行定期的检查和考评，并与工资分配紧密挂钩，实行有奖有罚。实践证明，只有责、权、利相结合的成本控制，才是名实相符的项目成本控制，才能收到预期的效果。

二、施工项目成本控制的组织和分工

施工项目的成本控制，不仅仅是专业成本员的责任，所有的项目管理人员，特别是项目经理，都要按照自己的业务分工各负其责。所以要如此强调成本控制，一方面，是因为成本指标的重要性，是诸多经济指标中的主要指标之一；另一方面，还在于成本指标的综合性和群众性，既要依靠各部门、各单位的共同努力，又要由各部门、各单位共享降低成本的成果。为了保证项目成本控制工作的顺利进行，需要把所有参加项目建设的人员组织起来，并按照各自的分工开展工作。

（一）建立以项目经理为核心的项目成本控制体系

项目经理负责制，是项目管理的特征之一。实行项目经理负责制，就是要求项目经理对项目建设的进度、质量、成本、安全和现场管理标准化等全面负责，特别要把成本控制放在首位，因为成本失控，必然影响项目的经济效益，难以完成预期的成本目标，更无法向职工交代。

（二）建立项目成本管理责任制

项目管理人员的成本责任，不同于工作责任。有时工作责任已经完成，甚至还完成得相当出色，但成本责任却没有完成。例如：项目工程师贯彻工程技术规范认真负责，对保证工程质量起到了积极的作用，但往往强调了质量，忽视了节约，影响了成本。又如：材料员采购及时，供应到位，配合施工得力，值得赞扬，但在材料采购时就远不就近，就高未就低，既增加了采购成本，又不利于工程质量。因此，应该在原有职责分工的基础上，还要进一步明确成本管理责任，使每一个项目管理人员都有这样的认识：在完成工作责任的同时还要为降低成本精打细算，为节约成本开支严格把关。

这里所说的成本管理责任制，是指各项目管理人员在处理日常业务中对成本管理应尽的责任。要求联系实际整理成文，并作为一种制度加以贯彻。合同预算员的成本管理责任如下：

（1）根据合同内容、预算定额和有关规定，充分运用有利因素，编好施工图预算，为增收节支把好第一关。

（2）深入研究合同规定的"开口"项目，在有关项目管理人员（如项目工程师、材料员等）的配合下，努力增加工程收入。

（3）收集工程变更资料（包括工程变更通知单、技术核定单和按实结算的资料等），及时办理增加账，保证工程收入。

三、一般的成本控制方法

成本控制的方法很多，而且有一定的随机性。也就是：在什么情况下，就要采取与之相适应的控制手段和控制方法。这里就一般常用的成本控制方法论述如下：

（一）以施工图预算控制成本支出

在施工项目的成本控制中，可按施工图预算，实行"以收定支"，或者叫"量入为出"，是最有效的方法之一。

具体的处理方法如下：

（1）人工费的控制。假定预算定额规定的人工费单价为13.80元，合同规定人工费补贴为20元/工日，两者相加，人工费的预算收入为33.80元/工日。在这种情况下，项目经理部与施工队签订劳务合同时，应该将人工费单价定在30元以下（辅工还可再低一些），其余部分考虑用于定额外人工费和关键工序的奖励费。如此安排，人工费就不会超支，而且还留有余地，以备关键工序的不时之需。

（2）材料费的控制。在实行按"量价分离"方法计算工程造价的条件下，水泥、钢材、木材等"三材"的价格随行就市，实行高进高出；地方材料的预算价格＝基准价×(1＋材差系数)。在对材料成本进行控制的过程中，首先要以上述预算价格来控制地方材料的采购成本；至于材料消耗数量的控制，则应通过"限额领料单"去落实。

由于材料市场价格变动频繁，往往会发生预算价格与市场价格严重背离而使采购成本失去控制的情况。因此，项目材料管理人员有必要经常关注材料市场价格的变动，并积累系统翔实的市场信息。如遇材料价格大幅度上涨，可向"定额管理"部门反映，同时争取甲方按实补贴。

（3）钢管脚手架、钢模板等周转设备使用费的控制。施工图预算中的周转设备使用费＝耗用数×市场价格，而实际发生的周转设备使用费＝使用数×企业内部的租赁单价或摊销率。由于两者的计量基础和计价方法各不相同，只能以周转设备预算收费的总量来控制实际发生的周转设备使用费的总量。

（4）施工机械使用费的控制。施工图预算中的机械使用费＝工程量×定额台班单价。由于项目施工的特殊性，实际的机械利用率不可能达到预算定额的取定水平；再加上预算定额所设定的施工机械原值和折旧率又有较大的滞后性，因而使施工图预算的机械使用费往往小于实际发生的机械使用费，形成机械使用费超支。

由于上述原因，有些施工项目在取得甲方的谅解后，于工程合同中明确规定一定数额的机械费补贴。在这种情况下，就可以施工图预算的机械使用费和增加的机械费补贴来控制机械费支出。

（5）构件加工费和分包工程费的控制。在市场经济体制下，钢门窗、木制成品、混凝土构件、金属构件和成型钢筋的加工，以及打桩、土方、吊装、安装、装饰和其他专项工程（如屋面防水等）的分包，都要通过经济合同来明确双方的权利和义务。在签订这些经济合同的时候，特别要坚持"以施工图预算控制合同金额"的原则，绝不允许合同金额超过施工图预算。根据部分工程的历史资料综合测算，上述各种合同金额的总和约占全部工程造价的55%～70%。由此可见，将构件加工和分包工程的合同金额控制在施工图预算以内，是十分重要的。如果能做到这一点，实现预期的成本目标，就有了相当大的把握。

（二）以施工预算控制人力资源和物质资源的消耗

资源消耗数量的货币表现就是成本费用。因此，资源消耗的减少，就等于成本费用的节约；控制了资源消耗，也等于是控制了成本费用。

以施工预算控制资源消耗的实施步骤和方法如下：

（1）项目开工以前，应根据设计图纸计算工程量，并按照企业定额或上级统一规定的施工预算定额编制整个工程项目的施工预算，作为指导和管理施工的依据。如果是边设计边施工的项目，则编制分阶段的施工预算。

在施工过程中，如遇工程变更或改变施工方法，应由预算员对施工预算作统一调整和补充，其他人不得任意修改施工预算，或故意不执行施工预算。

施工预算对分部分项工程的划分，原则上应与施工工序相吻合，或直接使用施工作业计划的"分项工程工序名称"，以便与生产班组的任务安排和施工任务单的签发取得一致。

（2）对生产班组的任务安排，必须签发施工任务单和限额领料单，并向生产班组进行技术交底。施工任务单和限额领料单的内容，应与施工预算完全相符，不允许篡改施工预算，也不允许有定额不用而另行估工。

（3）在施工任务单和限额领料单的执行过程中，要求生产班组根据实际完成的工程量和实耗人工、实耗材料做好原始记录，作为施工任务单和限额领料单结算的依据。

（4）任务完成后，根据回收的施工任务单和限额领料单进行结算，并按照结算内容支付报酬（包括奖金）。一般情况下，绝大多数生产班组能按质按量提前完成生产任务。因此，施工任务单和限额领料单不仅能控制资源消耗，还能促进班组全面完成施工任务。

为了保证施工任务单和限额领料单结算的正确性，要求对施工任务单和限额领料单的执行情况进行认真的验收和核查。

为了便于任务完成后进行施工任务单和限额领料单与施工预算的逐项对比，要求在编制施工预算时对每一个分项工程工序名称统一编号，在签发施工任务单和限额领料单时也要按照施工预算的统一编号对每一个分项工程工序名称进行编号，以便对号检索对比，分析节超。由于施工任务单和限额领料单的数量比较多，对比分析的工作量也很大，可以应用电子计算机来代替人工操作（对分项工程工序名称统一编号，可为应用电脑创造条件）。

（三）建立资源消耗台账，实行资源消耗的中间控制

资源消耗台账，属于成本核算的辅助记录。这里仅以"材料消耗台账"为例，说明资源消耗台账在成本控制中的应用。

1. 材料消耗台账的格式和举例

从材料消耗台账的账面数字看：第一、第二两项分别为施工图预算数和施工预算数，也是整个项目用料的控制依据；第三项为第一个月的材料消耗数；第四、第五两项为第二个月的材料消耗数和到第二个月为止的累计耗用数；第五项以下，依次类推，直至项目竣工为止。

2. 材料消耗情况的信息反馈

项目财务成本员应于每月初根据材料消耗台账的记录，填制"材料消耗情况信息表"，向项目经理和材料部门反馈。

3. 材料消耗的中间控制

由于材料成本是整个项目成本的重要环节，不仅比重大，而且有潜力可挖。如果材料成本出现亏损，必将使整个成本陷入被动。因此，项目经理应对材料成本有足够的重视；至于材料部门，更是责无旁贷。

按照以上要求，项目经理和材料部门收到"材料消耗情况信息表"以后，应该做好以下两件事：

（1）根据本月材料消耗数，联系本月实际完成的工程量，分析材料消耗水平和节超原因，制订材料节约使用的措施，分别落实给有关人员和生产班组；

（2）根据尚可使用数，联系项目施工的形象进度，从总量上控制今后的材料消耗，而且要保证有所节约。这是降低材料成本的重要环节，也是实现施工项目成本目标的关键。

（四）应用成本与进度同步跟踪的方法控制分部分项工程成本

长期以来，都认为计划工作是为安排施工进度和组织流水作业服务的，与成本控制的要求和管理方法截然不同。其实，成本控制与计划管理、成本与进度之间则有着必然的同步关系。即施工到什么阶段，就应该发生相应的成本费用。如果成本与进度不对应，就要作为"不正常"现象进行分析，找出原因，并加以纠正。

为了便于在分部分项工程的施工中同时进行进度与费用的控制，掌握进度与费用的变化过程，可以按照横道图和网络图的特点分别进行处理。

1. 横道图计划的进度与成本的同步控制

在横道图计划中，表示作业进度的横线有两条，一条为计划线，一条为实际线，可用颜色来区别，也可用单线和双线（或细线和粗线）来区别，计划线上的"C"，表示与计划进度相对应的计划成本；实际线下的"C"，表示与实际进度相对应的实际成本。

从上述横道图可以掌握以下信息：

（1）每道工序（即分项工程，下同）的进度与成本的同步关系，即施工到什么阶段，就将发生多少成本；

（2）每道工序的计划施工时间与实际施工时间（从开始到结束）之比（提前或拖期），以及对后道工序的影响；

（3）每道工序的计划成本与实际成本之比（节约或超支），以及对完成某一时期责任成本的影响；

（4）每道工序施工进度的提前或拖期对成本的影响程度（如蟹斗挖土提前一天完成，共节约机械台班费和人工费等 752 元）；

（5）整个施工阶段的进度和成本情况（如基础阶段共提前进度 2 天，节约成本费用 7245 元，成本降低率达到 6.96%）。

通过进度与成本同步跟踪的横道图，要求实现：

（1）以计划进度控制实际进度；

（2）以计划成本控制实际成本；

（3）随着每道工序进度的提前或拖期，对每个分项工程的成本实行动态控制，以保证项目成本目标的实现。

2. 网络图计划的进度与成本的同步控制

网络图计划的进度与成本的同步控制，与横道图计划有异曲同工之处。所不同的是，网络计划在施工进度的安排上更具逻辑性，而且可在破网后随时进行优化和调整，因而对每道工序的成本控制也更为有效。

网络图的表示方法为：代号为工序施工起止的节点（系指双代号网络），箭杆表示工序施工的过程，箭杆的下方为工序的计划施工时间，箭杆上方"C"后面的数字为工序的计划成本（以千元为单位），实际施工的时间和成本，则在箭杆附近的方格中按实填写。这样，就能从网络图中看到每道工序的计划进度与实际进度、计划成本与实际成本的对比情况，同时也可清楚地看出今后控制进度、控制成本的方向。

（五）建立项目月度财务收支计划制度，以用款计划控制成本费用支出。

（1）以月度施工作业计划为龙头，并以月度计划产值为当月财务收入计划，同时由项目各部门根据月度施工作业计划的具体内容编制本部门的用款计划。

（2）项目财务成本员应根据各部门的月度用款计划进行汇总，并按照用途的轻重缓急平衡调度，同时提出具体的实施意见，经项目经理审批后执行。

（3）在月度财务收支计划的执行过程中，项目财务成本员应根据各部门的实际用款做好记录，并于下月初反馈给相关部门，由各部门自行检查分析节超原因，吸取经验教训。对于节超幅度较大的部门，应以书面分析报告分送项目经理和财务部门，以便项目经理和财务部门采取针对性的措施。

建立项目月度财务收支计划制度的优点：

（1）根据月度施工作业计划编制财务收支计划，可以做到收支同步，避免支大于收形成资金紧张；

（2）在实行月度财务收支计划的过程中，各部门既要按照施工生产的需要编制用款计划，又要在项目经理批准后认真贯彻执行，这就将使资金使用（成本费用开支）更趋合理；

（3）用款计划经过财务部门的综合平衡，又经过项目经理的审批，可使一些不必要的费用开支得到严格的控制。

（六）建立项目成本审核签证制度，控制成本费用支出

过去，项目施工需要的各种资源，一般由企业集中采购，然后直接划转或按比例分配给项目，形成项目的成本费用。因此，项目经理和项目管理人员对成本费用的内涵不甚了解，也无须审核，一律照单全收，更谈不上进行控制。

引进市场经济机制以后，需要建立以项目为成本中心的核算体系。这就是：所有的经济业务，不论是对内或对外，都要与项目直接对口。在发生经济业务的时候，首先要由有关项目管理人员审核，最后经项目经理签证后支付。这是项目成本控制的最后一关，必须十分重视。其中，以有关项目管理人员的审核尤为重要，因为他们熟悉自己分管的业务，有一定的权威性。

审核成本费用的支出，必须以有关规定和合同为依据。主要有：

（1）国家规定的成本开支范围；

（2）国家和地方规定的费用开支标准和财务制度；

（3）内部经济合同；

（4）对外经济合同。

由于项目的经济业务比较繁忙，如果事无巨细都要由项目经理"一支笔"审批，难免分散项目经理的精力，不利于项目管理的整体工作。因此，可从实际出发，在需要与可能的条件下，将不太重要、金额又小的经济业务授权财务部门或业务主管部门代为处理。

（七）加强质量管理，控制质量成本

质量成本是指项目为保证和提高产品质量而支出的一切费用，以及未达到质量标准而产生的一切损失费用之和。质量成本包括两个主要方面：控制成本和故障成本。控制成本包括预防成本和鉴定成本，属于质量保证费用，与质量水平成正比关系，即：工程质量越

高，鉴定成本和预防成本就越大；故障成本包括内部故障成本和外部故障成本，属于损失性费用，与质量水平成反比关系，即工程质量越高，故障成本就越低。

控制质量成本，首先要从质量成本核算开始，而后是质量成本分析和质量成本控制。

1. 质量成本核算

即将施工过程中发生的质量成本费用，按照预防成本、鉴定成本、内部故障成本和外部故障成本的明细科目归集，然后计算各个时期各项质量成本的发生情况。

质量成本的明细科目，可根据实际支付的具体内容来确定。

预防成本下设置：质量管理工作费、质量情报费、质量培训费、质量技术宣传费、质量管理活动费等子目；

鉴定成本下设置：材料检验试验费、工序监测和计量服务费、质量评审活动费等子目；

内部故障成本下设置：返工损失、返修损失、停工损失、质量过剩损失、技术超前支出和事故分析处理等子目；

外部故障成本下设置，保修费、赔偿费、诉讼费和因违反环境保护法而发生的罚款等。

进行质量成本核算的原始资料，主要来自会计账簿和财务报表，或利用会计账簿和财务报表的资料整理加工而得。但也有一部分资料需要依靠技术、技监等有关部门提供，如质量过剩损失和技术超前支出等。

2. 质量成本分析

质量成本分析，即根据质量成本核算的资料进行归纳、比较和分析，共包括四个分析内容：

（1）质量成本总额的构成内容分析；

（2）质量成本总额的构成比例分析；

（3）质量成本各要素之间的比例关系分析；

（4）质量成本占预算成本的比例分析。

上述分析内容，可在一张质量成本分析表中反映。举例说明如下：

某工程项目 1994 年上半年完成预算成本 4147500 元，发生实际成本 3896765 元，其中质量成本 146842 元。

从上述分析资料看，质量成本总额占预算成本 3.53%，比一般工程的降低成本水平还要高，特别是内部故障成本的比例（占预算成本 2.61%，占质量成本总额 73.78%）更为突出。但是，预防成本只占预算成本的 0.32%，占质量成本总额也只有 9.09%，说明在质量管理上没有采取有效的预防措施，以致返工损失、返修损失以及由此而发生的停工损失明显增加。

3. 质量成本控制

根据以上分析资料，对影响质量成本较大的关键因素，采取有效措施，进行质量成本控制。

（八）坚持现场管理标准化，堵塞浪费漏洞

现场管理标准化的范围很广，比较突出而又需要特别关注的是：

现场平面布置管理和现场安全生产管理，稍有不慎，就会造成浪费和损失。

1. 现场平面布置管理

施工现场的平面布置,是根据工程特点和场地条件,以配合施工为前提合理安排的,有一定的科学根据。但是,在施工过程中,往往会出现不执行现场平面布置,造成人力、物力浪费的情况。例如:

(1) 材料、构件不按规定地点堆放,造成二次搬运,不仅浪费人力,材料、构件在搬运中还会受到损失。

(2) 钢模和钢管脚手等周转设备,用后不予整修并堆放整齐,而是任意乱堆乱放,既影响场容整洁,又容易造成损失,特别是将周转设备放在路边,一旦车辆开过,轻则变形,重则报废。

(3) 任意开挖道路,又不采取措施,造成交通中断,影响物资运输。

(4) 排水系统不畅,一旦下雨,现场积水严重,造成电器设备受潮容易触电,水泥受潮就会变质报废,至于用钢模、竹笆铺路的现象更是比比皆是。

由此可见,施工项目一定要强化现场平面布置的管理,堵塞一切可能发生的漏洞,争创"文明工地"。

2. 现场安全生产管理

现场安全生产管理的目的,在于保护施工现场的人身安全和设备安全,减少和避免不必要的损失。要达到这个目的,就必须强调按规定的标准去管理,不允许有任何细小的疏忽。否则,将会造成难以估量的损失。例如:

(1) 不遵守现场安全操作规程,容易发生工伤事故,甚至死亡事故,不仅本人痛苦,家属痛苦,项目还要支付一笔可观的医药、抚恤费用,有时还会造成停工损失。

(2) 不遵守机电设备的操作规程,容易发生一般设备事故,甚至重大设备事故,不仅会损坏机电设备,还会影响正常施工。

(3) 忽视消防工作和消防设施的检查,容易发生火警和对火警的有效抢救,其后果更是不可想象。

(4) 不注意食堂卫生管理,有可能发生食物中毒,危害职工的身体健康,也将影响施工生产。

诸如此类的事情,都是不利于项目成本的因素,必须从现场标准化管理着手,切实做好预防工作,把可能发生的经济损失减少到最低限度。

(九) 定期开展"三同步"检查,防止项目成本盈亏异常

项目经济核算的"三同步",就是统计核算、业务核算、会计核算的"三同步"。统计核算即产值统计,业务核算即人力资源和物质资源的消耗统计,会计核算即成本会计核算。根据项目经济活动的规律,这三者之间有着必然的同步关系。这种规律性的同步关系,具体表现为:完成多少产值,消耗多少资源,发生多少成本,三者应该同步。否则,项目成本就会出现盈亏异常情况。

开展"三同步"检查的目的,就在于查明不同步的原因,纠正项目成本盈亏异常的偏差。"三同步"的检查方法,可从以下三方面入手:

(1) 时间上的同步。"即产值统计、资源消耗统计和成本核算的时间应该统一"(一般为上月26日到本月25日)。如果在时间上不统一,就不可能实现核算口径的同步。

(2) 分部分项工程直接费的同步。即产值统计是否与施工任务单的实际工程量和形象

进度相符；资源消耗统计是否与施工任务单的实耗人工和限额领料单的实耗材料相符；机械和周转材料的租费是否与施工任务单的施工时间相符。如果不符，应查明原因，予以纠正，直到同步为止。

(3) 其他费用是否同步。这要通过统计报表与财务付款逐项核对才能查明原因。例如：

某项基础工程已经全部完成，统计员按实际进度统计产值，其中包括井点抽水一次打拔费 3104 元和 120 天台班费 127272 元，再加上相应的费率，共计 338419 元。然而机动部并未向项目收费；项目成本也未作预提，以致当月项目成本出现了大盈，经查明原因并予以纠正，又恢复了应有的同步关系。

（十）应用成本控制的财务方法——成本分析表法来控制项目成本

作为成本分析控制手段之一的成本分析表，包括月度成本分析表和最终成本控制报告表。月度成本分析表又分直接成本分析表和间接成本分析表两种。

1. 月度直接成本分析表

主要是反映分部分项工程实际完成的实物量和与成本相对应的情况，以及与预算成本和计划成本相对比的实际偏差和目标偏差，为分析偏差产生的原因和针对偏差采取相应的措施提供依据。

2. 月度间接成本分析表

主要反映间接成本的发生情况，以及与预算成本和计划成本相对比的实际偏差和目标偏差，为分析偏差产生的原因和针对偏差采取相应的措施提供依据。此外，还要通过间接成本占产值的比例来分析其使用水平。

3. 最终成本控制报告表

主要是通过已完实物进度、已完产值和已完累计成本，联系尚需完成的实物进度、尚可上报的产值和还将发生的成本，进行最终成本预测，以检验实现成本目标的可能性，并可为项目成本控制提出新的要求。这种预测，工期短的项目应该每季度进行一次，工期长的项目不妨每半年进行一次。以上项目成本的控制方法，不可能也没有必要在一个工程项目全部同时使用，可由各工程项目根据自己的具体情况和客观需要，选用其中有针对性的、简单实用的方法；这将会收到事半功倍的效果。

在选用控制方法时，应该充分考虑与各项施工管理工作相结合。例如：在计划管理、施工任务单管理、限额领料单管理、合同预算管理等工作中，跟踪原有的业务管理程序，利用业务管理所取得的资料进行成本控制，不仅省时省力，还能帮助各业务管理部门落实责任成本，从而得到它们有力的配合和支持。

四、降低施工项目成本的途径和措施

降低施工项目成本的途径，应该是既开源又节流，或者说既增收又节支。只开源不节流，或者只节流不开源，都不可能达到降低成本的目的，至少是不会有理想的降低成本效果。

前面已从节支角度论述了成本控制的方法，这里再从增收的角度论述降低成本的途径。

（一）认真会审图纸，积极提出修改意见

在项目建设过程中，施工单位必须按图施工。但是，图纸是由设计单位按照用户要求和项目所在地的自然地理条件（如水文地质情况等）设计的，其中起决定作用的是设计人员的主观意图，很少考虑为施工单位提供方便，有时还可能给施工单位出些难题。因此，施工单位应该在满足用户要求和保证工程质量的前提下，联系项目施工的主客观条件，对设计图纸进行认真的会审，并提出修改意见，在取得用户和设计单位的同意后，修改设计图纸，同时办理增减账。

在会审图纸的时候，对于结构复杂、施工难度高的项目，更要加倍认真，并且要从方便施工，有利于加快工程进度和保证工程质量，又能降低资源消耗、增加工程收入等方面综合考虑，提出有科学根据的合理化建议，争取业主和设计单位的认同。

（二）加强合同预算管理，增创工程预算收入

1. 深入研究招标文件、合同内容，正确编制施工图预算

在编制施工图预算的时候，要充分考虑可能发生的成本费用，包括合同规定的属于包干（闭口）性质的各项定额外补贴，并将其全部列入施工图预算，然后通过工程款结算向甲方取得补偿。也就是：凡是政策允许的，要做到该收的点滴不漏，以保证项目的预算收入。我们称这种方法为"以文定收"。但有一个政策界限，不能将项目管理不善造成的损失也列入施工图预算，更不允许违反政策向甲方高估冒算或乱收费。

2. 把合同规定的"开口"项目，作为增加预算收入的重要方面

一般来说，按照设计图纸和预算定额编制的施工图预算，必须受预算定额的制约，很少有灵活伸缩的余地；而"开口"项目的取费则有比较大的潜力，是项目创收的关键。

例一：合同规定，待图纸出齐后，由甲乙双方共同制定加快工程进度、保证工程质量的技术措施，费用按实结算。按照这一规定，项目经理和工程技术人员应该联系工程特点，充分利用自己的技术优势，采用先进的新技术、新工艺和新材料，经甲方签证后实施，这些措施，应符合以下要求：既能为施工提供方便，有利于加快施工进度，又能提高工程质量，还能增加预算收入。

例二：合同规定，预算定额缺项的项目，可由乙方参照相近定额，经监理工程师复核后报甲方认可。这种情况，在编制施工图预算时是常见的，需要项目预算员参照相近定额进行换算。在定额换算的过程中，预算员就可根据设计要求，充分发挥自己的业务技能，提出合理的换算依据，以此来摆脱原有的定额偏低的约束。

3. 根据工程变更资料，及时办理增减账

由于设计、施工和甲方使用要求等种种原因，工程变更是项目施工过程中经常发生的事情，是不以人们的意志为转移的。随着工程的变更，必然会带来工程内容的增减和施工工序的改变，从而也必然会影响成本费用的支出。因此，项目承包方应就工程变更对既定施工方法、机械设备使用、材料供应、劳动力调配和工期目标等的影响程度，以及为实施变更内容所需要的各种资源进行合理估价。及时办理增减账手续，并通过工程款结算从甲方取得补偿。

（三）制订先进的、经济合理的施工方案

施工方案主要包括四项内容：施工方法的确定、施工机具的选择、施工顺序的安排和流水施工的组织。施工方案的不同，工期就会不同，所需机具也不同，因而发生的费用也会不同。因此，正确选择施工方案是降低成本的关键所在。

制订施工方案要以合同工期和上级要求为依据，联系项目的规模、性质、复杂程度、现场条件、装备情况、人员素质等因素综合考虑。可以同时制订几个施工方案，倾听现场施工人员的意见，以便从中优选最合理、最经济的一个。

必须强调，施工项目的施工方案，应该同时具有先进性和可行性。如果只先进不可行，不能在施工中发挥有效的指导作用，那就不是最佳施工方案。

（四）落实技术组织措施

落实技术组织措施，走技术与经济相结合的道路，以技术优势来取得经济效益，是降低项目成本的又一个关键。一般情况下，项目应在开工以前根据工程情况制订技术组织措施计划，作为降低成本计划的内容之一列入施工组织设计。在编制月度施工作业计划的同时，也可按照作业计划的内容编制月度技术组织措施计划。

为了保证技术组织措施计划的落实，并取得预期的效果，应在项目经理的领导下明确分工：由工程技术人员订措施，材料人员供材料，现场管理人员和生产班组负责执行，财务成本员结算节约效果，最后由项目经理根据措施执行情况和节约效果对有关人员进行奖励，形成落实技术组织措施的一条龙。

必须强调，在结算技术组织措施执行效果时，除要按照定额数据等进行理论计算外，还要做好节约实物的验收，防止"理论上节约、实际上超用"的情况发生。

（五）组织均衡施工，加快施工进度

凡是按时间计算的成本费用，如项目管理人员的工资和办公费，现场临时设施费和水电费，以及施工机械和周转设备的租赁费等，在加快施工进度、缩短施工周期的情况下，都会有明显的节约。除此之外，还可从用户那里得到一笔相当可观的提前竣工奖。因此，加快施工进度也是降低项目成本的有效途径之一。

为了加快施工进度，将会增加一定的成本支出。例如：在组织两班制施工的时候，需要增加夜间施工的照明费、夜点费和工效损失费；同时，还将增加模板的使用量和租赁费。

因此，在签订合同时，应根据用户和赶工要求，将赶工费列入施工图预算。如果事先并未明确，而由用户在施工中临时提出的赶工要求，则应请用户签证，费用按实结算。

第三节　成本计划编制程序与方法

一、施工项目成本计划的编制程序

施工项目的成本计划工作，是一项非常重要的工作，不应仅仅把它看作是几张计划表的编制，更重要的是项目成本管理的决策过程，即选定技术上可行、经济上合理的最优降低成本方案。同时，通过成本计划把目标成本层层分解，落实到施工过程的每个环节，以调动全体职工的积极性，有效地进行成本控制。编制成本计划的程序，因项目的规模大小、管理要求不同而不同，大中型项目一般采用分级编制的方式，即先由各部门提出部门成本计划，再由项目经理部汇总编制全项目工程的成本计划；小型项目一般采用集中编制方式，即由项目经理部先编制各部门成本计划，再汇总编制全项目的成本计划。无论采用哪种方式，其编制的基本程序如下：

（一）搜集和整理资料

广泛搜集资料并进行归纳整理是编制成本计划的必要步骤。所需搜集的资料也即是编制成本计划的依据。这些资料主要包括：

(1) 国家和上级部门有关编制成本计划的规定；

(2) 项目经理部与企业签订的承包合同及企业下达的成本降低额、降低率和其他有关技术经济指标；

(3) 有关成本预测决策的资料；

(4) 施工项目的施工图预算、施工预算；

(5) 施工组织设计；

(6) 施工项目使用的机械设备生产能力及其利用情况；

(7) 施工项目的材料消耗、物资供应、劳动工资及劳动效率等计划资料；

(8) 计划期内的物资消耗定额、劳动工时定额、费用定额等资料；

(9) 以往同类项目成本计划的实际执行情况及有关技术经济指标完成情况的分析资料；

(10) 同行业同类项目的成本、定额、技术经济指标资料及增产节约的经验和有效措施；

(11) 本企业的历史先进水平和当时的先进经验及采取的措施；

(12) 国外同类项目的先进成本水平情况等资料。

此外，还应深入分析当前情况和未来的发展趋势，了解影响成本升降的各种有利和不利因素，研究如何克服不利因素和降低成本的具体措施，为编制成本计划提供丰富具体和可靠的成本资料。

（二）估算计划成本，即确定目标成本

财务部门在掌握了丰富的资料，并加以整理分析，特别是在对近期成本计划完成情况进行分析的基础上，根据有关的设计、施工等计划，按照工程项目应投入的物资、材料、劳动力、机械、能源及各种设施等等，结合计划期内各种因素的变化和准备采取的各种增产节约措施，进行反复测算、修订、平衡后，估算生产费用支出的总水平，进而提出全项目的成本计划控制指标，最终确定目标成本。

（三）编制成本计划草案

对大中型项目，经项目经理部批准下达成本计划指标后，各职能部门应充分发动群众进行认真的讨论，在总结上期成本计划完成情况的基础上，结合本期计划指标，找出完成本期计划的有利和不利因素，提出挖掘潜力、克服不利因素的具体措施，以保证计划任务的完成。为了使指标真正落实，各部门应尽可能将指标分解落实下达到各班组及个人，使得目标成本的降低额和降低率得到充分讨论、反馈、再修订，使成本计划既能够切合实际，又成为群众共同奋斗的目标。

各职能部门亦应认真讨论项目经理部下达的费用控制指标，拟定具体实施的技术经济措施方案，编制各部门的费用预算。

（四）综合平衡，编制正式的成本计划

在各职能部门上报了部门成本计划和费用预算后，项目经理部首先应结合各项技术经济措施，检查各计划和费用预算是否合理可行，并进行综合平衡，使各部门计划和费用预算之间相互协调、衔接；其次，要从全局出发，在保证企业下达的成本降低任务或本项目目标成本实现的情况下，以生产计划为中心，分析研究成本计划与生产计划、劳动工时计划、材料成本与物资供应计划、工资成本与工资基金计划、资金计划等的相互协调平衡。经反复讨论多次综合平衡，最后确定的成本计划指标，即可作为编制成本计划的依据，项目经理部正式编制的成本计划，上报企业有关部门后即可正式下达至各职能部门执行。

二、施工项目成本计划的编制方法

施工项目成本计划工作主要是在项目经理负责下，在成本预、决算基础上进行的。编制中的关键前提——确定目标成本，这是成本计划的核心，是成本管理所要达到的目的。成本目标通常以项目成本总降低额和降低率来定量地表示。项目成本目标的方向性、综合性和预测性，决定了必须选择科学的确定目标的方法。

（一）常用的施工项目成本计划

在概、预算编制力量较强、定额比较完备的情况下，特别是施工图预算与施工预算编制经验比较丰富的施工企业，工程项目的成本目标可由定额估算法产生。所谓施工图预算，它是以施工图为依据，按照预算定额和规定的取费标准以及图纸工程量计算出项目成本，反映为完成施工项目建筑安装任务所需的直接成本和间接成本。它是招标投标中计算标底的依据，评标的尺度，是控制项目成本支出、衡量成本节约或超支的标准，也是施工项目考核经营成果的基础。施工预算是施工单位（各项目经理部）根据施工定额编制的，作为施工单位内部经济核算的依据。

过去，通常以两算对比差额与技术组织措施带来的节约来估算计划成本的降低额，公式为：

计划成本降低额＝两算对比定额差＋技术组织措施计划节约额

随着社会主义市场经济体制的建立，一些施工单位对这种定额估算法又作了改进，其步骤及公式如下：

（1）根据已有的投标、预算资料，确定中标合同价与施工图预算的总价格、施工图预算与施工预算的总价格差。

（2）根据技术组织措施计划确定技术组织措施带来的项目节约数。

（3）对施工预算未能包容的项目，包括施工有关项目和管理费用项目，参照估算。

（4）对实际成本可能明显超出或低于定额的主要子项，按实际支出水平估算出其实际与定额水平之差。

（5）充分考虑不可预见因素、工期制约因素以及风险因素、市场价格波动因素，加以试算调整，得出一综合影响系数。

（6）综合计算整个项目的目标成本降低额及降低率。

目标成本降低额＝[(1)＋(2)－(3)±(4)]×[1＋(5)]

目标成本降低率＝目标成本降低额/项目的预算成本

（二）计划成本法

施工项目成本计划中的计划成本的编制方法，通常有以下几种：

1. 施工预算法

施工预算法，是指主要以施工图中的工程实物量，套以施工工料消耗定额，计算工料消耗量，并进行工料汇总，然后统一以货币形式反映其施工生产耗费水平。以施工工料消耗定额所计算施工生产耗费水平，基本是一个不变的常数。一个施工项目要实现较高的经济效益（即提高降低成本水平），就必须在这个常数基础上采取技术节约措施，以降低消耗定额的单位消耗量和降低价格等措施，来达到成本计划的目标成本水平。因此，采用施工预算法编制成本计划时，必须考虑结合技术节约措施计划，以进一步降低施工生产耗费水平。

2. 施工管理费

其中大部分在一定产量范围内与产量的增减没有直接联系，如工作人员工资，生产工人辅助工资，工资附加费、办公费、差旅交通费、固定资产使用费、职工教育经费、上级管理费等，基本上属于固定成本。检验试验费、外单位管理费等与产量增减有直接联系，则属于变动成本范围，此外，劳动保护费中的劳保服装费、防暑降温费、防寒用品费，劳动部门都有规定的领用标准和使用年限，基本上属于固定成本范围，技术安全措施，保健费，大部分与产量有关，属于变动性质，工具用具使用费中，行政使用的家具费属固定成本，工人领用工具，随管理制度不同而不同，有些企业对机修工、电工、钢筋、车、钳、刨工的工具按定额配备，规定使用年限，定期以旧换新，属于固定成本，而对民工、木工、抹灰工、油漆工的工具采取定额人工数、定价包干，则又属于变动成本。

在成本按属性划分为固定成本和变动成本后，可用下列公式计算：

$$计划成本＝成本总额（C_{2Q}）＋成本总额（C_1）$$

3. 按实计算法

按实计算法，就是施工项目经理部有关职能部门（人员）以该项目施工图预算的工料分析资料作为控制计划成本的依据。根据施工项目经理部执行施工定额的实际水平和要求，由各职能部门归口计算各项计划成本。

（1）人工费的计划成本，由项目管理班子的劳资部门（人员）计算。

$$人工费的计划成本＝计划用工量×实际水平的工资率$$

式中 计划用工量＝（某项工程量×工日定额），工日定额可根据实际水平，考虑先进性，适当提高定额。

（2）材料费的计划成本，由项目管理班子的材料部门（人员）计算。

材料费的计划成本＝（主要材料的计划用量×实际价格）＋（装饰材料的计划用量×实际价恪）＋（周转材料的使用量×日期×租赁价）＋（构配件价）

4. 技术节约措施法

技术节约措施法是指以该施工项目计划采取的技术组织措施和节约措施所能取得的经济效果为施工项目成本降低额，然后求施工项目的计划成本的方法。用公式表示：

施工项目计划成本＝施工项目预算成本－技术节约措施计划节约额（降低成本额）

5. 成本习性法

成本习性法，是固定成本和变动成本在编制成本计划中的应用，主要按照成本属性，将成本分成固定成本和变动成本两类，以此作为计划成本。具体划分可采用费用分解法。

（1）材料费。与产量有直接联系，属于变动成本。

（2）人工费。在计时工资形式下，生产工人工资属于固定成本。因为不管生产任务完成与否，工资照发，与产量增减无直接联系。如果采用计件超额工资形式，其计件工资部分属于变动成本，奖金、效益工资和浮动工资部分，亦应计入变动成本。

（3）机械使用费。其中有些费用随产量增减而变动，如燃料、动力费，属变动成本。有些费用不随产量变动，如机械折旧费、大修理费、机修工、操作工的工资等，属于固定成本。此外还有机械的场外运输费和机械组装拆卸、替换配件、润滑擦拭等经常修理费，由于不直接用于生产，也不随产量增减成正比例变动，而是在生产能力得到充分利用，产量增长时，所分摊的费用就少些，在产量下降时，所分摊的费用就要大一些，所以这部分费用为介于固定成本和变动成本之间的半变动成本；可按一定比例划归固定成本与变动成本。

（4）其他直接费。水、电、风、气等费用以及现场发生的材料二次搬运费，多数与产量发生联系，属于变动成本。

第十五章 公路与市政公用工程施工项目合同管理

第一节 合同管理目标制

合同管理目标制,是各项合同管理活动应达到的预期结果和最终目的。建设工程合同管理的目的是项目法人通过自身在工程项目合同的订立和履行过程中所进行的计划、组织、指挥、监督和协调等工作,促使项目内部各部门、各环节互相衔接、密切配合,验收合格的工程项目;也是保证项目经营管理活动的顺利进行,提高工程管理水平,从而达到高质量、高效益,满足社会需要,更好地发展和繁荣建筑业市场经济的目的。

合同目标管理的过程是一个动态过程,是指工程项目合同管理机构和管理人员为实现预期的管理目标,运用管理职能和管理方法对工程合同的订立和履行行为施行管理活动的过程。全过程包括:合同订立前的管理、合同订立中的管理、合同履行中的管理和合同纠纷管理。

1. 合同订立前的管理

合同签订意味着合同生效和全面履行,所以必须采取谨慎、严肃、认真的态度,做好签订前的准备工作,具体内容包括:市场预测、资信调查和决策,以及订立合同前行为的管理。

2. 合同订立时的管理

合同订立阶段,意味着当事人双方经过工程招标投标活动,充分酝酿、协商一致,从而建立起建设工程合同法律关系。订立合同是一种法律行为,双方应当认真、严肃拟订合同条款,做到合同合法、公平、有效。

3. 合同履行中的管理

合同依法订立后,当事人应认真做好履行过程中的组织和管理工作,严格按照合同条款,享有权利和承担义务。

4. 合同发生纠纷时的管理

在合同履行中,当事人之间有可能发生纠纷,当争议纠纷出现时,有关双方首先应从整体、全局利益的目标出发,做好有关的合同管理工作,合同资料是重要的、有效的法定证据,以利纠纷的解决。

第二节 合同实施控制

一、合同交底

在合同实施前,项目经理必须进行"合同交底",把合同责任具体地落实到各责任人和合同实施的具体工作上。

【案例 15-1】

1. 背景

某市政工程公司承接到一个高架道路建设工程项目,项目经理部组建后,经营合同部门就合同的主要内容向项目经理及项目技术负责人进行了交底。项目经理、项目技术负责人由于不清楚与合同相关的其他信息,故项目实施时对许多情况不清楚,经常要询问经营合同部门有关情况。

2. 问题

（1）合同交底的内容包括哪些?

（2）本案例中经营合同部门交底内容完全吗?简要说明理由。

3. 分析与答案

合同交底的内容:

（1）合同的主要内容。主要介绍：承包商的主要合同责任、工程范围和权力；业主的主要责任和权力；合同价格、计价方法、补偿条件；工期要求和补偿条件；工程中的一些问题的处理方法和过程,如工程变更、付款程序、工程的验收方法、工程的质量控制程序等；争执的解决；双方的违约责任等。

（2）在投标和合同签订过程中的情况。

（3）合同履行时应注意的问题、可能的风险和建议等。

（4）合同要求与相关方期望、法律规定、社会责任等的相关注意事项。

本案例中经营合同部门交底内容不完全,尚应就上述（2）、（3）、（4）项内容进行交底。

二、合同实施监督

合同实施监督的目的是保证按照合同完成自己的合同责任。

【案例 15-2】

1. 背景

某项目经理承接一项道路综合改造工程。项目涉及多个分包商,分成多个工程小组实施。为了保证合同履约,对合同能有效控制,项目经理对合同实施了监督,做了以下这些工作：

（1）施工现场的安排,人工、材料、机械等计划的落实；

（2）对各工程小组和分包商进行工作指导；

（3）会同项目管理的有关职能人员检查、监督各工程小组和分包商的合同实施情况。

2. 问题

（1）为了保证合同履约,对合同能有效控制,对合同实施监督应做哪些工作?

（2）本案例中项目经理对合同实施监督,所做工作符合要求吗?请简要说明理由。

3. 分析与答案

项目经理应做以下主要工作：

(1) 落实合同实施计划，为各工程小组、分包商的工作提供必要的保证。如施工现场的安排，人工、材料、机械等计划的落实，工序间的搭接关系的安排和其他一些必要的准备工作。

(2) 在合同范围内协调业主、工程师、项目管理各职能人员、所属的各工程小组和分包商之间的工作关系，解决合同实施中出现的问题，如合同责任界面之间的争执，工程活动之间时间上和空间上的不协调。

(3) 对各工程小组和分包商进行工作指导，作经常性的合同解释，使各工程小组都有全局观念。对工程中发现的问题提出意见、建议或警告。

(4) 会同项目管理的有关职能人员检查、监督各工程小组和分包商的合同实施情况，保证自己全面履行合同责任。

本案例中项目经理对合同实施监督，所做工作尚未完全到位。从上述四方面去找。

三、合同跟踪

1. 合同跟踪的作用

(1) 通过合同实施情况分析，找出偏离，以便及时采取措施，调整合同实施过程，达到合同总目标。

(2) 在整个工程过程中，能使项目管理人员一直清楚地了解合同实施情况。

2. 合同跟踪的依据

(1) 合同和合同分析的结果。

(2) 各种实际的文件。

(3) 工程管理人员每天对现场情况的直观了解。

3. 合同跟踪的对象

(1) 具体的合同实施工作，如：

①工作质量是否符合合同要求；

②工程范围是否符合要求，有无合同规定以外的工作；

③是否在预定期限内完成工作，工期有无延长，延长的原因是什么；

④成本有无增加或减少。

(2) 对工程小组或分包商的工程和工作进行跟踪。

(3) 对业主的工作进行跟踪。

(4) 对工程总体进行跟踪。

四、合同实施诊断

合同诊断是对合同执行情况的评价、判断和趋向分析、预测。

【案例 15-3】

1. 背景

某项目经理承接了一项城市桥梁和道路工程，工程开工时正遇上雨期。工程实施了几个月，工期未达到节点目标，工程成本超过计划、合同执行情况较差，尤其是实际成本较计划成本偏高较大。于是上级公司对合同实施计划和实际成本差异进行诊断，发现了下述情况：(1) 钢材和水泥涨价；(2) 桥梁主跨桩位还没最后确定；(3) 天气不好，经常下雨，造成场地泥泞不堪；(4) 没有有效的应对措施。

2. 问题

(1) 引起合同实施计划和实际成本差异的常见原因有哪些？

(2) 本案中造成合同实施计划和实际成本差异的原因有哪些？

3. 分析与答案

引起合同实施计划和实际成本差异的常见原因有：

(1) 整个工程加速或延缓；

(2) 工程施工次序被打乱；

(3) 工程费用支出增加，如材料费、人工费上升；

(4) 增加新的附加工程，以及工程量增加；

(5) 工作效率低下，资源消耗增加等。

引起工作效率低下的原因可能有：

①内部干扰：施工组织不周全，夜间加班或人员调遣频繁；机械效率低，操作人员不熟悉新技术，违反操作规程，缺少培训，经济责任不落实，工人劳动积极性不高等。

②外部干扰：图纸出错，设计修改频繁，气候条件差，场地狭窄，现场混乱，施工条件如水、电、道路等受到影响。

本案中造成合同实施计划和实际成本差异的原因有：(1) 钢材和水泥涨价造成工程费用支出增加；(2) 桥梁主跨桩位还没最后确定，使得桥梁工程施工无法照计划实施；(3) 没有有效的应对措施，说明项目经理面对气候条件差、工程施工次序被打乱、工程费用支出增加的现状，缺乏应变能力，因此造成施工组织不周全，工作效率低下，资源消耗增加的局面。

第三节 合同变更

合同变更：指有效成立的合同在尚未履行或未履行完毕之前，由于一定法律事实的出现而使合同内容发生改变。

一、合同变更的概念

合同的变更有广义、狭义之分。广义指合同主体和内容的变更，前者指合同债权或债务的转让，即由新的债权人或债务人替代原债权人或债务人，而合同内容并无变化；后者指合同当事人权利义务的变化。狭义的合同变更指合同内容的变更。从我国合同法的第五章的有关规定看，合同的变更仅指合同内容的变更，合同主体的变更称为合同的转让。

合同变更是合同关系的局部变化（如标的数量的增减、价款的变化、履行时间、地点、方式的变化），而不是合同性质的变化（如买卖变为赠与，合同关系失去了同一性，此为合同的更新或更改）。合同标的的变更是否属于合同变更，理论界有不同看法（关键在于变更协议是否以原合同的主要权利义务为基础）。

二、合同变更的原则

（1）把合同变更限制到最低程度的原则。
（2）协商一致原则。
（3）重要变更提前采取措施的原则。

三、监理制度下的合同变更程序

合同变更管理的主要问题是如何处理各种变更，所以必须建立科学的合同变更程序。项目管理人员必须依据相关程序进行合同变更管理。综上所述，建设工程项目合同管理是建设工程管理的一项非常重要的内容，作为一个合同管理人员，必须在熟悉工程项目合同的特点和有关内容的基础上，严格对合同履行和变更进行管理，只有这样，才能保证建设工程项目合同的正常履行。

第四节 施 工 索 赔

一、施工索赔的程序

《建设工程施工合同文本》对施工索赔的程序有严格的规定，对此应有很好的理解。按照有关规定，施工索赔的程序如下：

（1）索赔事件发生后 28 天内，承包人向工程师发出索赔意向通知；
（2）发出索赔意向通知后 28 天内，向工程师提出费用补偿和（或）工期补偿的索赔报告及有关资料；
（3）工程师在收到索赔报告及有关资料后，于 28 天内给予答复，或要求进一步补充索赔理由和证据；
（4）工程师在收到索赔报告和有关资料后 28 天内未予答复或未提出进一步要求，则可视为索赔已经成立。

二、工程索赔的原因

1. 当事人违约

常常表现为没有按照合同约定履行自己的义务。工程师未能按照合同约定完成工作，如未能及时发出图纸、指令等也视为发包人违约。

2. 不可抗力事件

又可以分为自然事件和社会事件。自然事件主要是不利的自然条件和客观障碍，如在施工过程中遇到了经现场调查无法发现、业主提供的资料中也未提到的、无法预料的情况，如地下水、地质断层等。社会事件则包括国家政策、法律、法令的变更，战争、罢工等。

3. 合同缺陷

表现为合同文件规定不严谨甚至矛盾、合同中的遗漏或错误。在这种情况下，工程师应当给予解释，如果这种解释将导致成本增加或工期延长，发包人应当给予补偿。

4. 合同变更

表现为设计变更、施工方法变更、追加或者取消某项工作、合同其他规定的变更等。

5. 工程师指令

工程师指令承包人加速施工、进行某项工作、更换某些材料、采取某些措施等。

6. 其他第三方原因

常常表现为与工程有关的第三方的问题而引起的对本工程的不利影响。

三、施工索赔的程序及依据

【案例 15-4】

1. 背景

某工程公司在某市承建了一项道路及污水处理工程，在实施过程中，遭遇该市 50 年未遇的特大暴雨，不仅影响工期至少 30d，且一些已实施部分工程也受到破坏，修复也需要投入。

2. 问题

（1）承包人因暴雨影响是否能否向发包人提出索赔申请？索赔的理由和证据分别是什么？

（2）施工索赔的程序和依据有哪些？

3. 分析与答案

（1）承包人可以向发包人提出索赔申请。特大暴雨属于索赔理由不可抗力中自然事件。承包人应详细收集该市同一时期的历年气象分析资料，工程进度计划、具体的施工进度和有关的文件作为索赔的证据。

（2）施工索赔的程序为：

①承包人提出索赔申请。索赔事件发生 28d 内，必须以正式函件向工程师和业主发出索赔意向通知，声明对此事项要求索赔。逾期申报时，工程师有权拒绝承包人的索赔要求。

②承包人提出索赔报告和相关证据资料。发出索赔意向通知后 28d 内，向工程师和业主提出经济损失和（或）延长工期的索赔报告和证据资料、索赔依据，以及其他计算出的该事件影响所要求的索赔额和申请展延的工期天数。

③工程师和业主审核承包人的索赔申请。工程师和业主在收到承包人送交的索赔报告和有关资料后，于 28d 内给予答复，或要求承包人进一步补充索赔理由和证据。工程师和业主在 28d 内未给予答复或未对承包人作进一步要求，视为该项索赔已经被认可。

④当该索赔事件持续进行时，承包人应阶段性向工程师和业主发出索赔意向，在索赔事件终了后 28d 内，向工程师和业主提供索赔的有关资料和最终索赔报告。

⑤工程师与承包人谈判。如果双方对索赔事件的责任、索赔款额或工期展延天数分歧较大，通过谈判达不成共识的话，按照条款规定工程师有权确定一个他认为合理的单价或价格作为最终的处理意见报送业主并通知承包人。

⑥发包人审批工程师的索赔处理证明。发包人首先根据事件发生的原因、责任范围、合同条款审核承包人的索赔申请和工程师的处理报告，再根据项目的目的、投资控制、竣工验收要求，以及在实施合同过程中的缺陷或不符合合同要求的地方提出反索赔方面的考

虑，决定是否批准工程师的索赔报告。

⑦承包人是否接受最终的索赔决定。承包人同意了最终的索赔决定，这一索赔事件即告结束。若不接受索赔决定，双方可通过谈判、调解、仲裁或诉讼的方式解决。

（3）施工索赔的依据有：

①招标文件、施工合同文本附件，经认可的工程实施计划、各种工程图纸、技术规范等。

②双方的往来信件及各种会谈纪要。

③进度计划、具体的进度以及有关文件。

④气象资料、工程检查验收报告和各种技术鉴定报告，工程中送停电、送停水、道路开通和封闭的记录和证明。

⑤国家有关法律、法令、政策文件，官方的物价指数、工资指数，各种会计核算资料，材料的采购、订货、运输、使用方面的凭据。

第十六章 公路与市政公用工程预算

第一节 施工图预算编制的依据

1. 施工图纸及其说明

施工图纸及其说明是编制预算的主要依据。

施工图纸必须经过会审,才能着手进行预算编制,这样预算的编制工作既能顺利开展,又可避免不必要的返工计算。

2. 现行预算定额或地区单位估价表

编制工程预算,从划分分部分项工程到计算分项工程量,必须以预算定额为标准和依据。

地区单位估价表是预算定额在该地区的具体表现形式。根据单位估价表可直接查取分项工程的人工、材料、机械使用费及分项工程单价。

3. 施工组织设计或施工方案

施工组织设计或施工方案对工程施工方法、施工机械选择、材料构件的加工和堆放地点都有明确的规定,这些资料直接影响计算工程量和选套预算单价。

4. 费用定额及取费标准

各省、市、自治区都有本地区的建筑工程费用定额和各项取费标准,是计算工程造价的重要依据。

应该根据工程类别和企业等级正确选用费率。

5. 地区人工工资、材料及机械台班预算价格

预算定额中的价格水平为"定额编制期"水平,编制预算时应结合当时当地的价位水平调整。

6. 预算工作手册和建材五金手册

各种预算工作手册和建材五金手册上载有各种构件工程量及钢材重量等,作为工具性资料,可供计算工程量和进行工料分析参考。

第二节 施工图预算的编制方法

施工图预算的编制方法主要有单价法和实物法

单价法以单位工程为计算单元,用地区的统一单位定额表的各有关单价与相应各工料项目的工程量相乘之总和,得到包括工、料、机费用在内的单位工程的直接费,由此再计算出其他直接费、现场经费、间接费、计划利润及税金,汇总上述各项费用即得单位工程的施工图预算。概括之,单位工程施工图预算的直接费等于各项工料单价乘以相应的计取基数求得。

1. 单价法

《建筑工程施工发包与承包计价管理办法》(建设部令第 107 号)第 5 条指出：施工图预算由成本(直接费、间接费)、利润和税金构成。其编制可采用以下计价方法。

(1) 工料单价法

分部分项工程量的单价为直接费。直接费以人工、材料、机械的消耗量及其相应价格确定。间接费、利润、税金按照有关规定另行计算。

$$单位工程施工图预算造价 = (\Sigma 分部分项工程量 \times 分项工程工料单价) \times (1+综合间接费率) + 独立费 + 税金$$

(2) 综合单价法

分部分项工程量的单价为全费用单价。全费用单价综合计算完成分部分项工程所发生的直接费、间接费、利润、税金。

$$单位工程施工图预算造价 = (\Sigma 分部分项工程量 \times 分项工程综合单价) + 独立费 + 税金$$

一般土建工程施工图预算编制常用工料单价法。

装饰工程施工图预算编制常用综合单价法。

2. 实物法

为方便调整人工、材料、机械台班单价，适应建筑市场价格波动的情况，引入实物法编制施工图预算。

$$人工费 = \Sigma 工程量 \times 人工定额用量 \times 当时当地人工工资单价$$

$$材料费 = \Sigma 工程量 \times 材料定额用量 \times 当时当地材料预算价格$$

$$机械费 = \Sigma 工程量 \times 机械台班定额用量 \times 当时当地机械台班单价$$

$$单位工程施工图预算造价 = (人工费 + 材料费 + 机械费) \times (1+综合间接费率) + 独立费 + 税金$$

实物法与单价法相比，仅计算预算直接费方法不同。

因实物法忽略了工程造价按施工工种、施工工序逐步实现的特征，造价实务中极少采用。

第三节 工程量清单计价

工程量清单是表现拟建工程的分部分项工程项目、措施项目、其他项目名称和相应数量的明细清单。是由招标人按照"计价规范"附录中统一的项目编码、项目名称、计量单位和工程量计算规则进行编制。包括分部分项工程量清单、措施项目清单、其他项目清单。

工程量清单计价是建设工程招标投标工作中，招标人按照《建设工程工程量清单计价规范》的要求提供工程数量，由投标人依据工程量清单并结合拟建工程实际情况自主报价，按照经评审低价中标的工程造价方式。简称工程量清单计价。

第十七章 公路与市政公用工程施工项目现场管理

第一节 施工现场管理

1. 施工现场的安全由施工单位负责，实行施工总承包的工程项目，由总承包单位负责，分包单位向总承包单位负责，服从总承包单位对施工现场的安全管理。总承包单位和分包单位应当在施工合同中明确安全管理范围，承担各自相应的安全管理责任。总承包单位对分包单位造成的安全事故承担连带责任。建设单位分段发包或者指定的专业分包工程，分包单位不服从总包单位的安全管理，发生事故的，由分包单位承担主要责任。

2. 施工单位应当建立工程项目安全保障体系。项目经理是本项目安全生产的第一负责人，对本项目的安全生产全面负责。工程项目应当建立以第一责任人为核心的分级负责的安全生产责任制。从事特种作业的人员应当负责本工种的安全生产。项目施工前，施工单位应当进行安全技术交底，被交底人员应当在书面交底上签字，并在施工中接受安全管理人员的监督检查。

3. 施工现场实行封闭管理，施工安全防护措施应当符合建设工程安全标准。施工单位应当根据不同施工阶段和周围环境及天气条件的变化，采取相应的安全防护措施。施工单位应当在施工现场的显著或危险部位设置符合国家标准的安全警示标牌。

4. 施工单位应当对施工中可能导致损害的毗邻建筑物、构筑物和特殊设施等做好专项防护。

5. 施工现场暂时停工的，责任方应当做好现场安全防护，并承担所需费用。

6. 施工单位应当根据《中华人民共和国消防法》的规定，建立健全消防管理制度，在施工现场设置有效的消防措施。在火灾易发生部位作业或者储存、使用易燃易爆物品时，应当采取特殊消防措施。

7. 施工单位应当在施工现场采取措施防止或者减少各种粉尘、废气、废水、固体废物及噪声、振动对人和环境的污染和危害。

8. 施工单位应当将施工现场的工作区与生活区分开设置。施工现场临时搭设的建筑物应当经过设计计算，装配式的活动房屋应当具有产品合格证，项目经理对上述建筑物和活动房屋的安全使用负责。施工现场应当设置必要的医疗和急救设备。作业人员的膳食、饮水等供应，必须符合卫生标准。

9. 作业人员应当遵守建设工程安全标准、操作规程和规章制度，进入施工现场必须正确使用合格的安全防护用具及机械设备等产品。

10. 作业人员有权对危害人身安全、健康的作业条件、作业程序和作业方式提出批评、检举和控告，有权拒绝违章指挥。在发生危及人身安全的紧急情况下，有权立即停止作业并撤离危险区域。管理人员不得违章指挥。

11. 施工单位应当建立安全防护用具及机械设备的采购、使用、定期检查、维修和保养责任制度。

12. 施工单位必须采购具有生产许可证、产品合格证的安全防护用具及机械设备，该用具和设备进场使用之前必须经过检查，检查不合格的，不得投入使用。施工现场的安全防护用具及机械设备必须由专人管理，按照标准规范定期进行检查、维修和保养，并建立相应的资料档案。

13. 进入施工现场的垂直运输和吊装、提升机械设备应当经检测检验机构检测检验合格后方可投入使用，检测检验机构对检测检验结果承担相应的责任。

第二节 文 明 施 工

一、安全文明施工目标

1. 杜绝重伤及人身伤亡事故。
2. 杜绝重大机械、设备、交通、火灾及误操作事故。
3. 杜绝指挥性、装置性违章；作业性违章控制在3‰以下，争创"零违章"。
4. 杜绝不文明施工行为，创建良好工作、生活环境。

二、安全文明施工教育

1. 年初或工程开工前由安监部组织施工人员进行一次《安全工作规程》和《安全施工管理规定》及工地安全管理制度的学习和考试，考试合格方可上岗工作，试卷由安监部存档。
2. 坚持周一安全学习及每日班前会、班后会制度，加强日常安全文明施工教育。
3. 对严重违反安全文明施工管理制度的人员，由安监部重新组织安全学习，经考试合格后方可上岗工作。
4. 积极运用各种形式，广泛开展安全施工宣传教育活动，寓教于乐，促进现场安全文明施工管理。

三、安全文明施工检查

1. 工地每月组织一次由分管经理带队、工程部主任、工程部专业工程师、安监部主任、安全工程师参加的安全文明施工大检查，检查发现的问题以经理令方式责令各单项工程师整改，整改情况同责任单项工程师月度奖金挂钩，安监部主任负责监督考核。
2. 安全工程师每周组织工程部专业工程师、安监人员进行一次安全文明施工检查，重点检查施工项目的安全措施、交底、安全防护设施及防护用品的使用情况，对检查发现的问题下发安全文明施工问题通知单，工程部单项工程师负责整改，整改情况由安全工程师进行监督、考核。
3. 工程部各单项工程师每周一次对各自施工项目的安全文明施工情况进行自查，重点检查施工作业环境、施工工器具、安全技术措施落实情况并负责整改，检查及整改落实情况要有书面记录，安全工程师对其检查整改情况进行监督考核。
4. 机械检查由工程部定期组织机械管理人员对现场机械的运行、保养、维修、改造、试验及起重指挥信号、起重操作人员持证上岗情况进行定期专业检查并落实整改，安监部协助检查并对其检查整改情况进行监督。

5. 消防及交通检查由公安保卫部组织消防、交通管理人员对现场各类配电室、电缆夹层及隧道、库房、工具房、存油区、氧气乙炔站等重点消防部位和厂内机动车辆的安全行驶情况进行专业检查并落实整改，安监部协助检查并对检查整改情况进行监督。

四、安全文明施工措施

1. 所有施工项目必须编制作业指导书并按规定办法审批。作业指导书中必须有切实可行的安全文明施工措施。安全文明施工措施中必须明确该项目的主要危险点及安全监护人并符合以下要求：明确对该项目施工人员的要求；明确对该项目施工用机械、工器具的要求；明确施工中各类材料的使用、存放、回收要求；明确施工中必须采取的安全防护措施要求；明确施工作业环境的文明施工要求。

2. 所有施工项目必须进行安全交底，无措施或未交底的项目严禁布置施工。重大及危险性作业项目必须按规定办理安全施工作业票并按规定办法审批后方可开工。在已投入运行的区域或与运行系统相连接的区域施工，必须严格执行工作票管理制度，办理相应的工作票并有运行人员在场监护的情况下方可开工。现场动火作业必须办理动火工作票，经公安保卫部门审批后方可开工。

3. 实施风险预测预防制度，工程部各专业工程师针对工程实际情况，编制月度、季度、年度安全作业指导计划，针对施工中的高处作业、交叉作业、焊接、吊装、运输、用电、用气、爆破、动火等环节中的不安全因素提出预防高处坠落、高处落物打击、触电、机械伤害等人身防范措施和防风、防火、防雨、防雷措施，经安全工程师审批后负责落实执行，安监部主任对措施制订和落实情况进行监督考核。

4. 项目开工前，由安监部主任代表项目工地同各承包方签订安全施工协议，作为施工承包合同的附件一并执行。

五、安全设施及安全防护用品管理

1. 现场安全警示牌由安监部规划布置，负责日常管理。工程部负责安全警示牌的安装和维护。

2. 警戒绳、水平安全绳、安全网、软爬梯等安全设施由安监部选型，编制购置计划经审批后交物资部订购，由工地租赁站负责管理和发放，安监部对日常使用情况进行监督。

3. 防护通道、安全围栏、孔洞盖板、脚手架等安全设施由安监部提供施工标准、要求，工程部负责施工安装，安监部对安装及使用情况进行监督。

4. 因工程施工特殊需要的特殊防护用品和用具，由安监部负责编制计划报批并审批发放。

5. 施工人员进入施工现场必须遵守工地安全文明施工管理各项规定，正确佩戴安全帽、规范着装。具体要求执行《安全工作规程》和《安全施工管理规定》的相关规定。

六、安全例会

1. 工地每月组织一次由经理主持，分管经理、各部室主任、安监部安全工程师、工程部专业工程师参加的安全工作会议，检查工地安全文明施工目标计划和安全措施实施情况，听取安监部月度安全文明施工监督考核情况汇报，解决安全文明施工方面问题，提出下一阶段安全文明施工工作要求。

2. 安监部每周组织一次由承包方安监员参加的安全专业会议，及时了解和掌握安全施工动态，总结布置日常工作。

3. 工程部在工地生产协调会上按照"五同时"原则，讨论、解决安全文明施工问题。

【案例 17-1】

1. 背景

某承包商通过竞标取得一项市政工程的总承包任务，在取得施工许可证95d后进入现场进行施工，在施工中由于地质等特殊原因停工75d后完成了工作量。竣工验收阶段，承包商整理了各种技术资料，编制了工程竣工图，并向有关主管部门提交竣工验收报告后，即解除施工现场的全部管理责任。

2. 问题

(1) 该承包商施工过程中的做法是否符合施工现场的管理原则，应如何做才是正确的？

(2) 该承包商在竣工验收阶段应如何做好现场管理？

3. 分析与答案

承包商批准取得施工许可证后，应当自批准之日起3个月内组织开工；因故不能按期开工的，承包商应当在期满前上报建设单位向发证部门说明理由，申请延期。不按期开工又不按期申请延期的，已批准的施工许可证失效。

由于特殊原因，建设工程需要停止施工2个月以上的，建设单位或承包商应当将停工原因及停工时间向当地人民政府建设行政主管部门报告。

竣工验收阶段，应由建设单位组织设计、施工单位共同编制工程竣工图，进行工程质量预验，整理各种技术资料，进行工程初验，并向有关主管部门提供竣工验收报告。单项工程竣工验收合格的，施工单位可以将该单项工程移交建设单位管理。全部竣工验收合格后，施工单位方可解除施工现场的全部管理责任。

第十八章 市政公用工程施工进度管理

第一节 项目进度的管理目标

在确定施工进度管理目标时，必须全面细致地分析与工程进度有关的各种有利因素和不利因素，只有这样，才能制定出一个科学、合理的进度管理目标。确定施工进度管理目标的主要依据有：工程总进度目标对施工工期的要求；工期定额管理、类似工程项目的实际进度；工程难易程度和工程条件的落实情况等。

在确定工程进度目标时，还要考虑以下几个方面：

(1) 对于大型工程项目，应根据尽早提供可动用单元的原则，集中力量分期分批建设，以便尽早投入使用，发挥投资效益。这时，为保证每一动用单元能形成完整的生产能力，就要考虑这些动用单元使用时所必需的全部配套项目。同时，要处理好后期建设的关系、每期工程中主体工程与辅助及附属工程之间的关系等。

(2) 结合本工程的特点，参考同类工程的经验来确定施工进度目标，避免只按主观愿望盲目确定进度目标，从而在实施过程中造成进度失控。

(3) 合理安排土建与设备的综合施工。要按照它们各自的特点，合理安排土建施工与设备基础、设备安装的先后顺序及搭接、交叉或平行作业，明确设备工程对土建工程的要求和土建工程为设备工程提供施工条件的内容及时间。

(4) 做好资金供应能力、施工力量配备、物资材料、构配件、设备供应能力与施工进度的平衡工作，确保工程进度目标的要求，从而避免其落空。

(5) 考虑外部协作条件的配合情况。包括施工过程中及项目竣工动用所需的水、电、气、通信、道路及其他社会服务项目的满足程度和满足时间。它们必须与项目的进度目标相协调。

(6) 考虑工程项目所在地区地形、地质、气象等方面的限制条件。

第二节 进 度 控 制

一、单项工程进度控制

在工程开工之后，监理工程师应对整个工程进行专业分析，建立工程分项的月、旬进度控制图表，以便对分项施工的月、旬进度进行监控。其图表宜采用能直观的反映工程实际进度的形式，如形象进度图等，可随时掌握各专业分项施工的实际进度与计划间的差距。当出现差距时应及时向承包人发出进度缓慢信号，要求承包人采取措施，加快进度，及时向监理工程师汇报并提供资料，供监理工程师对工程实际进展情况进行综合评价。如果承包人实际施工进度确实影响到整个工程的完工日期，应要求承包人尽快调整施工进度计划。

二、采用进度表控制工程进度

进度表是监理工程师要求承包人每月按实际完成的工程进度和现金流动情况向监理工程师提交的报表，这种报表应由下列两项资料组成：一是工程现金流动计划图，应附上已付款项曲线；二是工程实施计划条形图，应附上已完成工程条形图。承包人提供上述进度表，由监理工程师进行详细审查，向业主报告。当月进度报表反映的实际进度和计划进度失去平衡时，监理工程师应对这种不平衡情况进行详细的分析，结合现场记录和各分项所控制的进度以及实际完成的工程和工程支付的实际情况进行综合性评价。如果监理工程师根据评价的结果，认为工程或其工程的任何部分进度过慢与进度计划不相符合时，应立即通知承包人并要求承包人采取监理工程师同意的必要措施加快进度，以确保工程按计划完成。

三、采用网络计划控制工程进度

用网络法制定施工计划和控制工程进度，可以使工序安排紧凑，便于抓住关键，保证施工机械、人力、财力、时间均获得合理的分配和利用。因此承包人在制订工程进度计划时，采用网络法确定本工程关键线路是相当重要的。监理工程师除要求承包人制定网络计划外，监理机构内部也要求监理人员随时用网络计划检查工程进度。

采用网络计划检查工程进度的方法是在每项工程完成时，在网络图上以不同颜色数字记下实际的施工时间，以便与计划对照和检查。检查结果有以下几种情况：第一，关键线路上某项工程的施工时间比计划增加，这种情况会使整个工期延长，必须要求承包人对以后的关键线路上的工程采取加快施工进度或增加施工力量、缩短施工时间的有效措施，以弥补工程进度与计划进度的差距，使工程进度与计划进度保持平衡。第二，关键线路上某项工程的实施时间比计划缩短，这种情况对缩短工期有利，此时监理工程师应根据整个工程实际进度情况和工程本身的需要并与业主协商，以确定本工程有无必要提前完成，并将决定意见通知承包人，不论何种情况都应要求承包人重新修订以后的网络计划，并检查关键线路有无变化，做好修定后进度计划管理工作以保证工程计划的实现。第三，非关键线路上某项工程的施工时间比计划增加，一般情况均有调整的余地，对整个网络计划不会有影响。但是，如果超出了非关键线路所计划的时间，而且没有调整的余地，就要检查是否会影响关键线路，甚至使非关键线路改变成为关键线路。如遇这种情况就应要求承包人采取相应的措施，缩短非关键线路某些项目的施工时间，以保证关键线路的完工仍能满足计划的要求。第四，非关键线路上某项工程的施工时间比计划缩短，整个网络计划将不受影响。但应提醒承包人从非关键线路的工程项目中抽调施工力量加强关键线路上工程项目的施工，以达到缩短整个工期的目的。

四、采用工程曲线控制工程进度

分项工程进度控制通常是在分项工程计划的条形图上画出每个工程项目的实际开工日期、施工持续时间和竣工日期，这种方法比较简单直观，但就整个工程而言，不能反映实际进度与计划进度的对比情况。采用工程曲线法进行工程进度的控制则比较全面。工程曲线是以横轴为工期（或以计划工期为100%，各阶段工期按百分率计），竖轴为完成工程量累计数（以百分率计）所绘制的曲线。把计划的工程进度曲线与实际完成的工程进度曲线绘在同一图上，并进行对比分析，当发现工程实际进度与计划进度出现差距时，监理工程师可通知承包人采取措施，调整计划，以确保按期完成工程。

第三节　进度计划的调整

施工进度计划的调整通常有两种方法。一是通过组织搭接作业或平行作业来缩短工期。这种方法的特点是不改变工作的持续时间，而只改变工作的开始时间和完成时间。对于单位工程或者是小型项目，由于受工作之间工艺关系的限制，可调整的幅度较小，通常用搭接作业的方法来调整施工进度计划；而对于大型项目，由于其单位工程较多且相互的制约比较小，可调整的范围比较大，所以一般采用平行作业的方法来调整施工进度计划。二是通过压缩关键工作的持续时间来缩短工期。这种方法的特点是不改变工作之间的先后顺序关系，而通过缩短网络计划中关键线路上工作的持续时间来缩短工期。为了达到压缩工作的持续时间，一般应采用一些具体的措施，这些措施包括：

一、组织措施

(1) 合理地组织生产力，以减少不必要的劳动时间；
(2) 增加施工队伍；
(3) 增加每天的施工时间，如增加施工班制或者组织合理的加班工作；
(4) 增加施工机械的数量。

二、技术措施

(1) 采用更先进的施工方法，以提高劳动效率；
(2) 改进施工工艺，以减少工序数量或者缩短工艺技术间歇时间；
(3) 采用效率更高的施工机械。

三、经济措施

(1) 实行计件工资制；
(2) 提高奖金数额；
(3) 对采用新工艺、新方法等措施给予一定的经济鼓励。

四、其他配套措施

(1) 加强外部配合条件；
(2) 改善施工条件；
(3) 加强思想政治工作；
(4) 加强职工的教育和培训工作；
(5) 加强调度的力度。

这些措施应综合采用，单一措施的效果往往不明显。

【案例 18-1】

一、工程概况

1. 某市海滨大道某旧镇段高架桥位于省某造船厂北面的宿舍区，桥梁总长 502.00m，全桥分为五联，第一联长度 98.00m，第二联至第五联每联长度为 101.00m。

2. 荷载等级：汽一超 20，挂一 120，人群：350kg/m²。

3. 桥面宽度：19.5m 四行车道。

4. 高架桥上部采用两个单箱双室连续箱梁，现浇钢筋混凝土，下部采用方形桩柱式桥墩，轻型桥台，钻孔灌注桩基础，部分墩台采用扩大基础。

5. 桥位地处地质条件复杂，从上至下分别为杂填土层（厚度 2.00~3.00m），淤泥层（厚度 2.50~42.50m），强风化岩（厚度 1.00~10.00m），中风化花岗岩层，钻孔灌注桩基础及扩大基础均嵌入中风化花岗岩层。

6. 高架桥工程主要工程量：钻孔灌注桩基础 51 根（其中 Φ1650 的 47 根，Φ1500 的 4 根），扩大基础 1 座，混凝土量 4379.45m³。钢筋混凝土连续箱梁 4894.91m³。桥面铺装 86302m³，栏杆及人行道板 443.65m³。

该工程项目系省、市重点基础设施工程，质量要求高，工期紧，计划施工期 10 个月，但领导要求在 9 个月内完成，若除去施工场地上的民房与厂房拆迁时间，该项目实际施工期只有 7 个月，再加上建设资金未能及时到位，因此，困难重重难以逾越。

由于桥梁两边都有大量的建筑物需要保留，造成施工场地狭窄，连施工通道空间都没有。在这种施工条件下，某集团公司用流水网络计划控制进度，确保高架桥提前完成施工任务。

二、工程主要特点

1. 工期短速度快。高架桥工程总工期（含拆迁，三通一平，挖方 3 万 m³，钻孔桩基础）需要 18 个月，按组织方案计划最少需要 10 个月，但要求只能在 9 个月内完成，而实际只用了 7 个月零 20 天时间（含拆迁挖方工程）就完成施工任务，只占正常标准工期的 38%。

2. 施工条件差。由于高架桥贯穿省某船厂厂区，道路规划红线只按 22m 宽划定，而桥梁宽度已达 19.5m，桥两边建筑物均为生产车间厂房，必须保留，还需维持造船厂临时通车，在不具备施工条件情况下进行分联段创造条件施工。

3. 地质复杂，岩层面坡度大，桩基础类型多。由于地质复杂，桩长从 5~48m 不等，桩端全断面进入中风化花岗岩层 0.8~2.5m，桩基类型为钻孔灌注桩、人工挖孔灌注桩、墩台开挖扩大基础三种类型。

4. 工程造价低。工程造价按标底价为 1776 万元，中标造价为 1645 万元，以低于标底价 8% 的造价承建，降低工程造价 131 万元。

5. 设计变更幅度大。由于该项目工期紧，施工图分上、下部陆续提供状态，及其他种种客观因素，从桩基础至桥梁施工期间，先后变更设计 40 多次。

6. 质量标准要求高。全桥长 502m，结构体系为 2m×9.5m 两个单箱双室断面，两箱横向采用橡胶止水带连接，设计合拢温度要求 20℃ 左右，预拱度要求控制在 6mm、8mm，各联段均按一次落架计算配筋，桥面铺装层纵、横坡误差不得超过 5mm。

7. 新工艺新技术多。由于高架桥下部采用方形桩柱式单桥墩，且柱顶托架部分为半圆形，设计要求用钢模，为解决模内表层水纹问题，采用了钢模预留柱脚排水口可打开将余水排出技术措施，桥面铺装采用改性沥青（丁苯橡胶改性沥青），显著提高温度稳定性和抗水损害能力。

三、施工方案主要策略

1. 根据工程实际情况以及工期紧的问题，将钻孔桩长小于12m的改为人工挖孔灌注桩，可减少钻孔时间24天，加快了工程进度。

2. 为缩短施工时间，决定桩基工程施工调进14台桩机，采取先钻后冲施工方法，既解决了岩面坡度大无法钻进的难题，又加快了工程建设速度，原定桩基础施工54天，可提前10天。

3. 为保证工程进度，现场配备专业技术人员与监理工程师及质监人员24小时跟班检测，确保工程进度与施工质量。

4. 为解决施工场地狭小难题，改变箱梁工程交叉施工法，采用先左联后右联攻坚施工法。既确保造船厂正常生产，又不误施工工期。

5. 工程总用电量需要800kW，为保证供电局停电维修，解决第二电源供电问题，确保工程用电。

6. 为了使工程按计划工期完成，在原计划配备1.5套模板的基础上增加1套模板，分两次周转，左半联拆模后一次性到位右半联，并科学验证箱梁落架拆模时间，严把梁箱主体工程质量关。

7. 组织施工测量队伍，采用先进的测量仪器和手段，改变以往曲线桥梁传统测量方法，在拆迁工作未完的情况下提前进入测量施工，加快建设速度。

8. 因施工场地无法设置混凝土搅拌站，采取24小时跟踪供货及时取样等措施。使工期、质量两不误。

9. 为满足工期计划要求，预防施工期中可能遇到的台风影响而延误工期，决定春节期间加班施工，管理人员全部到生产第一线与工人共同工作。

采取综上所述的几项技术性措施与策略后，加速了工程进度，使工程比限定计划工期提前20天完成。

四、施工组织主要管理措施

高架桥是海滨大道工程建设中的一个重中之重的项目。为保证工程建设工期和质量的要求，以质量安全、工期、经济与社会效益三者关系为中心采取组织管理措施。

1. 建立网络管理机制，树立系统工程观念，强化管理编制三级网络计划。精心组织科学运筹资源，实行动态管理，采用分段流水均衡组织施工，对进度超前滞后的情况分析原因，及时调度，对项目全过程进行总体控制，确保工程顺利进展。

2. 发挥经济杠杆作用，岗位定包到个人，工期、质量落实到班组，安全施工落实到个人，牢固"百年大计，质量第一"，实行奖罚分明制度，奖金发在关键线路上。

3. 强化质量意识，发挥管理职能，对现场施工放样、桩基、柱、箱梁、桥面铺装等工程进行道道工序自检、复检，层层验证把关，对原材料、成品、半成品及商品混凝土进场一律进行严格的验证把关，健全工程技术档案。

4. 科学、合理地组织连续，均衡而紧凑的施工工序，控制关键保重点，以滚动计划为链条，保证计划的衔接、稳定与均衡实施。

5. 加强施工计划管理，狠抓计划落实，定人定位编制季、月、旬计划，加强调度平衡，及时采取措施，确保计划按时完成。

将组织计划贯穿到全体员工，层层落实，狠抓基础、墩台、箱梁三个关键工期，并发动员工提出完成计划的具体措施和合理化建议，提倡文明施工，以质量求生存，确保工程建设顺利完成。

五、工程实施效果

高架桥工程因动工时间较晚，工期显得特别紧，成为海滨大道"卡脖子"工程。由于在施工中实行了控制性流水施工网络动态管理，在不具备施工条件的情况下，闯过一个又一个难关，提前20天完成施工任务。

1. 工期大幅度缩短

工程施工结果桩基础只用了44天（提前10天），桥下部方柱、墩台只用了50天，箱梁主体工程只用了90天，桥面铺装、人行道板、栏杆只用了46天（提前10天）。共计230天。提前完成施工任务，缩短工期62%。

2. 节约投资降低成本

根据工程施工过程中出现的停水、停电、设计变更因素造成的工期滞后问题，集团公司及时对施工组织方案进行了改进调整，保证了工期按计划实施并创经济效益220万元，获得了1999年某市职工合理化建议优秀项目奖。

3. 工程质量评价高

该高架桥工程在施工工期超极限的情况下，仍然严格要求工程质量，质量检测评定是高标准的。桩基工程由省质量监督检测中心对52根桩进行全部动测（一次水电效应法测定），同时，取芯样检测4根，检测结果，I类桩为48根，占92%；II类桩为4根，占8%，全部满足设计规范要求。桥方桩、墩台、箱梁主体工程为清水混凝土结构，混凝土强度检测全部合格。桥面铺装纵、横坡控制均达到设计规范要求。未出现不均匀沉降裂缝。该工程被评价为"整个海滨大道工程中质量最好，速度最快的工程"。整个施工过程未发生安全事故。

4. 显著的社会经济效益

该高架桥工程全长502m，属特大桥一类，从勘察设计到组织项目施工至工程竣工，仅花用不到10个月时间，工程实施才用230天时间，就安全保质全面完成项目建设任务，取得了较好的经济效益和社会信誉。

第四节 施工组织设计

一、单位工程施工组织设计基础知识

单位工程施工组织设计是以单位工程为对象编制的用以指导单位工程施工准备和现场

施工的全局性技术经济文件。它是施工前的一项重要准备工作，也是施工企业实现生产科学管理的重要手段。

单位工程施工组织设计一般在施工图完成后，在拟建工程开工之前由施工承包单位的工程项目经理主持编制。

单位工程施工组织设计的作用主要有以下几点：

（1）贯彻施工组织总设计，具体实施施工组织总设计对该单位工程的规划精神。

（2）编制该工程的施工方案，选择其施工方法、施工机械，确定施工顺序，提出实现质量、进度、成本和安全目标的具体措施，为施工项目管理提出技术和组织方面的指导性意见。

（3）编制施工进度计划，落实施工顺序、搭接关系，各分部分项工程的施工时间，实现工期目标，为施工单位编制作业计划提供了依据。

（4）计算各种物资、机械、劳动力的需求量，安排供应计划，从而保证进度计划的实现。

（5）对单位工程的施工现场进行合理设计和布置，统筹合理利用空间。

（6）对作业条件方面的施工准备工作进行具体规划。

（7）是施工单位有计划地开展施工，检查、控制工程进展情况的重要文件。

（8）是建设单位配合施工、监理工程、落实工程款项的基本依据。

二、单位工程施工组织设计的编制依据

（1）主管部门的批示文件及建设单位的要求。如上级机关对该项工程的有关批示文件和要求；建设单位的意见和对施工的要求；施工合同中的有关规定等。

（2）经过会审的图纸。包括单位工程的全部施工图纸、会审记录、设计变更及技术核定单、有关标准图，较复杂的建筑工程还要知道设备、电气、管道等设计图。如果是整个建设项目中的一个单位工程，还要了解建设项目的总平面布置等。

（3）施工企业年度生产计划对该工程的安排和规定的有关指标。如进度、其他项目穿插施工的要求等。

（4）施工组织总设计。本工程若为整个建设项目中的一个项目，应把施工组织总设计中的总体施工部署及对本工程施工的有关规定和要求作为编制依据。

（5）资源配备情况。如施工中需要的劳动力、施工机具和设备、材料、预制构件和加工品的供应能力和来源情况。

（6）建设单位可能提供的条件和水、电供应情况。如建设单位可能提供的临时房屋数量、水、电供应量，水压、电压能否满足施工要求等。

（7）施工现场条件和勘察资料。如施工现场的地形、地貌、地上与地下的障碍物、工程地质和水文地质、气象资料、交通运输道路及场地面积等。

（8）预算文件和国家规范等资料。工程的预算文件等提供了工程量和预算成本。国家的施工验收规范、质量标准、操作规程和有关定额是确定施工方案、编制进度计划等的主要依据。

（9）国家或行业有关的规范、标准、规程、法规、图集及地方标准和图集。如地基与基础工程施工及验收规范，建筑安装工程质量检验评定统一标准，建筑机械使用安全技术

规程，混凝土质量控制标准，钢筋焊接及验收规范等等。

三、施工组织设计的编制

施工方案是指对工程施工所做的总体设想和安排。选择施工方案是各类施工组织设计中最首要的问题，是决定整个工程全局的关键。一般在初步设计阶段施工方案就确定下来了，但在施工图设计中还要在初步设计施工方案的基础上，根据批准机关的审查意见，重新提出一个更具有可行性的施工方案，来作为编制施工组织计划的先决条件。拟订施工方案时，应着重研究以下几方面的问题：

1. 确定各单位工程或分部工程的施工次序。由于公路工程施工点多线长，结构各异，自然条件复杂，所以合理确定建设项目中各单位工程或关键项目的施工顺序，是确定施工方案的首要问题，对工程的经济效益具有决定性的影响。

确定施工顺序，不仅需要从时间上和空间上定性地分析判断，而且要利用各种手段和方法（如数学方法）来定量地分析确定。确定工程项目的施工顺序，可参考下列原则：

（1）首先要考虑影响全局的关键工程的合理施工顺序。如路线工程中的某大桥、某隧道、某深路堑，若不在前期完工，将导致其他工程不能施工（如无法运输材料、机械等）而拖延工期，此时应集中力量首先完成关键工程。

（2）必须充分考虑自然条件的影响。安排工程项目施工顺序时，必须考虑水文、地质、气象等的影响。如桥梁的基础工程一定要安排在汛期之前完成或安排在汛期之后进行等。

（3）施工顺序要与施工方法、施工机具协调一致。如现浇钢筋混凝土上部构造的施工顺序与采用架桥机进行装配化施工顺序就显然不同。

（4）要考虑施工组织条件对施工顺序的影响。如某种关键机械能否按时供应，某拆迁工程能否按时拆迁，高寒山区的生活条件或生活供应能否按时解决等。

（5）必须符合工艺要求。工程项目的各施工过程或工序之间，存在着一定的工艺顺序要求。如钻孔灌注桩在钻孔后应尽快灌注水下混凝土，以防坍孔，所以两道工序必须紧密衔接。

（6）必须考虑施工质量要求。在安排施工顺序时，要以能确保工程质量作为前提条件之一，否则要重新安排或采取必要的技术措施。

（7）必须考虑安全生产的要求。在安排施工顺序时，必须力求施工过程的衔接不至于产生不安全因素，以防安全事故的发生。

（8）尽力体现施工过程组织的基本原则。即施工过程的连续性、协调性、均衡性以及经济性。

2. 确定各施工过程的施工方式、方法及施工机具。正确地选择施工方法是确定施工方案的关键。各个施工过程，均可采用各种施工方法进行施工，而每一种方法都有其各自的特点。我们的任务在于从若干可行的施工方法中，选择一个最先进、最可行、最经济的施工方法。选择施工方法的依据主要是：

（1）工程特点。主要指工程项目的规模、构造、工艺要求、技术要求等方面的特点。

（2）工期要求。要明确本工程的总工期或分部工程的工期是属于紧迫、正常、充裕三种情况中的哪一种。

(3) 施工组织条件。主要指气候等自然条件，施工单位的技术水平和管理水平，所需设备、材料、资金等供应的可能性。

对任何工程项目，均有多种施工方法可供选择。例如，沥青表面处治路面的施工，可采用层铺法和拌合法两种；开挖基坑可分为人工开挖和机械开挖两种；主梁安装可采用木扒杆、单导梁、跨墩门架、架桥机等多种施工方法。但究竟采用何种方法，将对施工方案的内容产生巨大影响。

选择施工方法主要是针对主导工程而言，所谓主导工程是指对工期起关键作用的工程项目或工序。制定施工方案，选择施工方法时，一定要抓住关键、突出重点。

在确定施工方法的同时，应明确提出技术措施、质量标准、安全要求。

3. 进行总体设想与安排，其中主要包括空间组织、时间组织、技术组织、生产力组织、施工条件组织、物资组织以及资金组织等方面的总体设想和安排。

四、工程横道图和网络计划图的编制

横道图进度计划法是传统的进度计划方法。横道图计划表中的进度线（横道）与时间坐标相对应，这种表达方式较直观，易看懂计划编制的意图。

横道图，又称为甘特图，是把项目实施计划分为若干项（作业活动或工作单元），用横坐标表示时间，纵坐标表示各项作业活动，每项工作用一横道表示，横道两端表示该项作业活动的起、止时间，其长度即是完成该作业活动所需时间。

横道图进度计划存在一些问题：

工序（工作）之间的逻辑关系可以设法表达，但不易表达清楚；

没有通过严谨的进度计划时间参数计算，不能确定计划的关键工作、关键路线与时差，无法分析工作之间相互制约的数量关系；

不能在进度偏离原订计划时迅简单地进行调整与控制，更无法实行多方案的比选。

尽管横道图有许多缺点，但由于应用起来简单、方便、直观，仍然是目前现场管理中最常见的进度计划方法，在现场施工中被广泛应用。

网络计划技术应用网络计划图表达计划中各项工作的相互关系。它具有逻辑严密，层次清晰，主要矛盾突出等优点，有利于计划的优化、控制和调整，有利于电子计算机在计划管理中应用。

编制网络计划图时，首先将施工项目的施工过程中分解成若干工作，根据工程量及施工定额计算各施工过程的施工天数，以规定的网络符号表达各项工作之间的相互制约和依赖关系，并根据各项工作的开展顺序和相互关系，从左至右排列起来，最后形成的网状图形，就是网络计划图。

【案例 18-2】

1. 背景

某市政工程，合同工期为 10 个月，施工单位根据施工方案绘制网络计划图如下（单位为月）：

2. 问题

(1) 背景资料中的网络计划图属于何种网络计划图？

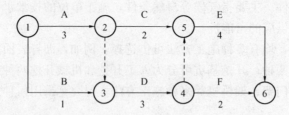

(2) 指出关键线路及关键工作。
(3) 根据网络计划图计算工期，并判断是否满足合同工期要求。
(4) 如果施工中发生工期延误，欲对后续工作的持续时间压缩，应注意哪些？

3. 分析与答案

《工程网络计划技术规程》（JGJ/T 121—99）推荐的常用的工程网络计划类型包括：双代号网络计划、单代号网络计划、双代号时标网络计划是、单代号搭接网络计划。背景资料中的网络计划图属于双代号网络计划图。

计算关键工作有两种方法。一种方法是先计算时间参数，通过时间参数判断关键线路。该工程的时间参数计算结果如下：

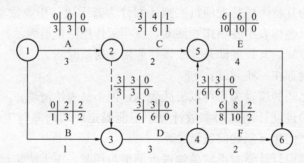

双代号网络计划的关键工作是总时差最小的工作。关键工作相连形成的通路就是关键线路。上图中最小总时差为 0，故关键线路为 1—2—3—4—5—6，关键工作有：A、D、E。

另一种方法是当网络图较为简单时，可分别计算每条线路的持续时间，持续时间最长的线路即为关键线路。对于本工程网络图，线路分别有：1—2—5—6；1—2—3—4—5—6；1—2—3—4—6；1—3—4—5—6；1—3—4—6。每条线路上工作的持续时间分别为：9、10、8、8、6。1—2—3—4—5—6 持续时间最长，所以为关键线路。

根据网络图上的时间参数可得计算工期为 10 个月；也可以根据线路中最长的持续时间确定计算工期。所以，本网络图的计算工期满足合同工期要求。

如果施工中发生工期延误，欲对后续工作的持续时间压缩，应注意：压缩资源有保证的工作；压缩对质量和安全影响不大的工作；压缩追加费用少的工作。

第十九章　城市桥梁工程前期质量控制

第一节　城市桥梁工程施工准备的内容

施工准备工作的基本任务是为桥梁工程的施工建立必要的技术和物资条件，统筹安排施工力量和施工现场。施工准备通常包括技术准备、劳动组织准备、物资准备和施工现场准备等工作。

一、技术准备

技术准备是施工准备的核心。由于任何技术上的差错和隐患都可能危及人身安全和造成质量事故，带来生命、财产和经济的巨大损失，因此必须认真做好技术准备工作。

1. 熟悉设计文件、研究施工图纸、进行现场核对

施工单位在收到拟建工程的设计图纸和有关技术文件后，应尽快组织工程技术人员熟悉、研究所有技术文件和图纸，全面领会设计意图；检查图纸与其各组成部分之间有无矛盾和错误；在几何尺寸、坐标、标高、说明等方面是否一致；技术要求是否正确；并与现场情况进行核对。同时要作出详细记录，记录应包括对设计图纸的疑问和有关建议。

2. 原始资料的进一步调查分析

对拟建工程进行实地勘察，进一步获得有关原始数据的第一手资料，这对于正确选择施工方案、制定技术措施、合理安排施工顺序和施工进度计划是非常必要的。

（1）自然条件的调查分析

1）地质应了解的主要内容有：地质构造、墩（台）位处的基岩埋深、岩层状态、岩石性质、覆盖层土质、土的性质和类别、地基土的承载力、土的冻结深度、妨碍基础施工的障碍物、地震级别和烈度等。

2）水文应了解的主要内容有：河流流量和水质、年水位变化情况、最高洪水位和最低枯水位的时间及持续时间、流速和漂浮物、地下水位的高低变化、含水层的厚度和流向；冰冻地区的河流封冻时间、融冰时间、流冰水位、冰块大小；受潮汐影响河流或水域中潮水的涨落时间、潮水位的变化规律和潮流等情况。

3）气象调查的内容一般包括：气温、气候、降雨、降雪、冰冻、台风（含龙卷风、雷雨大风等突发性灾害）、风向、风速等变化规律及历年记录；冬、雨期的期限及冬期地层冻结厚度等情况。

4）施工现场的地形地物对建设单位提供的工程区域的交通和工程地点沿线附近建筑物、地下构筑物、公用管线等资料进行周密的调查和复核，如有影响施工及安全的应采取应对措施，并经建设单位或（和）监理批准后实施。

（2）技术经济条件的调查分析

主要内容包括：施工现场动迁状况、当地可利用的地方材料状况、国拨材料供应状

况、地方能源和交通运输状况、地方劳动力和技术水平状况、当地生活物资供应状况、可提供的施工用水用电状况、设备租赁状况、当地消防治安状况及分包单位的实力状况等。

3. 施工前的设计技术交底

设计技术交底一般由建设单位（业主）主持，设计、监理和施工单位（承包商）参加。先由设计单位说明工程的设计依据、意图和功能要求，并对特殊结构、新材料、新工艺和新技术提出设计要求，进行技术交底。然后施工单位根据研究图纸的记录以及对设计意图的理解，提出对设计图纸的疑问、建议和变更。最后在统一认识的基础上，对所探讨的问题逐一做好记录，形成"设计技术交底纪要"，由建设单位正式行文，参加单位共同会签盖章，作为与设计文件同时使用的技术文件和指导施工的依据，以及建设单位与施工单位进行工程结算的依据。当工程为设计施工总承包时，应由总承包人主持进行内部设计技术交底。

4. 制定施工方案、进行施工设计

在全面掌握设计文件和设计图纸，正确理解了设计意图和技术要求，以及进行了以施工为目的各项调查之后，应根据进一步掌握的情况和资料，对投标时初步拟定的施工方法和技术措施等进行重新评价和深入研究，以制定出详尽的更符合现场实际情况的施工方案。施工方案一经确定，即可进行各项临时性结构的施工设计，诸如基坑围堰、浮运沉井和钢围堰的制造场地及下水、浮运、就位、下沉等设施，钻孔桩水上工作平台，连续梁桥顶推施工的台座和预制场地，悬浇桥梁的挂篮，导梁或架桥机，模板、支架及脚手架，自制起重吊装设备，施工便桥便道及装卸码头等的设计。施工设计应在保证安全的前提下尽量考虑使用现有材料和设备，因地制宜，使设计出的临时结构经济适用、装拆简便、通用性强。

5. 编制施工组织设计

编制施工组织设计见第三节第二部分内容。

6. 编制施工预算

施工预算是根据施工图纸、施工组织设计或施工方案、施工定额等文件进行编制的。施工预算是施工企业内部控制各项成本支出、考核用工、签发施工任务单、限额领料以及基层进行经济核算的依据，也是制订分包合同时确定分包价格的依据。

二、劳动组织准备和物资准备

1. 劳动组织准备

（1）建立组织机构

确定组织机构应遵循的原则是：根据建设工程项目的规模、结构特点和复杂程度来决定机构中各职能部门的设置，人员的配备应力求精干，以适应任务的需要。坚持合理分工与密切协作相结合，使之便于指挥和管理，分工明确，责权具体。

（2）合理设置施工班组

施工班组的建立应认真考虑专业和工种之间的合理配置，技工和普工的比例要满足合理的劳动组织，并符合流水作业方式的要求，同时制定出该工程的劳动力需要量计划。

（3）集结施工力量，组织劳动力进场

进场后应对工人进行技术、安全操作规程以及消防、文明施工等方面的培训教育。

(4) 施工组织设计、施工计划和施工技术的交底

在单位工程或分部分项工程开工之前,应将工程的设计内容、施工组织设计、施工计划和施工技术等要求,详尽地向施工班组和工人进行交底,以保证工程能严格按照设计图纸、施工组织设计、施工技术规范、安全操作规程和施工验收规范等要求进行施工。交底工作应按照管理系统自上而下逐级进行,交底的方式有书面、口头和现场示范等形式。交底的内容主要有:工程的施工进度计划、月(旬)作业计划;施工组织设计,尤其是施工工艺、安全技术措施、降低成本措施和施工验收规范的要求;新技术、新材料、新结构和新工艺的实施方案和保证措施;有关部位的设计变更和技术核定等事项。

(5) 建立健全各项管理制度

内容包括:技术质量责任制度、工程技术档案管理制度、施工图纸学习与会审制度、技术交底制度、各部门及各级人员的岗位责任制、工程材料和构件的检查验收制度、工程质量检查与验收制度、材料出入库制度、安全操作制度、机具使用保养制度等。

2. 物资准备工作的内容主要包括:

(1) 工程材料的准备,如钢材、木材、水泥、砂石材料等。

(2) 工程施工设备的准备。

(3) 其他各种小型生产工具、小型配件等的准备。

三、施工现场准备

施工现场的准备工作,主要是为工程的施工创造有利的施工条件和物资保证。其具体内容如下:

1. 施工控制网测量

按照勘察设计单位提供的桥位总平面图和实测图控制网中所设置的基线桩、水准标点以及重要标志的保护桩等资料,进行三角控制网的复测,并根据桥梁结构的精度要求和施工方案,补充加密施工所需要的各种标桩,建立满足施工要求的平面和立面施工测量控制网。

2. 补充钻探

桥梁工程在初步设计时所依据的地质钻探资料往往因钻孔较少、孔位过远而不能满足施工的需要,因此必须对有些地质情况不甚明了的墩位进行补充钻探,以查明墩位处的地质情况和可能的隐蔽物,为基础工程的施工创造有利条件。

3. 搞好"四通一平"

"四通一平"是指水通、电通、通信通、路通和场地平整。为了蒸汽养护的需要以及在寒冷冰冻地区,还要考虑暖气供热的要求。

4. 建造临时设施

按照施工总平面图的布置,建造所有生产、办公、生活、居住和储存等临时用房,以及临时便道、码头、混凝土拌合站、构件预制场地等。

5. 安装调试施工机具

对所有施工机具都必须在开工之前进行检查和试运转。

6. 材料的试验和储存堆放

按照材料的需要量计划,应及时提供材料的试验申请计划,如混凝土和砂浆的配合比

和强度、钢材的机械性能等试验,并组织材料进场,按规定的地点和指定的方式进行储存堆放。

7. 新技术项目的试制和试验

按照设计文件和施工组织设计的要求,认真组织新技术项目的试验研究。

8. 冬期、雨期施工安排

按照施工组织设计的要求,落实冬期、雨期施工的临时设施和技术措施,做好施工安排。

9. 消防、保安措施

建立消防、保安等组织机构和有关的规章制度,布置安排好消防保安等措施。

10. 建立健全施工现场各项管理制度

根据工程特点,制定施工现场必要的各项规章制度。

11. 办理同意施工的手续

应遵守施工当地市政工程管理部门、交通管理部门的管理要求,办妥一切要求办理的同意施工的手续。

第二节　城市桥梁工程施工方案与质量计划编制

应依据招标、投标文件,施工合同,设计文件及有关规范,在深入调查的基础上,根据工程特点、本企业具体条件,抓住主要环节,编制施工组织设计。

一、施工组织设计

施工组织设计一般包括以下内容:①编制说明;②编制依据;③工程概况和特点;④施工准备工作;⑤施工方案(含专项设计);⑥施工进度计划;⑦工料机需要量及进场计划;⑧资金供应计划;⑨施工平面图设计;⑩施工管理机构及劳动力组织;⑪季节性施工的技术组织保证措施;⑫质量计划;⑬有关交通、航运安排;⑭公用事业管线保护方案;⑮安全措施;⑯文明施工和环境保护措施;⑰技术经济指标等。

二、工程概况

工程概况是对桥梁的工程规模、结构特点、桥位特征和施工条件等所作的一个简要的、突出重点的文字介绍。一般还需附以工程的简图(如桥位、桥型布置图和上下部主要结构的尺寸图等)和主要工程量一览表。不同类型的结构、不同条件下的桥梁工程施工,均有其不同的施工特点,因此还需对其特点进行分析,指出施工中的关键问题,以便在选择施工方案、组织物资供应和技术力量配备等方面采取有效措施。

三、施工方案

施工方案是施工组织设计的核心部分,主要包括施工方法的确定、施工机具的选择、施工顺序的确定等方面的内容。

1. 施工方法的确定

施工方法是施工方案中的关键问题,它直接影响施工进度、质量、安全和工程成本。

确定施工方法应注意突出重点：
　　（1）工程量大，在整个工程中占重要地位的分部分项工程；
　　（2）施工技术复杂的项目；
　　（3）采用新技术、新工艺及对工程质量起关键作用的项目；
　　（4）不熟悉的特殊结构或工人在操作上不够熟练的工序。在确定施工方法时，应详细而具体，不仅要拟订出操作过程和方法，还应提出质量要求和技术措施，必要时应单独编制施工作业计划。

　　2. 施工机具的选择
　　施工方法的确定往往取决于施工机械。因此，应将施工机械的选择与施工方法的确定进行综合考虑。施工机械选择的一般思路是：根据工程特点，先在本单位内选择适宜的主导和配套施工机械，不能满足施工要求时，再考虑租赁或购买。要尽可能选择通用的标准机械。

　　3. 施工顺序的确定
　　桥梁工程在确定施工顺序时，应考虑当地水文、地质和气候的影响，满足施工的质量、安全、程序、工艺、组织要求，使之与施工方法和施工机械相协调；应尽量安排流水或部分流水作业，以充分发挥劳力和机具的效率，使工期最短。

　　4. 专项设计
　　大型桥梁工程应有针对单项工程施工需要的专项设计，如模板及支架设计、地下沟槽支撑设计、降水设计、施工便桥、便线设计、箱涵顶进后背设计、预应力混凝土钢筋张拉设计、大型预制构件吊装设计、混凝土施工浇筑方案设计、设备安装方案设计等。

四、施工进度计划

　　在既定施工方案的基础上，根据规定工期和各种资源供应条件，按照施工过程的合理施工顺序及组织施工的原则，对工程从施工准备工作开始直到工程竣工为止的全部施工过程，利用横道图、垂直图或网络图等形式来确定其全部施工过程在时间和空间上的安排、相互间配合关系以及各工序之间的衔接关系。施工进度计划的主要作用是：统筹全局，指导全部施工生产活动，控制工程的施工进度；为编制季度、月度生产作业计划，确定劳动力和各种资源需要量计划等提供依据。

　　施工进度计划编制的一般步骤为：
　　（1）确定施工过程；
　　（2）计算工程量；
　　（3）确定劳动量和机械台班数；
　　（4）确定各施工过程的作业天数；
　　（5）编制施工进度计划；
　　（6）编制主要工种劳动力需要量计划及施工机械、主材、构件、加工品等的需要量计划。

五、施工平面图

　　施工平面图是施工组织设计的重要组成部分，绘制比例为 1∶500～1∶2000。施工平

面图的设计步骤为:
(1) 收集分析研究原始资料;
(2) 确定搅拌站、仓库和材料、构件堆场的位置及尺寸;
(3) 布置运输道路;
(4) 布置生产、生活用临时设施;
(5) 布置临时给排水、用电管网;
(6) 布置安全、消防设施。

六、质量计划

桥梁工程的质量计划往往与施工组织设计结合在一起编写。通常的做法是在编制施工方案、技术保证措施、质量保证措施等内容时,将质量计划要求的内容结合在一起写进去。以编写钻孔灌注桩施工方案为例,循着钻孔灌注桩施工工艺流程的每一工序,都可以写出施工要求、质量要求,检验、试验、测量、验证方法或程序,记录要求、表式,整个钻孔灌注桩施工方案应该遵守的技术规范。方案有了这些内容,就基本满足了质量计划的编写要求。

【案例 19-1】

1. 背景

在某城市的城区拟建一定向匝道桥,上跨既有立交桥。该匝道桥分跨为:$12 \times 25m + (28m + 40m + 28m) + 12 \times 25m$,主跨为三跨钢与混凝土组合梁,引桥为预应力混凝土工字梁,两侧桥头路长各 10m,采用装配式钢筋混凝土挡墙。桥宽为 9.0m、分界墩为钢筋混凝土 T 形墩、中间墩为钢筋混凝土圆柱形墩,在钢筋混凝土承台下为钻孔灌注桩,施工工期为:5 月 1 日~10 月 1 日。

2. 问题

应怎样考虑本桥梁施工组织设计的内容?

3. 分析与答案

按编制施工组织设计的要求,结合该桥梁工地的特点,应着重研究如下几方面的问题:

(1) 详细了解桥位处的工程地质、水文地质、河流水文、地下管线、地上拆迁、附近建筑物、交通、施工场地、工地用水用电等情况;

(2) 基础的施工方法的选择应尽量减少对周围居民生活以及周围环境的影响;

(3) 对于用量大的预制梁应选择好构件厂,并应详细了解当地现有的吊装设备及运输情况;

(4) 预应力钢与混凝土组合连续梁是技术复杂的工程,应对钢梁的预制、吊装、临时支架的搭设、浇筑与张拉次序、拆架的时机进行充分研究并应做出详细的施工作业计划;

(5) 在安排施工进度时,应考虑工期经过雨期的特点;

(6) 地处繁华地区,应结合工序、临时支架位置等因素组织好交通。

第二十章　城市桥梁工程施工质量控制

第一节　桥梁混凝土工程施工的技术要求

一、钢筋预应力梁桥预拱度偏差的防治

（一）原因分析

1. 现浇梁：由于支架的形式多样，对地基在荷载作用下的沉陷、支架弹性变形混凝土梁挠度等计算所依据的一些参数均是建立在经验值上的，因此计算得到的预拱度往往与实际发生的有一定的差距。

2. 预制梁：一方面由于混凝土强度的差异、混凝土弹性模量不稳定导致梁的起拱值的不稳定，施加预应力时间差异、架梁时间不一致，导致预拱度计算各种假定条件与实际情况不一致，造成预拱度的偏差。另一方面理论计算公式本身是建立在一些试验数据的基础上的，理论计算与实际本身存在细微偏差。如用标准养护的混凝土试块弹性模量作为施加张拉条件。当标准养护的试块强度达到设计的张拉强度时，由于梁板养护条件不同，其弹性模量可能尚未达到设计值，导致梁的起拱值大。千斤顶张拉力误差、钢绞线弹性模量偏差都会引起预制梁的预应力的偏差，进而引起预拱度偏差。实际预应力超过设计预应力易引起大梁的起拱值大，且出现裂缝。第三是施工工艺的原因，如波纹管竖向偏位过大，造成零弯矩轴偏位，则最大正弯矩发生变化较大导致梁的起拱值过大或过小。

（二）预拱度偏差防治措施

1. 提高支架基础、支架及模板的施工质量，确保模板的标高无偏差；
2. 加强施工控制，及时调整预拱度误差；
3. 严格控制张拉时的混凝土强度，控制张拉的试块与梁板同条件养护，对于预制梁还需控制混凝土的弹性模量；
4. 要严格控制预应力筋在结构中的位置，波纹管的安装定位应准确；控制张拉时的应力值，按要求的时间持荷；
5. 张拉千斤顶定期标定，钢绞线伸长值的计算应采用同批钢绞线弹性模量的实测值；
6. 预制梁存梁时间不宜过长，控制预制梁与桥面系铺装的龄期差。

二、钢筋混凝土结构构造裂缝的防治

（一）原因分析

钢筋混凝土结构的构造裂缝是指由于结构非荷载原因产生混凝土结构物表面裂缝，影响因素有：

1. 材料原因

（1）水泥质量不好，如水泥安定性不合格；浇筑后导致产生不规则的裂缝；

(2) 骨料含泥量过大时,随着混凝土干燥、收缩,出现不规则的花纹状裂缝;

(3) 骨料为风化性材料时,将形成以骨料为中心的锥形剥落。

2. 施工原因

(1) 混凝土搅拌时间过长,运输时间过长,导致整个结构产生细裂缝;

(2) 模板移动鼓出将使混凝土浇筑后不久产生与模板移动方向平行的裂缝;

(3) 基础与支架的强度、刚度、稳定性不够引起支架下沉、不均匀下沉,脱模过早,导致混凝土浇筑后不久产生裂缝,并且宽度也较大;

(4) 接头处理不当,导致施工缝变成裂缝;

(5) 养护问题,塑性收缩状态将会在混凝土表面发生方向不定的收缩裂缝,这类裂缝尤以大风、干燥天气最为明显;

(6) 在混凝土高度急变以及钢筋保护层较小部位,由于振捣或析水过多造成沿钢筋方向的裂缝;

(7) 大体积混凝土未采用缓凝和降低水泥水化热的措施,使用了早强水泥的混凝土,受水化热的影响浇筑后 2~3d 导致结构中产生裂缝;同一结构物的不同位置温差大,导致混凝土凝固时因收缩所产生的收缩应力超过混凝土极限抗拉强度或内外温差大,表面抗拉应力超过混凝土极限抗拉强度而产生裂缝;

(8) 水灰比大的混凝土,由于干燥收缩,在龄期 2~3 个月内产生裂缝。

(二) 防治措施

1. 选用优质的水泥及优质骨料;

2. 合理设计混凝土的配合比,改善骨料级配、降低水灰比、掺和粉煤灰等混合材料、掺加缓凝剂;在工作条件能满足的情况下,尽可能采用较小水灰比及较低坍落度的混凝土;

3. 避免混凝土搅拌很长时间后才使用;

4. 加强模板的施工质量,避免出现模板移动、鼓出等问题;

5. 基础与支架应有较好的强度、刚度、稳定性并应采用预压措施;避免出现支架下沉,模板的不均匀沉降和脱模过早;

6. 混凝土浇筑时要振捣充分,混凝土浇筑后要加强养护工作,及时养护;

7. 大体积混凝土应优选矿渣水泥、粉煤灰水泥等低水化热水泥;采用遮阳凉棚的降温措施以降低混凝土水化热、推迟水化热峰值出现;同一结构物的不同位置温差应在设计允许范围内。

三、桥梁伸缩缝病害的防治

(一) 原因分析

桥梁伸缩缝是使车辆平稳通过桥面并且满足桥梁结构变形的一整套装置,由于它是桥梁结构间过渡以及桥梁结构与桥台过渡的可伸缩连接装置,一方面要满足桥梁结构伸缩功能,另一方面要满足车辆通行的承载需要。桥梁伸缩缝受力复杂,是结构中的薄弱环节,经常出现竣工后不久即发生损坏。导致损坏的因素有:

1. 交通流量增大,超载车辆增多,超出了设计值。

2. 设计因素包括:将伸缩缝的预埋钢筋锚固于刚度薄弱的桥面板中;伸缩设计量不

足，以致伸缩缝选型不当；设计对伸缩装置两侧的填充混凝土、锚固钢筋设置、质量标准未作出明确的规定；对于大跨径桥梁伸缩缝结构设计技术不成熟；对于锚固件胶结材料选择不当，导致金属结构锚件锈蚀，最终损坏伸缩缝装置。

3. 施工因素包括：施工工艺缺陷；锚固焊接施工质量；赶工期忽视质量检查；伸缩装置两侧填充混凝土强度、养护时间、粘结性和平整度未能达到设计标准。伸缩缝安装不合格。

4. 管理维护因素包括：通行期间，填充到伸缩缝内的外来物未能及时清除，限制伸缩缝功能导致额外内力形成；轻微的损害未能及时维修，加速了伸缩缝的破坏；超重车辆上桥行驶，给伸缩缝的耐久性带来威胁。

（二）防治措施

1. 在设计方面，精心设计，选择合理的伸缩装置。
2. 提高对桥梁伸缩装置施工工艺的重视程度，严格按施工工序和工艺标准的要求施工。
3. 提高对锚固件焊接施工质量的控制。
4. 提高后浇混凝土或填缝料的施工质量，加强填缝混凝土的振捣密实，确保混凝土达到设计的强度标准，应及时养护，无空隙、空洞。
5. 避免伸缩装置两侧的混凝土与桥面系的相邻部位结合不紧密。

四、桥头跳车的防治

（一）原因分析

桥头跳车原因是由于桥台为刚性体，桥头路基为塑性体，在车辆长期通过的影响及路基填土自然固结沉降下，桥台与桥头路基形成了高差导致桥头跳车。主要影响因素有：

1. 台后地基强度与桥台地基强度不同，台后地基在路堤荷载作用下固结压缩；
2. 桥台基坑空间狭小，回填土压实度不够；
3. 桥头路堤及堆坡范围内地表填前处理不彻底；
4. 路堤自然固结沉降；
5. 台后填土材料不当，或填土含水量过大，压实度达不到标准；
6. 路面水渗入路基，使路基土软化，水土流失造成桥头路基引道下沉；
7. 软基路段台前预压长度不足，软基路段桥头堆载预压卸载过早，软基路段桥头处软基处理深度不到位，质量不符合设计要求。

（二）防治措施

1. 改善地基性能，提高地基承载力，减少地基沉降；
2. 桥台基坑采用合适的小型压实机械夯实，选用优质回填料；
3. 对桥头路堤及堆坡范围内地表做好填前处理，清除地表不适宜填筑路堤的表土；
4. 路堤提前施工，留有必要的自然固结沉降期；
5. 台后填料选择透水性砂砾料或石灰、水泥改善料，控制填土含水量，提高桥头路基压实度。

五、桥梁混凝土工程季节性施工的技术要求

桥梁工程与其他土木工程一样，包含大量混凝土、钢筋混凝土及预应力混凝土结构。因而混凝土浇筑质量是桥梁工程质量的关键之一。在正常的环境条件下，混凝土工程按常规的施工技术要求施筑，可以获得预期的工程质量；在高温期、雨期或冬期的自然条件下，除遵守常规的技术要求外，还必须严格遵守以下特殊施工技术要求。

（一）高温期施工技术要求

1. 混凝土的配制

（1）采取遮阴和降温措施，降低混凝土的原材料及水的温度。

（2）恰当减少水泥用量，掺加粉煤灰等活性材料和减水剂。

（3）注意因气温高、水分蒸发快引起的原材料含水量损失，保持准确的配合比。

2. 混凝土的运输与浇筑

（1）尽量缩短运输时间，宜采用搅拌车运送，中途不得加水。

（2）充分做好浇筑准备，保证以最短的时间连续浇筑完毕。

（3）选择一天内气温较低的时候浇筑，浇筑温度应低于32℃。

（4）浇筑现场尽量遮阴，并采取措施降低模板与钢筋的温度。

（5）尽快完成混凝土修整工序，并可采取间接喷水雾的方法预防修整过程中混凝土表面出现裂纹。

3. 混凝土养护

按一般养护要求进行养护，同时还应注意：

（1）不单独用专用养护膜覆盖法养护高强混凝土。

（2）宜采用自动喷水、喷雾方式进行不间断保湿养护。

（3）混凝土初凝前用塑料膜及时覆盖，初凝后撤去塑料膜，换麻袋覆盖，洒水养护，至少保持7d，并尽量遮光、挡风。

（4）构筑物竖面拆模后用湿麻布外包塑料膜包裹，保湿7d以上。

4. 施工时检查项目

（1）至少每班检查一次砂、石料含水量。

（2）至少每日4次检查环境温度，并做记录，超过允许值应停止施工。

（3）混凝土应留两批试样，一批标养，另一批在结构物环境下养护，28d试压。

（4）混凝土浇筑前，应通过试验确定最高气温条件下混凝土分层浇筑的覆盖时间。

（5）高温期浇筑混凝土常用的缓凝剂剂量要严格控制。

（二）雨期施工的技术要求

1. 在降雨集中的季节施工混凝土工程，必须随时搜集天气预报资料，指导工程施工的安排，以尽量避免风雨对水泥和钢筋等原材料的危害和用电的危害。

2. 做好防潮、防漏、排水和防洪工作，做好抢险措施准备。

3. 雨期混凝土工作面不宜过大，应逐段片分期施工。

4. 有洪水危害的工程应停止施工。

5. 加强地基不良地段的沉降观测，发现问题及时处理。

6. 基坑挖好后应及时浇筑混凝土或垫层，防止被水浸泡。

7. 基坑上边线要设挡水埂，防止地面水流入基坑。
8. 基坑应设集水井，配足抽水泵，坡道有截水措施。
9. 施工前检查和疏通现场排水系统。
10. 雨后及时清除模板和钢筋上的污物。
11. 雷区应有防雷措施，台风区要有防风措施，露天设备要有防漏电措施。
12. 注意因降雨、受水浸引起砂、石材料含水量增大，保持准确的混凝土配合比。

（三）冬期施工的技术要求

1. 基本要求

（1）日平均气温连续 5d 低于 5℃时的混凝土工程，需采取冬期施工措施。

（2）施工现场环境温度低于－2℃超过 2h 的情况也在此列。

（3）冬期施工应做好设施和材料的防雪、防冻措施。

（4）冬期施工时，硅酸盐水泥或普通硅酸盐水泥配制的混凝土，在抗压强度达到设计强度的 40%且不低于 5MPa 前以及矿渣硅酸盐水泥配制的混凝土，在设计强度的 50%且不低于 5MPa 前，均不得受冻。

（5）及时掌握气象资料，做好防冻、保温工作。

2. 混凝土配制

（1）冬期混凝土宜优先选用强度等级在 42.5 级以上的硅酸盐水泥、普通硅酸盐水泥；水灰比一般不应大于 0.45；采用蒸养时，则宜选用矿渣硅酸盐水泥。用加热法养护掺外加剂的混凝土，严禁用高铝水泥。用其他品种的水泥时，应注意掺合料对混凝土强度、抗冻、抗渗性能的影响。

（2）宜掺用引气剂、引气型减水剂等，以提高混凝土的抗冻性，但不适用于预应力混凝土。

（3）在钢筋混凝土中掺用含氯盐的防冻剂时，要按相关规定，严格控制氯离子不超标，且不得蒸养；预应力混凝土禁用含氯盐防冻剂。

（4）所用引气剂、减水剂和防冻剂一律应符合国家标准。

（5）混凝土拌合时的温度应满足需要，否则应分别对水和集料加热，但不得超过允许的最高温度。

（6）混凝土拌合时，集料不得带冰、雪。要严格控制集料的含水量，保证混凝土配合比准确。

3. 混凝土运输、浇筑与养护

（1）混凝土运输时间尽量短，要有保温措施。

（2）浇筑之前先清除模板、钢筋上的冰雪、污垢。

（3）养护时严格保温：蓄热法时不低于 10℃，蒸养法时不低于 5℃，细薄构件不低于 8℃。

（4）新旧混凝土结合面，应在浇筑前对该面预热至 5℃以上，并在浇筑完成后保持正温度。

（5）养护方法应根据技术经济比较和热工计算确定。

（6）常用方法有蓄热法、蒸汽养护法、电热法和暖棚法。

（7）掺用防冻剂的混凝土养护，应注意：负温下严禁浇水，结构表面必须覆盖养护；

当达不到防冻剂容许的最低温度且混凝土强度低于 3.5MPa 时，应加热保温养护；拆模时混凝土表面与环境的温差大于 15℃时，应立即覆盖保温养护。

第二节　桥梁工程预应力张拉质量控制要求

一、先张法

先张法施工工艺是在预制构件时，先在台座上张拉力预应筋，然后支模浇筑混凝土使构件成型的施工方法。先张法张拉预应力筋，分单根张拉和多根张拉；单向张拉和双向张拉。张拉一般操作过程为：调整预应力筋长度、初始张拉、正式张拉、持荷、锚固。

（一）台座

先张法墩式台座结构应符合下列规定：

1. 承力台座须具有足够的强度和刚度，其抗倾覆安全系数应不小于 1.5，抗滑移系数应不小于 1.3。

2. 横梁须有足够的刚度，受力后挠度应不大于 2mm。

（二）预应力筋铺放与张拉

1. 在台座上铺放预应力筋时，应采取措施防止沾污预应力筋。

2. 张拉前，应对台座、横梁及各项张拉设备进行详细检查，符合要求后方可进行操作。

3. 同时张拉多根预应力筋时，应预先调整其初应力，使相互之间的应力一致；张拉过程中，应使活动横梁与固定横梁始终保持平行，并应抽查预应力筋的预应力值，其偏差的绝对值不得超过按一个构件全部预应力筋预应力总值的 5%。

4. 预应力筋张拉完毕后，与设计位置的偏差不得大于 5mm，同时不得大于构件最短边长的 4%。

5. 预应力筋的张拉程序应符合设计要求。

6. 张拉时，对钢丝、钢绞线而言，同一构件内断丝数不得超过钢丝总数的 1%；对钢筋而言，不容许断筋。

（三）放张

1. 预应力筋放张时的混凝土强度须符合设计规定，设计未规定时，不得低于设计的混凝土强度等级值的 75%。

2. 预应力筋的放张顺序应符合设计要求，设计未规定时，应分阶段、对称、相互交错地放张。在预应力筋放张之前，应将限制位移的侧模、翼缘模板或内模拆除。

3. 多根整批预应力筋的放张，可采用砂箱法或千斤顶法。用砂箱放张时，放砂速度应均匀一致；用千斤顶放张时，放张宜分数次完成。单根钢筋采用拧松螺母的方法放张时，宜先两侧后中间，并不得一次将一根预应力筋松完。

4. 钢筋放张后，可用乙炔-氧气切割，但应采取措施防止烧坏钢筋端部。钢丝放张后，可用切割、锯断或剪断的方法切断；钢绞线放张后，可用砂轮锯切断。

长线台座上预应力筋的切断顺序，应由放张端开始，逐次切向另一端。

二、后张法

后张法是在混凝土构件达到一定的强度后,在构件预留孔道中穿入预应力筋,用机械张拉,使预应力筋对混凝土构件施加应力。

(一) 预留孔道

1. 预应力筋预留孔道的尺寸与位置应正确,孔道应平顺,端部的预埋钢垫板应垂直于孔道中心线。

2. 管道应采用定位钢筋固定安装,使其能牢固地置于模板内的设计位置,并在混凝土浇筑期间不产生位移。固定各种成孔管道用的定位钢筋的间距,对于钢管不宜大于1m;对于波纹管不宜大于0.8m;对于胶管不宜大于0.5m;对于曲线管道宜适当加密。

3. 金属管道接头处的连接管宜采用大一个直径级别的同类管道,其长度宜为被连接管道内径的5～7倍。连接时应不使接头处产生角度变化及在混凝土浇筑期间发生管道的转动或移位,并应缠裹紧密,防止水泥浆的渗入。

4. 所有管道均应设压浆孔,还应在最高点设排气孔及需要时在最低点设排水孔。压浆管、排气管和排水管应是最小内径为20mm的标准管或适宜的塑性管,与管道之间的连接应采用金属或塑料结构扣件,长度应足以从管道引出结构物以外。

5. 管道在模板内安装完毕后,应将其端部盖好,防止水或其他杂物进入。

(二) 预应力筋安装

1. 预应力筋可在浇筑混凝土之前或之后穿入管道,对钢绞线可将一根钢束中的全部钢绞线编束后整体装入管道中,也可逐根将钢绞线穿入管道。穿束前应检查锚垫板和孔道,锚垫板应位置准确,孔道内应畅通,无水和其他杂物。

2. 预应力筋安装后的保护:

(1) 对在混凝土浇筑及养护之前安装在管道中但在下列规定时限内没有压浆的预应力筋,应采取防止锈蚀或其他防腐蚀的措施,直至压浆。

不同暴露条件下,未采取防腐蚀措施的预应力筋在安装后至压浆时的容许间隔时间如下:

1) 空气湿度大于70%或盐分过大时,7d;

2) 空气湿度40%～70%时,15d;

3) 空气湿度小于40%时,20d。

(2) 在预应力筋安装在管道中后,管道端部开口应密封以防止湿气进入。采用蒸汽养护时,在养护完成之前不应安装预应力筋。

(3) 在任何情况下,当在安装有预应力筋的构件附近进行电焊时,对全部预应力筋和金属件均应进行保护,防止溅上焊渣或造成其他损坏。

3. 对在混凝土浇筑之前穿束的管道,预应力筋安装完成后,应进行全面检查,以查出可能被损坏的管道。在混凝土浇筑之前,必须将管道上一切非有意留的孔、开口或损坏之处修复,并应检查预应力筋能否在管道内自由滑动。

(三) 张拉

1. 对预应力筋施加预应力之前,应对构件进行检验,外观和尺寸应符合质量标准要求。张拉时,构件的混凝土强度应符合设计要求,设计未规定时,不应低于设计强度等级值的75%。

2. 预应力筋的张拉顺序应符合设计要求，当设计未规定时，可采取分批、分阶段对称张拉。

3. 应使用能张拉多根钢绞线或钢丝的千斤顶同时对每一钢束中的全部力筋施加应力，但对扁平管道中不多于4根的钢绞线除外。

4. 预应力筋张拉端的设置应符合设计要求，当设计无具体要求时，应符合下列规定：

（1）对曲线预应力筋或长度大于等于25m的直线预应力筋，宜在两端张拉；对长度小于25m的直线预应力筋，可在一端张拉。

（2）曲线配筋的精轧螺纹钢筋应在两端张拉，直线配筋的可在一端张拉。

（3）当同一截面中有多束一端张拉的预应力筋时，张拉端宜分别设置在构件的两端。预应力筋采用两端张拉时，可先在一端张拉锚固后，再在另一端补足预应力值进行锚固。

5. 后张预应力筋的张拉程序应符合设计要求。

6. 后张预应力筋断丝及滑移，对钢丝、钢绞线而言，同一构件内断丝数不得超过钢丝总数的1%，每索断丝或滑丝不得大于1根；对钢筋而言，不容许滑移或断筋。

7. 预应力筋在张拉控制应力达到稳定后方可锚固。预应力筋锚固后的外露长度不宜小于30mm，锚具应用封锚混凝土保护，当需长期外露时，应采取防止锈蚀的措施。一般情况下，锚固完毕并经检验合格后即可切割端头多余的预应力筋，严禁用电弧焊切割，强调用砂轮机切割。

（四）后张孔道压浆

1. 预应力筋张拉后，孔道应尽早压浆。

2. 孔道压浆宜采用水泥浆，所用材料应符合下列要求：

（1）水泥宜采用硅酸盐水泥或普通水泥。采用矿渣水泥时，应加强检验，防止材性不稳定。水泥的强度等级不宜低于42.5。水泥不得含有任何团块。

（2）水

应不含有对预应力筋或水泥有害的成分，每升水不得含500mg以上的氯化物离子或任何一种其他有机物。可采用清洁的饮用水。

（3）外加剂

宜采用具有低含水量、流动性好、最小渗出及膨胀性等特性的外加剂，它们不得含有对预应力筋或水泥有害的化学物质。外加剂的用量应通过试验确定。

3. 水泥浆的强度应符合设计规定，设计无具体规定时，应不低于30MPa。对截面较大的孔道，水泥浆中可掺入适量的细砂。水泥浆的技术条件应符合下列规定：

（1）水灰比宜为0.40~0.45，掺入适量减水剂时，水灰比可减小到0.35。

（2）水泥浆的泌水率最大不得超过3%，搅拌后3h泌水率宜控制在2%，泌水应在24h内重新全部被浆吸回。

（3）通过试验后，水泥浆中可掺入适量膨胀剂，但其自由膨胀率应小于10%。

（4）水泥浆稠度宜控制在14~18s之间。

4. 孔道的准备

压浆前，应对孔道进行清洁处理。对抽芯成型的混凝土空心孔道应冲洗干净并使孔壁完全湿润；金属管道必要时亦应冲洗以清除有害材料；对孔道内可能发生的油污等，可采用已知对预应力筋和管道无腐蚀作用的中性洗涤剂或皂液，用水稀释后进行冲洗。冲洗后，应使用不含油的压缩空气将孔道内的所有积水吹出。

5. 水泥浆自拌制至压入孔道的延续时间，视气温情况而定，一般在 30～45min 范围内。水泥浆在使用前和压注过程中应连续搅拌。对于因延迟使用所致的流动度降低的水泥浆，不得通过加水来增加其流动度。

6. 压浆时，对曲线孔道和竖向孔道应从最低点的压浆孔压入，由最高点的排气孔排气和泌水。压浆顺序宜先压注下层孔道。

7. 压浆应缓慢、均匀地进行，不得中断，并应将所有最高点的排气孔依次一一放开和关闭，使孔道内排气通畅。较集中和邻近的孔道，宜尽量先连续压浆完成，不能连续压浆时，后压浆的孔道应在压浆前用压力水冲洗通畅。

8. 对掺加外加剂泌水率较小的水泥浆，通过试验证明能达到孔道内饱满时，可采用一次压浆的方法；不掺外加剂的水泥浆，可采用二次压浆法，两次压浆的间隔时间为 30～45min。

9. 压浆应使用活塞式压浆泵，不得使用压缩空气。压浆的最大压力宜为 0.5～0.7MPa；当孔道较长或采用一次压浆时，最大压力宜为 1.0MPa，梁体竖向预应力筋孔道的压浆最大压力可控制在 0.3～0.4MPa。压浆应达到孔道另一端饱满和出浆，并应达到排气孔排出与规定稠度相同的水泥浆为止。为保证管道中充满灰浆，关闭出浆口后，应保持不小于 0.5MPa 的一个稳压期，该稳压期不宜少于 2min。

10. 压浆过程中及压浆后 48h 内，结构混凝土的温度不得低于 5℃，否则应采取保温措施。当气温高于 35℃，压浆宜在夜间进行。

11. 压浆后应从检查孔抽查压浆的密实情况，如有不实，应及时处理和纠正。压浆时，每一工作班应留取不少于 3 组的 70.7mm×70.7mm×70.7mm 立方体试件，标准养护 28d，检查其抗压强度，作为评定水泥浆质量的依据。

12. 对需封锚的锚具，压浆后应先将其周围冲洗干净并对梁端混凝土凿毛，然后设置钢筋网浇筑封锚混凝土。封锚混凝土的强度应符合设计规定，一般不宜低于构件混凝土强度等级值的 80%。必须严格控制封锚后的梁体长度。长期外露的锚具，应采取防锈措施。

13. 对后张预制构件，在管道压浆前不得安装就位，在压浆强度达到设计要求后方可移运和吊装。

14. 孔道压浆应填写施工记录。

【案例 20-1】

1. 背景

某市市区一立交桥扩建高架匝道工程，匝道桥宽 7m，结构为 $L=20m$ 有粘结的后张预应力工字梁简支结构，现浇混凝土桥面板加沥青混凝土桥面铺装；两侧为预制混凝土防撞墩及栏杆。全桥 15 跨共需预制工字梁 75 根，由某新建预制构件厂预制。

2. 问题

如何进行后张法预应力张拉的全过程质量控制？

3. 分析与答案

本案例背景条件为新建厂，问题是全过程质量控制，因此在本案例的分析中要注意本

条大纲的后张法要求和预应力质量控制的总体要求,为此,对一个新建厂,应从以下几个方面考虑后张法预应力的全过程质量控制:

(1) 人员控制:应注意预应力施工操作人员资格的要求;
(2) 安装孔道的过程控制:管材、接头、压浆孔、排气孔、绑扎成形;
(3) 穿预应力筋的过程控制:钢材、下料、编束、初张拉、锚头、穿束时间、穿束;
(4) 预应力张拉的过程控制:设备校验、张拉时混凝土的强度、张拉次序、张拉程序、张拉控制、事故处理;
(5) 孔道灌浆的过程控制:设备校验、浆料的配制、灌浆时机、灌浆方法、饱满度的评定。

三、机具及设备

施加预应力所用的机具设备及仪表应由专人使用管理,并应定期维护和校验。千斤顶与压力表应配套校验,以确定张拉力与压力表之间的关系曲线。校验应在经主管部门授权的法定计量技术机构定期进行。

张拉机具设备应与锚具配套使用,并应在进场时进行检查和校验。对长期不使用的张拉机具设备,应在使用前进行全面校验。使用期间的校验期限应视机具设备的情况确定,当千斤顶使用超过6个月或200次或在使用过程中出现不正常现象或检修以后应重新校验。弹簧测力计的校验期限不宜超过2个月。

四、施加预应力的准备工作

1. 对力筋施加预应力之前,必须完成或检验以下工作:
(1) 施工现场应具备经批准的张拉程序和现场施工说明书;
(2) 现场已有具备预应力施工知识和正确操作的施工人员;
(3) 锚具安装正确,对后张构件,混凝土已达到要求的强度;
(4) 施工现场已具备确保全体操作人员和设备安全的必要的预防措施。

2. 实施张拉前,应检查千斤顶的张拉力作用线与预应力筋的轴线是否重合一致。

五、张拉应力控制

1. 预应力筋的张拉控制应力应符合设计要求。当施工中预应力筋需要超张拉或计入锚圈口预应力损失时,可比设计要求提高5%,但在任何情况下不得超过设计规定的最大张拉控制应力。

2. 预应力筋采用应力控制方法张拉时,应以伸长值进行校核,实际伸长值与理论伸长值的差值应符合设计要求,设计无规定时,实际伸长值与理论伸长值的差值应控制在6%以内,否则应暂停张拉,待查明原因并采取措施予以调整后,方可继续张拉。

3. 预应力筋的理论伸长值 ΔL (mm) 可按式 (20-1) 计算:

$$\Delta L = \frac{P_p L}{A_P E_P} \tag{20-1}$$

式中 P_P——预应力筋的平均张拉力(N);

L——预应力筋的长度(mm);

A_p——预应力筋的截面面积（mm²）；

E_P——预应力筋的弹性模量（N/mm²）。

4. 预应力筋张拉时，应先调整到初应力值，该初应力宜为张拉控制应力 σ_{con} 的 10%～15%，伸长值应从初应力时开始量测。预应力筋的实际伸长值除量测的伸长值外，必须加上初应力以下的推算伸长值。对后张法构件，在张拉过程中产生的弹性压缩值一般可省略。

预应力筋张拉的实际伸长值 ΔL（mm），可按式（20-2）计算：

$$\Delta L = \Delta L_1 + \Delta L_2 \tag{20-2}$$

式中　ΔL_1——从初应力至最大张拉应力间的实测伸长值（mm）；

ΔL_2——初应力以下的推算伸长值（mm），可采用相邻级的伸长值。

5. 必要时，应对锚圈口及孔道摩阻损失进行测定，张拉时予以调整。

6. 预应力筋的锚固，应在张拉控制应力处于稳定状态下进行。锚固阶段张拉端预应力筋的内缩量，应不大于设计规定。

7. 预应力筋张拉及放松时，均应填写施工记录。

【案例 20-2】

1. 背景

某市市区一立交桥，主跨结构为 $L=35m$ 后张预应力工字梁简支结构，共需预制 22 根。

（1）项目经理部决定将预制工字梁安排在本企业在郊区另一个工程项目部的现场预制场进行，按照进度计划，该预制场在正好完成了 200 根后张预应力梁张拉，即可投入本工程的 22 根工字梁预制张拉，充分利用了该预制场的设备和人员力量。

（2）在开始本工程 22 根梁预制张拉后，其中一个压力传感器工作失灵，操作人员随即将一个新的压力传感器换上，使张拉作业继续进行。

2. 问题

以上（1）、（2）做法有错吗？如果有错，错在哪里？如何做才对？

3. 分析与答案

（1）该预制场利用已张拉 200 根梁的预应力张拉设备，不做重新校验即投入 22 根梁的新一轮张拉的做法不对，应该将张拉设备重新校验合格后再使用。

（2）张拉过程中传感器发生故障随手换一个新的，继续张拉的做法不对，应该将新传感器先做检验标定后并同其配套张拉设备成套检验。合格后方可继续使用。

第三节　桥梁工程钻孔灌注桩质量事故预防及纠正措施

一、常见的钻孔（包括清孔时）质量事故的原因及处理

常见的钻孔（包括清孔时）事故有以下几种：坍孔、钻孔偏斜、掉钻落物、糊钻和埋钻、扩孔和缩孔、钻杆折断、钻孔漏浆等。

（一）扩孔和坍孔

发生的原因相同，轻则为扩孔，重则为坍孔。常用预防措施有控制进尺速度、选用适用护壁泥浆、保证孔内必要水头、避免触及和冲刷孔壁等。孔内局部坍塌而扩孔，钻孔仍能达到设计深度则不必处理；孔内坍塌，回填砂和黏质土（或砂砾和黄土）混合物到坍孔处以上1～2m，如坍孔严重应全部回填，待回填物沉积密实后再钻。

（二）钻孔偏斜

1. 产生的原因：①钻头受到侧向力；②扩孔处钻头摆向一方；③钻杆弯曲、接头不正；④钻机底座未安置水平或位移。

2. 钻孔偏斜后，应查明偏斜情况。一般可在偏斜处吊住钻头上下反复扫孔，使钻孔正直。偏斜严重时应回填砂黏土到偏斜处，待回填物沉积密实后再钻。

（三）钻孔漏浆

造成钻孔漏浆的原因有泥浆稀、护筒制作埋置不良、水头过高等，可查明原因对症下药。

二、灌注水下混凝土质量事故的预防及处理

灌注水下混凝土是成桩的关键性工序，灌注过程中应分工明确，密切配合，统一指挥，做到快速、连续施工，灌注成高质量的水下混凝土，防止发生质量事故。

如出现事故时，应分析原因，采取合理的技术措施，及时设法补救。对于确实存在缺点的钻孔桩，应尽可能设法补强，不宜轻易废弃，造成过多的损失。

经过补强的桩须经认真的检验认为合格后方可使用。对于确实无法利用的桩，应与设计单位研究采用补桩或其他措施。

（一）导管进水

1. 主要原因

（1）首批混凝土储量不足，或虽然混凝土储量已够，但导管底口距孔底的间距过大，混凝土下落后不能埋没导管底口，以致泥水从底口进入。

（2）导管接头不严，接头间橡皮垫被导管高压气囊挤开，或焊缝破裂，水从接头或焊缝中流入。

（3）导管提升过猛，或测深出错，导管底口超出原混凝土面，底口涌入泥水。

2. 预防和处理方法

为避免发生导管进水，事前要采取相应措施加以预防。万一发生，要当即查明事故原因，采取以下处理方法：

（1）若是上述第一种原因引起的，应立即将导管提出，将散落在孔底的混凝土拌合物用反循环钻机的钻杆通过泥石泵吸出，或者用空气吸泥机、水力吸泥机以及抓斗清出，不得已时需要将钢筋笼提出采取复钻清除。然后重新下放骨架、导管并投入足够储量的首批混凝土，重新灌注。

（2）若是第二、三种原因引起的，应视具体情况，拔换原管重下新管；或用原导管插入续灌，但灌注前均应将进入导管内的水和沉淀土用吸泥和抽水的方法吸出。如系重下新管，必须用潜水泵将管内的水抽干，才可继续灌注混凝土。为防止抽水后导管外的泥水穿透原灌混凝土从导管底口翻入，导管插入混凝土内应有足够深度，一般宜大于2000mm。由于潜水泵不可能将导管内的水全部抽干，续灌的混凝土配合比应增加水泥量，提高稠度

后灌入导管内，灌入前将导管进行小幅度抖动或挂振捣器予以振动片刻，使原混凝土损失的流动性得以弥补。以后灌注的混凝土可恢复正常的配合比。

若混凝土面在水面以下不很深，未初凝时，可于导管底部设置防水塞（应使用混凝土特制），将导管重新插入混凝土内（导管侧面再加重力，以克服水的浮力）。导管内装灌混凝土后稍提导管，利用新混凝土自重将底塞压出，然后继续灌注。

若如前述混凝土面在水面以下不很深，但已初凝，导管不能重新插入混凝土时，可在原护筒内面加设直径稍小的钢护筒，用重压或锤击方法压入原混凝土面以下适当深度，然后将护筒内的水（泥浆）抽除，并将原混凝土顶面的泥渣和软弱层清除干净，再在护筒内灌注普通混凝土至设计桩顶。

（二）卡管

在灌注过程中，混凝土在导管中下不去，称为卡管。卡管有以下两种情况：

1. 初灌时隔水栓卡管或由于混凝土本身的原因，如坍落度过小、流动性差、夹有大卵石、拌合不均匀，以及运输途中产生离析、导管接缝处漏水、雨天运送混凝土未加遮盖等，使混凝土中的水泥浆被冲走，粗集料集中而造成导管堵塞。

处理办法可用长杆冲捣管内混凝土，用吊绳抖动导管，或在导管上安装附着式振捣器等使隔水栓下落。如仍不能下落时，则须将导管连同其内的混凝土提出钻孔，进行清理修整（注意切勿使导管内的混凝土落入井孔），然后重新吊装导管，重新灌注。一旦有混凝土拌合物落入井孔，须将散落在孔底的拌合物粒料等予以清除。

提管时应注意到导管上重下轻，要采取可靠措施防止翻倒伤人。

2. 机械发生故障或其他原因使混凝土在导管内停留时间过久，或灌注时间持续过长，最初灌注的混凝土已经初凝，增大了导管内混凝土下落的阻力，混凝土堵在管内。其预防方法是灌注前应仔细检修灌注机械，并准备备用机械，发生故障时立即调换备用机械；同时采取措施，加速混凝土灌注速度，必要时，可在首批混凝土中掺入缓凝剂，以延缓混凝土的初凝时间。

当灌注时间已久，孔内首批混凝土已初凝，导管内又堵塞有混凝土，此时应将导管拔出，重新安设钻机，利用较小钻头将钢筋笼以内的混凝土钻挖吸出，用冲抓锥将钢筋骨架逐一拔出。然后以黏土掺砂砾填塞井孔，待沉实后重新钻孔成桩。

（三）坍孔

在灌注过程中如发现井孔护筒内水（泥浆）位忽然上升溢出护筒，随即骤降并冒出气泡，应怀疑是坍孔征象，可用测深仪探头或测深锤探测。如测深锤原系停挂在混凝土表面上未取出的现被埋不能上提，或测深仪探头测得的表面深度达不到原来的深度，相差很多，均可证实发生坍孔。

坍孔原因可能是护筒底脚周围漏水，孔内水位降低，或在潮汐河流中涨潮时，孔内水位差减小，不能保持原有静水压力，以及由于护筒周围堆放重物或机械振动等，均有可能引起坍孔。

发生坍孔后，应查明原因，采取相应的措施，如保持或加大水头、移开重物、排除振动等，防止继续坍孔。然后用吸泥机吸出坍入孔中的泥土；如不继续坍孔，可恢复正常灌注。

如坍孔仍不停止，坍塌部位较深，宜将导管拔出，将混凝土钻开抓出，同时将钢筋抓出，只求保存孔位，再以黏土掺砂砾回填，待回填土沉实时机成熟后，重新钻孔成桩。

（四）埋管

导管无法拔出称为埋管，其原因是：导管埋入混凝土过深，或导管内外混凝土已初凝使导管与混凝土间摩阻力过大，或因提管过猛将导管拉断。

预防办法：应按前述要求严格控制埋管深度一般不得超过 6~8m；在导管上端安装附着式振捣器，拔管前或停灌时间较长时，均应适当振捣，使导管周围的混凝土不致过早地初凝；首批混凝土掺入缓凝剂，加速灌注速度；导管接头螺栓事先应检查是否稳妥；提升导管时不可猛拔。若埋管事故已发生，初时可用链滑车、千斤顶试拔。如仍拔不出，凡属并非因混凝土初凝流动性损失过大的情况，可插入一直径稍小的护筒至已灌混凝土中，用吸泥机吸出混凝土表面泥渣；派潜水工下至混凝土表面，在水下将导管齐混凝土面切断；拔出小护筒，重新下导管灌注。

（五）钢筋笼上升

钢筋笼上升，除了一些显而易见的原因是由于全套管上拔、导管提升勾挂所致外，主要的原因是由于混凝土表面接近钢筋笼底口，导管底口在钢筋笼底口以下 3m 至以上 1m 时，混凝土灌注的速度（m^3/min）过快，使混凝土下落冲出导管底口向上反冲，其顶托力大于钢筋笼的重力时所致。

为了防止钢筋笼上升，当导管底口低于钢筋笼底部 3m 至高于钢筋笼底 1m 之间，且混凝土表面在钢筋笼底部上下 1m 之间时，应放慢混凝土灌注速度。

克服钢筋笼上升，除了主要从上述改善混凝土流动性能、初凝时间及灌注工艺等方面着眼外，还应从钢筋笼自身的结构及定位方式上加以考虑。具体措施为：

（1）适当减少钢筋笼下端的箍筋数量，可以减少混凝土向上的顶托力；

（2）钢筋笼上端焊固在护筒上，可以承受部分顶托力，具有防止其上升的作用；

（3）在孔底设置直径不小于主筋的 1~2 道加强环形筋，并以适当数量的牵引筋牢固地焊接于钢筋笼的底部，实践证明对于克服钢筋笼上升是行之有效的。

（六）灌短桩头

灌短桩头亦称短桩。产生原因：灌注将近结束时，浆渣过稠，用测深锤探测难以判断浆渣或混凝土面，或由于测深锤太轻，沉不到混凝土表面，发生误测，以致拔出导管终止灌注而造成短桩头事故。还有些是灌注混凝土时，发生孔壁坍方，未被发觉，测深锤或测深仪探头达不到混凝土表面，这种情况最危险，有时会灌短数米。

预防办法是：

（1）在灌注过程中必须注意是否发生坍孔的征象，如有坍孔，应按前述办法处理后再续灌。

（2）测深锤不得低于规范规定的重力及形状，如系泥浆相对密度较大的灌注桩必须取测深锤重力规定值。重锤即使在混凝土坍落度尚大时也可能沉入混凝土数十厘米，测深错误造成的后果只是导管埋入混凝土面的深度较实际的多数十厘米；而首批混凝土的坍落度到灌注后期会越来越小，重锤沉入混凝土的深度也会越来越小，测深还是能够准确的。

（3）灌注将近结束时加清水稀释泥浆并掏出部分沉淀土。

(4) 采用热敏电阻仪或感应探头测深仪。

(5) 采用铁盒取样器插入可疑层位取样判别。处理办法可按具体情况参照前述接长护筒；或在原护筒里面或外面加设护筒，压入已灌注的混凝土内，然后抽水、除渣，接浇普通混凝土；或用高压水将泥渣和松软层冲松，再用吸泥机将混凝土表面上的泥浆沉渣吸除干净，重新下导管灌注水下混凝土。

（七）桩身夹泥、断桩

大都是以上各种事故引起的次生结果。此外，由于清孔不彻底，或灌注时间过长，首批混凝土已初凝，流动性降低，而续灌的混凝土冲破顶层而上升，因而也会在两层混凝土中夹有泥浆渣土，甚至全桩夹有泥浆渣土形成断桩。

对已发生或估计可能发生夹泥断桩的桩，应采用地质钻机，钻芯取样，作深入的探查，判明情况。有下述情况之一时，应采取压浆补强方法处理。

1. 对于柱桩，桩底与基岩之间的夹泥大于设计规定值。

2. 桩身混凝土有夹泥断桩或局部混凝土松散。

3. 取芯率小于95%，并有蜂窝、松散、裹浆等情况。用地质钻机钻芯取样检验钻孔桩质量方法，费时多，有时钻孔歪斜，偏出桩外，不能查得结果。宜用非破损检验混凝土桩（包括预制桩和灌注桩）质量的方法。

（八）灌注桩补强方法

灌注桩的各种质量事故，其后果均会导致桩身强度的降低，不能满足设计的受力要求，因此需要作补强处理。事前，应会同主管部门、设计单位、工程监理以及施工单位的上级领导单位，共同研究，提出切实可行的处理办法。据以往的经验，一般采用压入水泥浆补强的方法。其施工要求如下：

1. 对需补强的桩，除用地质钻机已钻一个取芯孔外（用无破损探测法探测的桩要钻两个孔），应再钻一个孔。一个用作进浆孔，另一个用作出浆孔。孔深要求达到补强位置以下1m，柱桩则应达到基岩。

2. 用高压水泵向一个孔内压入清水，压力不宜小于0.5～0.7MPa，将夹泥和松散的混凝土碎渣从另一个孔冲洗出来，直到排出清水为止。

3. 用压浆泵压浆，第一次压入水灰比为0.8的纯水泥稀浆（宜用2.5级水泥），进浆管应插入钻孔1.0m以上，用麻絮填塞进浆管周围，防止水泥浆从进浆口冒出。待孔内原有清水从出浆口压出来以后，再用水灰比0.5的浓水泥浆压入。

4. 为使浆液得到充分扩散，应压一阵停一阵，当浓浆从出浆口冒出后，停止压浆，用碎石将出浆口封填，并用麻袋堵实。

5. 最后用水灰比为0.4的水泥浆压入，并增大灌浆压力至0.7～0.8MPa关闭进浆闸，稳压闷浆20～25min，压浆工作即可结束。压浆工作结束，水泥浆硬化以后，应再作一次钻芯，检查补强效果；如断桩夹泥情况已排除，认为合格后，可交付使用；否则，应重钻补桩或会同有关单位研究其他补救措施。

【案例20-3】

1. 背景

某桥梁施工工地，在河中的钻机平台上进行钻孔灌注桩施工，桩的直径为2000mm，桩深为 41~45m，施工时水深为 6m，流速为 2.0m/s，河床土质为黏性土。

2. 问题

为保证钻孔桩的施工质量，应在哪几方面采取措施？

3. 分析与答案

(1) 根据河流、桩径、钻孔范围内的土质特点正确选择钻孔桩的施工方法；

(2) 根据钻孔范围内的土质、桩长及桩径等情况合理选用钻机；

(3) 根据水深、流速、河床土质情况确定护筒长度及其桩顶标高；

(4) 根据钻孔范围的土质配好泥浆；

(5) 控制进尺速度；

(6) 控制孔内与孔外的水头差；

(7) 采取措施避免在下放钢筋笼时，触及孔壁造成坍孔；

(8) 灌注混凝土过程中控制导管在混凝土中的埋置深度；

(9) 钻孔过程中做好可能出现事故处理的准备。

第二十一章　城市给水排水结构工程施工质量控制

第一节　钢筋混凝土水池

钢筋混凝土水池由于经常贮存水体，并承受一定的水压，所以对于混凝土的技术要求除了必须满足设计强度外，还应保证它的防水性能，以及在长期正常使用条件下，不致损坏而具有需要的耐久性能，亦即水密性、耐蚀性、抗冻性以及耐磨性等。

提高混凝土耐久性的主要措施，在于提高混凝土的密度，使之密实。密实的混凝土对于各种破坏力的抵抗自然就能提高。提高混凝土密度的主要措施是：

(1) 选择合适的配合比：施工配料时应取用品质合乎规定的水泥和砂石等材料，尤其要注意改善砂石的颗粒级配。

(2) 控制用水量及水灰比：混凝土中真正需要水化作用的水，只有混凝土拌合用水的20%～30%，其余的水分，只是为了施工和易性的需要。但多余的水分则是造成混凝土内空隙与渗水的主要原因。然而，减少用水量，又必须是在不影响混凝土的拌合不匀、捣筑不实、产生蜂窝等现象的原则下考虑。

(3) 改善施工条件：必须严格注意混凝土的拌合、运送、灌筑、捣实等施工过程。

此外，还必须采取有效的养护措施。

第二节　泵站构筑物施工质量控制

一、沉井施工质量控制

泵站构筑物沉井下沉过程中，有时遇到流沙、孤石会给施工带来困难。可采取如下的措施：

(1) 流沙层中的下沉

在流沙层中沉降沉井，必须特别注意，避免沉井自动下沉时发生倾斜或高程误差，因而带来施工困难。

在流沙层中，如在沉井内采用排水下沉只适宜于1.5～2m的水头；而在流沙层中沉井的挖土，则不应在刃脚下掏挖，以免流沙大量涌入井内，但在中间挖土，也不宜挖成锅底形。当沉井穿过流沙层如果自重与摩擦力相差不大下沉很慢则很不利，这将使流沙不断地涌入井内。因此，当穿过流沙层时，最好是采用增加荷重，使沉井刃脚切入土壤，迅速穿过流沙层。

在软土层上，增加刃脚长度，底部不挖成锅底形，比较有利。这样，在一定程度上，可以减少软土涌入井内的机会。

采用土井或井点降低地下水位完全可以防止井内的流淤。土井多安置在沉井外；井点则可设置在井外或井内。

在流沙层中,最好是采用不排水法沉降沉井,并能始终保持井内水位高于井外水位。这样,可以避免流沙的涌入及土壤的扰动破坏,且可保证附近建筑物的安全。

(2) 岩石和埋藏物的处理

下沉过程中如遇有石块、树根等,应及时交清情况并进行处理。

遇到小型孤石时,可先将其四周的土掏空使之松动,再把其从刃脚下抽出;若遇到较大石块时,需要将其破碎成小块后再逐步予以清出,必要时用小量炸药进行放炮炸碎。沉井中爆破石要采用药孔小而密,一次用药量不宜超过 200g,炮眼应距刃脚 80cm,炮眼方向最好与刃脚斜坡平行。

在砂卵石层中下沉时,应注意大块卵石对刃脚的损坏以及由于刃脚下土层软硬不同而发生倾斜。

(3) 沉井下沉困难的处理

当沉井下沉发生困难,主要的处理方法如下:

1) 增加沉井自重。采取尽先砌筑沉井上部尚未砌筑的部分以及在沉井上加重的办法,促使下沉;

2) 挖除刃脚下的土壤,使刃脚悬空,以减少刃脚的反力。如用不排水法下沉队则可用水冲法除去刃脚下的土壤;

3) 减少井周土壤的摩擦力,即在地下水位以下者,可以考虑采用均匀分布的射水管,予以冲刷井周土壤;

4) 如为不排水法沉降沉井时,可以采用部分排水方法,以增加沉井的自重;

5) 采用爆破震动法下沉。

(4) 爆破震动法下沉

这种方法是利用爆炸力作用,促使沉井下沉。

爆炸系在水下进行,爆炸冲击力即借水体来传布。爆炸前先将刃脚下的土挖去,悬空,然后将炸药放在井底进行爆炸。

(5) 沉井偏差的纠正

沉井开始下沉时极易发生偏斜,首先应予注意,在土质不好的情况下以及沉井快沉到设计标高时也有发生倾斜的可能。因此,需要随时注意测量,及时纠正。一般纠正的方法如下:

1) 在井内高起的一侧多挖些土,低的一侧少挖些或不挖土;

2) 减少较高一侧土壤的摩擦力,即采用井外挖土或井内往井外向上冲刷土壤;

3) 增加不均匀荷重,高起的一侧持重大些;

4) 在低的一侧刃脚下垫以石块以延缓其下沉速度;

5) 倾斜较大时,用拖拉机械牵引,同时进行冲刷挖土等。

二、地下给水排水管道工程质量控制

地下给水排水管道工程属隐蔽工程。给水管道的施工与验收应严格按国家颁发的《给水排水管道工程施工及验收规范》、《工业管道工程施工及验收规范》、《室外硬聚氯乙烯给水管道工程验工及验收规程》进行施工及验收;排水管道按《市政排水管渠工程质量检验评定标准》、《给水排水管道工程施工及验收规范》进行施工与验收。

给排水管道工程竣工后,应分段进行工程质量检查。质量检查的内容包括:

(1) 外观检查 对管道基础、管座、管子接口,节点、检查井、支墩及其他附属构筑物进行检查;

(2) 断面检查 断面检查是对管子的高程、中线和坡度进行复测检查;

(3) 接口严密性检查 对给水管道一般进行水压试验,排水管道一般作闭水试验。生活饮用水管道,还必须进行水质检查。

第二十二章 公路与市政公用工程安全管理

第一节 安全生产保证计划编制、隐患与事故处理

一、安全生产检查的方法及工作程序

1. 方法

（1）常规检查：通常是由安全管理人员作为检查工作的主体，到作业场所的现场，通过感观或辅助一定的简单工具、仪表等，对作业人员的行为、作业场所的环境条件、生产设备设施等进行的定性检查。

（2）安全检查表法：安全检查表（SCL）是事先把系统加以剖析，列出各层次的不安全因素，确定检查项目，并把检查项目按系统的组成顺序编制成表，以便进行检查或评审，这种表就叫做安全检查表。安全检查表应列举需查明的所有可能会导致事故的不安全因素。每个检查表均需注明检查时间、检查者、直接负责人等，以便分清责任。安全检查表的设计应做到系统、全面，检查项目应明确。

编制安全检查表的主要依据：
①有关标准、规程、规范及规定。
②国内外事故案例及本单位在安全管理及生产中的有关经验。
③通过系统分析，确定的危险部位及防范措施都是安全检查表的内容。
④新知识、新成果、新方法、新技术、新法规和标准。

我国许多行业都编制并实施了适合行业特点的安全检查标准，如建筑、火电、机械、煤炭等行业都制定了适用于本行业的安全检查表。企业在实施安全检查工作时，根据行业颁布的安全检查标准，可以结合本单位情况制定更具可操作性的检查表。

（3）仪器检查法：

用于获得机器、设备内部的缺陷及作业环境条件的真实信息或定量数据，以便发现安全隐患，为后续整改提供信息。因此，必要时需要实施仪器检查。由于被检查的对象不同，检查所用的仪器和手段也不同。

2. 工作程序

（1）安全检查准备：
① 确定检查对象、目的、任务；
② 查阅、掌握有关法规、标准、规程的要求；
③ 了解检查对象的工艺流程、生产情况、危险因素；
④ 制订检查计划，安排检查内容、方法、步骤；
⑤ 编写安全检查表或检查提纲；
⑥ 准备必要的检测工具、仪器、记录表格或记录本；

⑦ 挑选和训练检查人员，并进行必要的分工等。
(2) 实施安全检查：
① 访谈；
② 查阅文件和记录；
③ 现场观察；
④ 仪器测量。
(3) 通过分析作出判断：依据获得的信息和数据，进行分析，作出判断，找出主要问题，即物、人、环境、管理几方面的不安全因素。必要时可以通过仪器进行检验。
(4) 作出处理决定：针对存在的问题，确定需采取的纠正和预防措施。
(5) 对整改情况进行验证：对复查整改落实情况进行复查、验证，以实现安全检查工作的闭环。

二、建设项目安全应急预案和事故处理

(一) 建设项目应急救援预案

国务院突发公共事故总体应急预案包括：自然灾害类、事故灾害类、公共卫生事件类和社会安全事件类等四类；其中，事故灾害类包括了国家安全生产事故灾难应急等预案。

建设项目应急预案（对于可能引发重大事故风险的环节或部位），包括应急计划、应急组织、应急设施和应急演习。

(二) 建设项目安全事故处理

(1) 安全事故处理原则："四不放过"，尽早发现，准确定性，快速处理，及时反馈。
1) 事故原因不清楚不放过。
2) 事故责任者和员工没有受到教育不放过。
3) 事故责任者没有处理不放过。
4) 没有制定防范措施不放过。
(2) 安全事故处理程序
1) 迅速抢救伤员并保护事故现场。
2) 组织调查组。事故调查组的组成如下：
①轻伤、重伤事故调查组，由企业负责人或其指定人员组织生产、技术、安全等部门及工会组成。
②伤亡事故调查组，由企业主管部门会同企业所在地区的行政安全部门、公安部门、工会组成。
③重大死亡事故调查组，按照企业的隶属关系，由省、自治区、直辖市企业主管部门或国务院有关部门会同同级行政安全管理部门、公安部门、监察部门、工会组成。

死亡和重大死亡事故调查组应邀请人民检察院参加，还可邀请有关专业技术人员参加。

与发生事故有直接利害关系的人员不得参加调查组。
3) 现场勘察。包括现场笔录，现场拍照和现场绘图。
4) 分析事故原因。确定事故的直接责任者、间接责任者和主要责任者。
5) 制定预防措施。

6) 写出调查报告。经调查组全体人员签字后报批。

7) 事故的审理和结案。报告经有关机关审批后方可结案，做出处理结论。事故调查处理的文件记录应长期完整地保存。

三、事故处理

1. 生产事故发生后，建设项目工程总承包企业的建设工程项目部应立即向上级主管部门报告，迅速分析，判定事故类别，一般事故由企业按"四不放过"原则处理，重大事故按事故处理条线向有关部门报告：

（1）发生人身伤亡（重伤以上）的生产事故应当立即报告企业主管部门、事故发生地的安全生产监督管理部门、人民检察院和设备安全监督管理部门；

（2）特种设备发生事故应当立即报告事故发生地的安全生产监督管理部门、人民检察院和特种设备安全监督管理部门；

（3）事故报告应当实事求是，不得隐瞒不报，谎报或者拖延不报。

2. 事故发生后，施工现场负责人应组织一切力量抢救受伤人员，迅速对其伤势进行判断，疏散有关人员脱离危险区域，并不得在事故调查处理期间擅离职守。对窒息、触电、淹溺类人员应迅速采取边人工呼吸、胸腔挤压等救护、边送医院治疗的措施，对确无生命危险的伤员应视其伤势送特色（专长）医院治疗，生命垂危伤者应立即送事故发生地就近大医院抢救，以期取得最佳救治效果。对机械设备、工程结构等无人员伤亡的事故，应迅速组织有关专家，制定出抢救方案后再实施。以免盲目抢救造成损失扩大。

3. 妥善保留事故现场，如确因抢救伤员需搬动其他物体时应做好拍照（摄录像）或划出标志符号，待上级监督管理部门和事故调查组作出明确撤销意见后才能改变。

4. 重大事故发生后事故单位应按有关规定，妥善处理好伤亡者的善后工作，同时积极配合协助事故调查组开展事故调查工作，尽可能提供一切方便。

5. 重大事故调查完毕后，事故单位要按调查组的建议按"四不放过"原则对有关人员进行处罚，制定出防止事故重复发生的措施，并认真加以实施。事故处理报告书在调查工作结束十日内报送上级有关部门。

6. 工伤人员的治疗、复工与伤残等级的鉴定按有关规定执行。

【案例 22-1】

1. 背景

某工地正在进行下水道工程的窨井砌砖作业，当时有 6 名砖瓦工在深达 5m 的无槽壁支撑的沟槽中施工，1 名砖瓦工在地面休息。突然，地面休息的工人发现沟槽有不明水冒出，同时沟槽坍塌，沟槽边堆高达 1.8m 的土方，急忙向沟底工人发出塌方危险信号，沟底 6 名工人向不同方向逃逸，其中 5 人幸免于难，1 人被埋土中，露出胳膊。5 人见状忙用手挖土将人救出，同时报告现场负责人知晓。现场负责人立即调来运土翻斗车将已窒息的伤者装车后送医院抢救，因不知道最近的医院地址，于是边打听边摸索，用了近 40min 时间才将伤者送到了医院。经医院检查，伤者因窒息时间过长已经死亡。施工负责人忙于接待死者家属，等到第 3 天才想起通知上级主管部门，等事故调查组接到事故报告到达现场时窨井已砌好，事故现场已面目全非。

2. 问题

(1) 造成本次事故物的不安全状态有哪些？

(2) 造成本次事故人的不安全行为有哪些？

(3) 本次事故处理有哪些管理上的失误？

3. 分析与答案

事故调查组分析因以下安全隐患引起，并列发生才造成本次事故：

(1) 物的不安全状态

1) 深达 5m 的沟槽壁没有支撑；

2) 槽壁渗水；

3) 沟槽边堆土高度超标。

(2) 人的不安全行为：

工人们冒险进入深达 5m 且没有支撑的沟槽作业。

(3) 管理上的失误

1) 采取错误的抢救方法；

2) 无应急预案，不知道附近医院延误抢救时机；

3) 现场保护不力，事故迟报。

第二节　职业健康安全控制

职业健康安全设施是以改善劳动条件，防止伤亡事故和职业病发生为目的的技术装置。

一、安全技术方面的设施

1. 机床、提升设备、机车、农业机器及电器设备等传动部分的防护装置，在传动梯、吊台上安装的防护及各种快速自动开关；

2. 电刨、电锯、砂轮及锻压机器上的防护装置；有碎片、屑末、液体有裸露导电体等处所安设的防护装置；

3. 升降机和超重机上各种防护装置；

4. 各种联动机械之间、工作场所的动力机械之间、建筑工地上为安全而设的信号装置以及在操作过程中为安全而设的信号装置；

5. 锅炉、压力窗口、压缩机械及各种有爆炸危险的机器设备的安全装置和信号装置；

各种运转机械上的安全超载和迅速停车装置；各种机床附近为减轻工人劳动强度而专门设置的附属超重设备；

6. 电器设备的防护性接地或接零以及其他防触电设施；

7. 在生产区内危险处所设置的警示标志、信号和防护装置；

8. 在高处作业时，为避免工具等物体坠落伤人以及高空作业防坠落而设置的工具箱或安全网；

9. 防火、防爆所必需的防火间距、消防设施等。

二、职业卫生方面的设施

1. 为保持空气清洁或使温度符合职业卫生要求而设置的换气通风装置和采光、照明设施;
2. 为消除粉尘危害和有毒物质而设置的除尘设备和消毒设施;
3. 防治辐射、热危害的装置及隔热、防暑、降温设施;
4. 为改善劳动条件而铺设的各种垫板;
5. 为职业卫生而设置对原材料和加工材料消毒的设施;
6. 减轻或消除工作中噪声及振动的设施。

三、生产性辅助设施

1. 专为职工工作用的饮水设施;
2. 为从事高温作业或接触粉尘、有害化学物质或毒物作业人员专用的沐浴设备;
3. 更衣室或存衣箱,工作服洗涤、干燥、消毒设备;
4. 女士卫生室及洗涤设备,以及食物的加热设备;
5. 为从事高温作业等工程的工人修建的倒班休息室等。

第三节 明挖基坑施工安全控制

明挖基础,也叫直接基础或扩大基础,是桥梁墩台基础埋深较浅时通常采用的一种施工方法。在明挖基础施工的安全技术方面,应注意做到以下几点:

一、选择合适的基坑坑壁的坡度

基坑坑壁的坡度是施工安全的决定性因素。基坑坑壁的坡度应根据坡壁的土质结构、坡顶边缘有无载荷等情况确定,须兼顾安全和经济两个方面的需要,但应把安全的需要放在首位。

明挖基坑必须从速施工,使基坑暴露的时间不超过边坡的自然稳定时间。如果基坑暴露时间过长,就应该把坑壁坡度放缓,以保持坑壁的稳定和施工的安全。在基坑施工中,如果发现坑壁坡顶开裂,应立即采取措施,撤出坑内的施工人员,并采用减载的方法,挖除裂缝至坑壁顶缘的部分土方,以确保其较长时间的稳定,保证施工安全。

二、选择合适的基坑形状

选择基坑的形状,一般应考虑施工安全、坑壁自然稳定时间、涌水量、节约挖方和回填工程数量等因素。基坑形状通常有以下三种:

(1) 矩形基坑或明挖基坑。即把基坑的平面形状设置成矩形。在地下水位高、涌水量大时,基坑一般选用矩形形状。这时可把坑壁坡度放缓,防止坑壁坍塌。

(2) 圆角基坑。即在地下水位较低,涌水量小的情况下,将矩形基坑的相临边坡相交处挖成圆角,使其在平面上起到土拱的作用,缩短边坡临空面的长度,这样既延长了坑壁自然稳定的时间，增加了安全因素，又减少了挖基和回填数量。

（3）圆形或椭圆形基坑。即在干燥无水或涌水量很小的情况下，将基坑的平面形状设置成圆形或椭圆形。以发挥平面土拱的自然稳定作用，从而增加了安全因素。选用圆形或椭圆形基坑时，平面尺寸虽然有所增加，但坡度可以陡一些，这就节约了挖方和回填工程数量。这时，为了维护坑壁的稳定，应对坑壁喷护混凝土。

三、基坑开挖的安全要求

（1）基坑开挖之前，要在基坑顶面边坡以外的四周开挖排水沟，并保持畅通，防止积水灌入基坑，引起坍塌。

（2）处在土石松动坡脚下的基坑，开挖前应做好防护措施，如排除危石，设置挡护墙等，防止土石落入坑内。

（3）基坑顶面安设机械、堆放料具和弃土，均应在安全距离（1~1.5m）之外；引起地面振动的机械安全距离更要严格控制，一般在1.5~2m之外。

（4）开挖基坑时，要按照规定的坡度，分层下挖到符合基坑承载力要求的设计标高为止，严禁采用局部开挖深坑，再由底层向四周掏土的方法施工。

（5）人力出土时，要按照有关脚手架的规定，搭好出土走道。基坑较深时，还应搭好上下跳板或梯子，其宽度、坡度及强度应符合有关规定。

（6）使用机械开挖基坑，要按照有关机械操作规程和规定的信号，专人指挥操作。吊机扒杆和土斗下面严禁站人。

（7）遇到涌水、涌沙、边缘坍塌等异常情况时，必须在采取相应的防护措施之后，方可继续施工。

（8）在高寒地区采用冻结法开挖基坑时，必须根据地质、水文、气象等实际情况，制定施工安全技术措施，并严格执行。在施工过程中，要注意保护表面冷冻层，使之不被破坏。

（9）基坑底部用汇水井或井点法排水时，应保持基坑不被浸泡。

（10）采用钢筋混凝土围圈护壁时，除顶层可以一次整体灌筑外，往下应根据土质情况，控制开挖高度和长度，并随开挖随灌注。钢筋混凝土围圈顶面应高出地面0.5m。

（11）基坑开挖需要爆破时，要按照国家现行的爆破安全规程办理。

（12）当基坑开挖接近设计标高时，应注意预留10~20cm，待下一道工序准备就绪，在灌注混凝土之前挖除，挖除后立即灌注混凝土。

（13）在开挖阶段，如果出现地基面疏松时，应视情况夯实。对于黏性土地基，要在基坑底面夯填一层厚10~15cm的碎石，以提高地基承载力，抵御地下水的浸泡。

【案例22-2】

1. 背景

某市政工程基础采用明挖基坑施工，基坑控深为5.5m，地下水在地面以下1.5m，坑底黏土下存在承压水层。坑壁采用网喷混凝土加固。基坑附近有高层建筑物及大量地下管线。设计要求每层开挖1.5m，即进行挂网喷射混凝土加固。某公司承包了该工程，由于在市区，现场场地狭小，项目经理决定把钢材堆放在基坑坑顶附近；为便于出土，把开挖的弃土先堆放在基坑北侧坑顶，然后再装入自卸汽车运出。由于工期紧张，施工单位把每层开挖深度增大为3.0m，以加快基坑挖土加固施工的进度。

在开挖第二层土时，基坑变形量显著增大，变形发展速率越来越快。随着开挖深度增加，坑顶地表出现许多平行基坑裂缝。但施工单位对此没有在意，继续按原方案开挖。当基坑施工到5m深时，基坑出现了明显的坍塌征兆。项目经理决定对基坑进行加固，组织人员在坑内抢险，但为时过晚，基坑坍塌造成了多人残废的重大事故，造成了巨大的经济损失。

2. 问题

(1) 本工程基坑侧壁安全等级属于哪一级？

(2) 本工程基坑应重点监测哪些内容？当出现本工程发生的现象时，监测工作应做哪些调整？

(3) 本工程基坑施工时存在哪些重大工程隐患？

(4) 项目经理在本工程施工时犯了哪些重大错误？

3. 分析与答案

基坑工程具有地域性，许多地区对基坑的分类做了规定。建筑基坑支护技术规程对基坑壁安全等级做了规定（表22-1）。

安 全 等 级　　　　　　　　　　　　　　　　　　　　　　表22-1

安全等级	破坏后果
一级	支护结构破坏、土体失稳或无穷大变形对基坑周边环境及地下结构施工影响很严重
二级	支护结构破坏、土体失稳或无穷大变形对基坑周边环境及地下结构施工影响一般
三级	支护结构破坏、土体失稳或无穷大变形对基坑周边环境及地下结构施工影响不严重

本工程基坑周围有高层建筑和大量地下管线，如果支护结构破坏、土体失稳或过大变形对周边环境影响很严重，因此，基坑侧壁安全等级应定为一级。

基坑开挖卸载必然引起基坑侧壁水平位移，基坑侧壁水平位移越大，坑后变形越大。无穷大的侧壁水平位移必然会造成建筑物沉降及管线变形。因此，任何环境保护要求高的基坑，侧壁水平位移都是监测的重点。

本工程基坑周围建筑物及地下管线是基坑环境保护的主要内容，其变形也应该是基坑监测的重点。

本工程地下水位在坑底以上，必须采取降水措施。施工时需要监测地下水位，因此，地下水位也是监测的重点。

另外，地下水中的承压水对基坑的危害很大，尤其要注意接近坑底的浅层承压水对基坑的影响。如果承压水上面有不透水层，随着基坑开挖，当承压水层上部土重不能抵抗承压水水头压力时，基坑坑底会出现突然的隆起，极容易引起基坑事故。如果坑底存在承压水层时，坑底隆起也是基坑监测的重点内容。但由于基坑开挖施工，直接监测坑底隆起并不容易，可以通过监测埋设在坑底的立柱的上浮来间接监测坑底隆起。

当基坑变形超过有关标准或监测结果变化速率增大时，应加密观测次数。当有事故征兆时，应连续监测。本工程应加密观测次数，如果变形发展较快应连续监测。

本工程施工中存在的问题：不按设计要求施工是基坑施工时引起事故的主要原因之一。基坑设计单位都应该根据其设计时的工况对施工单位的基坑开挖提出要求，不按设计要求施工，施工时超挖极容易引起基坑事故。在基坑顶大量堆集是引起基坑事故的另一重要原因。本工程把大量钢材及弃土堆集于坑顶本身就是重大的安全隐患，因为设计时没有考虑这些荷载。在这些荷载作用下，如果遇到大雨，土体的重度增加，土体的抗剪强度减小，造成基坑失稳事故的风险就更大。

当前，基坑的设计理论和施工方法还在不断研究中，监测反馈依然是回避基坑风险的主要手段。一般来说，基坑破坏前都会有预兆，如本基坑在施工时，出现坑后地表出现大量裂缝，变形速率增大等现象，此时应该对基坑进行抢险，对基坑做必要的加固和卸载。并且应迅速设计施工方案。在采用新方案后，仍应加强监测，对方案做进一步优化。本工程在基坑出现坍塌预兆后没有引起注意是施工单位的一大失误。

当基坑变形急剧增加，基坑已经接近失稳的极限状态，种种迹象表明基坑即将坍塌时，应以人身安全为第一要务，人员要及早撤离现场。本工程已经出现坍塌凶兆时，项目经理还组织人进入基坑抢险，造成人员伤亡是一个重大错误。

第四节　桥梁工程施工安全控制

一、一般安全规定

1. 应根据交通部《公路施工安全规程》制定出安全操作细则，向施工人员进行安全技术交底。
2. 施工人员应熟知并遵守本工种各项安全技术操作规程，进入施工现场必须使用劳动安全保护用品，严防高处坠落，异物打击，触电或其他各类机械的、人为的伤害事故。
3. 施工前应对施工现场、机具设备及安全防护设施等进行全面检查，确认符合安全要求后方可施工。
4. 其他规定与路基工程施工安全管理规定相同。

二、高处作业安全规定

1. 从事高处作业人员要定期或随时体检，发现不宜登高的病症，不应从事高处作业。严禁酒后登高作业。
2. 高处作业人员须穿软底轻质鞋，所需材料事先准备齐全，工具事先放在工具袋内，拴稳挂牢。
3. 高处作业所使用的梯子不得缺档和垫高，同一梯子不得两人同时上下，在通道处（或平交口）使用梯子应设置围栏。
4. 高处作业人员与地面联系，应配有通信设备或有专人负责。
5. 高处作业人员，必须严格按规定系好安全带，戴好安全帽。
6. 人工倒运钢丝绳上高空，中间休息时要用卡子卡死下滑部位，防止钢绳受力滑动伤人。
7. 搭设脚手架，铺设走道板，禁止搭空头板，走道板要满铺，随铺随钉。

8. 禁止上下交叉作业，若无法错开时，应先采取安全防护措施。

9. 架空钢丝绳上有节头、卡子，滑车等障碍时，禁止在没有安全防护措施的情况下翻越。

10. 高处作业工作平台外侧应设置防护栏，并挂好安全网。

11. 在大风大雾等不良天气或视线不清时应停止高空作业。

三、缆索吊装施工安全规定

1. 吊装前应做严密的准备工作，对地龙、索塔、缆车、滑车、动力机具等设施进行全面验收检查，是否符合高处作业等要求。

2. 设立统一指挥系统，并组织参加吊装人员进行安全教育，对施工难度、危险性较大的作业项目要组织专门培训。

3. 准备工作就绪之后，要组织吊装人员进行技术交底，并进行试运转和超载荷试吊。

4. 牵引卷扬机启动要缓慢，进行速度要平稳；构件在吊运时，起重卷扬机要协调配合，控制好构件在空中的位置，起重卷扬机不得突然起升或下降，避免产生过大弹跳。构件就位时，作业人员要等构件稳定后再进行操作。

5. 重物起吊之后，吊点下方及运行线路下方禁止人员站立或通行。

6. 在受力钢丝绳三角区内禁止人员站立或通行。

7. 用于吊运材料、工具及构件的缆绳跑车，不得运送人员。

8. 登高操作人员应携带工具袋，不得将安全带挂在主索、扣索、缆风绳等上面。

四、门架超重运输安全规定

1. 门架安装完成后，应按设计要求组织检查验收，移动式门架除进行静载试验外，还应等载在轨道上往返运行一次，检查龙门架在移动中的变形，以及轨距、轨道平整度等情况。

2. 门架顶横移轨道两端，应设置制动枕木。

3. 门架中心距离与重物两吊点应相互一致，以免门架偏心受力造成事故。

4. 门架就位后应放其前后牵引索，用木楔楔紧平车轮子，以免门架受力滑动；门架顶平车就位按规定捆好构件，重物高度应提升到可能遇到障碍的 0.5m 以上。

5. 取掉平车掩木开始牵引，操作中应注意平缓稳定，被吊重物不得左右摇摆，行进速度控制在 5 米/分钟以内，防止重物惯性摆动。

6. 开动和停止电动机，应缓慢平稳地操作控制器；需作向后移动时，必须等机、物完全停稳后方可操作。

7. 门架拆除时，应制定安全技术措施。

五、混凝土浇筑安全规定

1. 人工推车上料时，手推车不得撒把，运输斜道上应有防滑设备。

2. 机械上料时，在铲斗移动范围内不得站人，铲斗下方严禁人员停留或通过。

3. 作业结束后，应将料斗放下，落入斗坑或平台上。

4. 电动振捣器应使用电缆线，电源开关置于干燥处，多台振捣器同时作业应设置集中开关箱，由专人看管，操作人员要配戴安全防护用品。

5. 搅拌机清洗应停机,料斗起落在 45°～90°时,人员不得站在斗鼓中间清洗,以防身体碰到操纵杆造成事故。搅拌机启动前必须确定无人在斗鼓内。

6. 悬空索道输送混凝土应按起重运输安全操作进行。

六、泵送混凝土安全规定

1. 混凝土泵应设置在作业棚内,安装平稳牢固,泵车安设未稳之前,不得移动布料杆。作业前检查输送泵电气设备是否正常、灵敏、可靠。

2. 泵送前应检查管路、管节、管卡及密封圈的完好程度,不得使用有破损、裂缝、变形和密封不严的管件。

3. 管路布设要平顺,高处、转角处应架设牢固,防止串动、移位。

4. 泵送中要设专人经常检查管路,遇有变形、破裂时,应及时更换,防止崩裂。

5. 混凝土泵在运转中发现故障,应立即停机检查,不得带病作业。

6. 操作人员须熟悉并遵守泵车的操作规程和安全规定。

7. 拆卸管路接头前,应把管内剩余压力排净,防止管内存有压力而引起事故。

七、模板安装及拆除安全规定

1. 在基坑内支模板时,应先检查基坑有无塌方迹象,确认无误方可操作。

2. 向基坑内吊运材料和工具时,应设溜槽或绳索系放,不得抛掷。机械吊送应设专人指挥,模板要捆绑牢靠,基坑内操作人员要避开吊运材料。

3. 人工搬运支立较大模板时,应设专人指挥,使用的绳索要有足够强度,绑扎牢固。支立模板时,应先固定底部再进行支立,防止滑动或倾覆。

4. 用机械吊运模板时,吊点下方不得站人或通行。模板下方距地面 1m 时,作业人员方可靠近操作。

5. 支立模板要按工序操作,当一块或几块模板单独竖立较大模板时,应设临时支撑,上下必须顶牢。整体模板合拢后,应及时用拉杆斜撑固定牢靠,模板支撑不得接触脚手架。

6. 高处作业时应将工具装在工具袋内,传递工具不得抛掷,不得将工具放在平台和木料上,更不得插在腰带上。

7. 使用斧锤须顾及四周上下安全,防止伤及他人。

8. 拆除模板时应制定安全措施,按顺序分段拆除,不得留有松动或悬挂的模板,严禁硬砸或用机械大面积拉倒。

9. 拆除模板禁止双层作业。3m 以上模板在拆除时,应用绳索拉住或用起吊设备缓慢送下。

八、脚手架安全规定

1. 钢管脚手架连接材料应使用扣件,接头应错开,螺栓要紧固。不得使用钢丝和麻绳连接钢脚手架。

2. 脚手板要铺满、绑牢,无探头板,并牢固地固定在脚手架支撑上。脚手架的任何部分均不得与模板相连。

3. 脚手架要设置栏杆，敷设安全设施并应经常检查，确保操作人员和小型机械安全通行。
4. 脚手架上的材料和工具要安放稳妥整齐，有坡度的脚手板，要加设防滑条。
5. 悬空脚手架应用栏杆和撑木固定稳妥、牢固、牢靠，防止摆动摇晃。
6. 脚手架高度在 10~15m 时应设置一组缆风绳与地面夹角为 45°~60°，缆风绳的地锚应注意保护。
7. 拆除脚手架时，周围应设置警戒标志或护栏，应按从上到下顺序拆除，不得上下双层作业，拆除的脚手架、板应用人工传递或吊机吊送，严禁随意抛掷。

九、支架施工安全规定

1. 支架所用的桩木、万能杆件等应详细检查，不得使用腐朽、劈裂、大节疤的圆木及锈蚀、扭曲严重的杆件和钢管等。
2. 地基承载能力必须符合设计标准，否则应采取加固措施，使其达到设计要求。土质地基雨期施工须有防水措施。
3. 支立排架要按设计要求施工，应有足够的承载能力和稳定性。并要与垫木联结牢固，防止不均匀沉落、失稳和变形。
4. 支立排架时应专人指挥，支立排架以竖立为宜，排架竖立后用临时支撑撑牢，再竖立第二排。两排架间的水平和剪刀撑用螺栓拧紧，形成整体。
5. 支立排架时，不得与便桥或脚手架相连，防止支架失稳。
6. 立柱排架大面积拆卸时应边拆边撑木，保持平衡稳定。严禁将全部水平和斜撑拆除，再放立柱。

十、木工机械安全规定

1. 木工机械开机前应添加润滑油脂，先试机，待机件各部运转正常后，方可工作。
2. 机械运转中，如有不正常的声音或发生故障时，应先切断电源，再进行维修。
3. 操作人员工作时，要扣紧衣扣和袖口，严禁戴手套作业；留长发者须戴好工作帽，长发不得外露。
4. 木工机械的转动部分，要安装防护罩或防护板。工作中更换锯片、刨片、刃具、钻头时必须切断电源，停止转动后方可拆装。

十一、钢筋制作安全规定

1. 钢筋施工场地应满足作业需要，机械设备的安装要牢固、稳定，作业前应对机械设备进行检查。
2. 钢筋调直及冷拉场地应设置防护挡板，作业时非作业人不得进入现场。
3. 钢筋切断机作业前，应先进行试运转，运转正常后，方能进行切断作业。切长料时由专人把扶，切短料时要用钳子或套管夹牢。不得因钢筋半径小而集束切割。
4. 人工锤击切断钢筋时，钢筋直径不宜超过 20mm，使锤人员和把扶钢筋、剪切工具人员身位要错开，并防止断下的短头钢筋弹出伤人。
5. 绑扎钢筋高过 1.5m，应有固定临时支架进行稳定，并设脚手架，不得攀登和站在钢筋骨架上。

十二、焊接作业安全规定

1. 电焊

(1) 电焊机应安放在干燥、通风良好的地点，周围严禁存放易燃、易爆物品。

(2) 电焊机应设置单独的开关箱，作业时应穿戴防护用品，施焊完毕，拉闸上锁。遇雷雨天气，应停止露天作业。

(3) 在潮湿地点工作，电焊机应放在木板上，操作人员应站在绝缘胶板或木板上操作。

(4) 严禁在带压力的容器和管道上施焊。焊接带电设备时，必须先切断电源。

(5) 贮存过易燃、易爆、有毒物品的容器或管道，焊接前必须清洗干净，打开所有孔口，保持空气流通。

(6) 在密闭的金属容器内施焊时，必须开设进风口。容器内照明电压不得超过36V。焊工身体应用绝缘材料与容器壳体隔离开。施焊过程中每隔半小时至一小时外出休息10~15分钟。

(7) 接线、地线不得与钢丝绳，各种金属管道、金属构件等接触，不得用这些物件代替地线。

(8) 更换场地移动电焊机时，必须切断电源，检查现场，清除焊渣。

(9) 在高空焊接时，必须系好安全带，焊接周围应备消防设备。

(10) 焊接模板中的钢筋、钢板时，施焊部位下面应垫石棉板或铁板。

2. 气焊

(1) 乙炔瓶应采用定型产品，必须备有灵敏可靠的防回火安全装置。

(2) 乙炔瓶应置于干燥、通风处。乙炔瓶与氧气瓶不得同放一处，周围严禁存放易燃易爆物品，严禁用明火检查是否漏气。

(3) 氧气瓶、乙炔瓶受热不得高于35℃，防止火花和锋利物件接触胶管，气焊枪点火时应按"先开乙炔、先关乙炔"的顺序作业，点火的焊枪不得对人，正在燃烧的焊枪不得随意乱放。

(4) 氧气瓶、氧气表及焊割工具表面，严禁沾污油脂。氧气瓶应设有防振交圈，并旋紧安全帽，避免碰撞、剧烈振动和烈日暴晒。

(5) 乙炔瓶不得放在电线下方，焊接场地距离明火不得少于10m。

(6) 放焊时，场地应通风良好，施焊完毕将阀门关好，拧紧安全罩。

第五节　生活垃圾填埋场环境安全控制

生活垃圾卫生填埋场指的是用于处理处置城市生活垃圾的，带有阻止垃圾渗滤液泄漏的人工防渗膜，带有渗滤液处理或预处理设施设备，运行、管理及维护、最终封场关闭符合卫生要求的垃圾处理场地。

填埋技术作为生活垃圾的最终处置方法，目前仍然是中国大多数城市解决生活垃圾出路的主要方法。根据环保措施（如场底防渗、分层压实、每天覆盖、填埋气管排导、渗滤液处理、虫害防治等）是否齐全、环保标准是否满足来判断，我国的生活垃圾填埋场可分为三个等级。

1. 简易填埋场

简易填埋场是中国这几十年来一直使用的填埋场，其主要特征是基本没有任何环保措施，也谈不上遵守什么环保标准。目前中国相当数量的生活垃圾填埋场属于这一类型，可称之为露天填埋场，对环境的污染也较大。

2. 受控填埋场

受控填埋场在我国填埋场所占比重也较大，而且基本上集中于大中小城市。其主要特征是配备部分环保设施，但不齐全，或者是环保设备齐全，但是不能完全达到环保标准。主要问题集中在场底防渗、渗滤液处理和每天覆土达不到环保要求。

3. 卫生填埋场

所谓卫生填埋场就是能对渗滤液和填埋气体进行控制的填埋方式，并被广大发达国家普遍采用。其主要特征是既有完善的环保措施，又能满足环保要求。

一、生活垃圾填埋场选址准则

生活垃圾填埋场选址应符合当地城乡建设总体规划要求，应与当地的大气污染防治、水资源保护、自然保护相一致。

生活垃圾填埋场应设在当地夏季主导风向的下风向，在人畜居栖点 500m 以外。夏季是恶臭产生最大浓度值的时段，场址处在夏季主导风向的下风向，可尽量减小对居民生活的影响。

影响选址的因素很多，主要应从工程学、环境学、经济学以及社会和法律等方面来考虑。这几个因素是相互影响、相互联系、相互制约的。在选址过程中，应满足以下基本准则。

（1）场址选择应服从总体规划；
（2）场址应满足一定的库容量要求；
（3）地形、地貌及土壤条件；
（4）气象条件；
（5）对地表水域的保护；
（6）对居民区的影响；
（7）对场地地质条件的要求；
（8）对场地水文地质条件要求；
（9）对场地工程地质条件的要求；
（10）场址周围应有相当数量的土石料；
（11）运距合理。

二、生活垃圾填埋场不得建在下列地区

（1）国务院和国务院有关主管部门及省、自治区、直辖市人民政府划定的自然保护区、风景名胜区、生活饮用水源地和其他需要特别保护的区域内；
（2）居民密集居住区；
（3）直接与航道相通的地区；
（4）地下水补给区、洪泛区、淤泥区；
（5）活动的坍塌地带、断裂带、地下蕴矿带、石灰坑及溶岩洞。

第二十三章 公路与市政公用工程技术资料的管理方法

为规范、加强技术管理工作，统一工程竣工档案资料的验收标准，确保各种技术资料收集及时、完整归档，应按相关要求做好工程技术资料管理工作。

第一节 基 本 要 求

1. 单位工程竣工资料包括土建部分及设备安装部分。
2. 单位工程技术资料应装订成册，按工程所在地档案馆要求装订，一般分五册。即：建筑安装工程资料检验与评定、建筑安装工程质量保证资料、建筑安装工程技术管理资料、竣工图、施工日志。
3. 所有技术资料填写的表格，均应采用工程所在地质监站印制的统一表格。
4. 建设工程项目实行总承包的，总包单位负责收集、汇总各分包单位形成的工程档案，并应及时向建设单位移交，各分包单位应将本单位形成的工程文件整理、立卷后及时移交总包单位。

第二节 归档文件质量要求

1. 归档的工程文件应为原件。
2. 工程文件的内容及其深度必须符合国家有关工程勘察、设计、施工、监理等方面的技术规范、标准和规程。
3. 工程文件的内容必须真实、准确，与工程实际相符合。
4. 工程文件应采用耐久性强的书写材料，如碳素墨水、纯蓝墨水，不得使用易褪色的书写材料，如：圆珠笔、复写纸、铅笔等。
5. 工程文件应字迹清楚，图样清晰，图表整洁，签字盖章手续完备。
6. 工程文件中文字材料幅面尺寸规格宜为A4幅面（297mm×210mm）。图纸宜采用国家标准图幅。
7. 工程文件的纸张应采用能够长期保存的韧力大、耐久性强的纸张。图纸一般采用蓝晒图，竣工图应是新蓝图。计算机出图必须清晰，不得使用计算机出图的复印件。

第三节 立卷的原则和方法

1. 一个建设工程由多个单位工程组成时，工程文件应按单位工程组卷。
2. 立卷可采用如下方法：

(1) 施工文件可按单位工程、分部工程、专业、阶段等组卷；
(2) 竣工图可按单位工程、专业等组卷；
(3) 竣工验收文件按单位工程、专业等组卷；
(4) 立卷过程中宜遵循下列要求：
①案卷不宜过厚，一般不超过 40mm；
②案卷内不应有重份文件；不同载体的文件一般应分别组卷。

3. 单位工程技术资料管理均应符合当地城建档案馆要求，竣工资料主要内容及排列顺序应符合要求，需提供声像资料的，排列顺序及内容也应符合相关要求。

第四节　工程档案的验收与移交

1. 工程档案的验收与移交应符合以下要求：
(1) 单位工程技术资料齐全、系统、完整、内容真实，且已整理立卷并符合本管理办法要求；
(2) 要求单位或个人签字盖章的文件其签章手续完备；
(3) 竣工图绘制方法、图式及规格符合专业技术要求，并盖有竣工图章。

2. 竣工资料的押金退还

工程完工后半年内，项目部应将整理完整的竣工资料一套交公司工程科技部归档，经工程科技部审核符合本管理办法要求的，由工程科技部开出竣工资料合格通知单，项目部持通知单到财务领取资料押金。

第三篇　公路与市政公用工程相关法规及规定

第二十四章　公路建设相关法律法规

《公路法》适用于在中华人民共和国境内从事公路规划、建设、养护、经营、使用和管理。所谓公路，包括公路桥梁、公路隧道和公路渡口。

第一节　公路的建设资金

国家鼓励引导国内经济组织依法投资建设、经营公路。公路建设资金，除各级人民政府的财政拨款，依法征税筹集的公路建设专项资金转为的财政拨款外，可以依法向国内外金融机构或者外国政府申请贷款。国家鼓励国内外经济组织对公路建设进行投资。开发、经营公路的公司可以依照法律、行政法规的规定发行股票、公司债券筹集资金。依照本规定出让公路收费权的收入必须用于公路建设。向企业和个人筹资建设公路，必须根据需要与可能，坚持自愿原则，不得强行摊派，并符合国务院的有关规定。公路建设资金还可以采取符合法律或者国务院规定的其他方式筹集。

第二节　公路建设基本管理制度

公路在政治、经济和公民生活中具有重要的作用，国家对公路建设有严格的管理制度。县级以上人民政府交通主管部门应当依据职责维护建设秩序，加强对公路建设的监督管理。

1. 公路建设的基本程序

公路建设应当按照国家规定的基本建设程序和有关规定进行。原交通部颁发的《公路工程基本建设管理办法》是公路建设的基本程序的配套法规，规定了公路工程基本建设程序：(1) 项目建议书；(2) 项目可行性研究，项目环境影响报告书；(3) 编制初步设计文件和概算；(4) 列入年度基本建设计划；(5) 项目实施前的各项准备工作；(6) 项目实施；(7) 竣工验收；(8) 项目后评价。

2. 公路建设四项制度

公路建设项目应当按照国家有关规定实行项目法人责任制度、招标投标制度和工程监理制度。公路建设单位应当根据公路建设工程的特点和技术要求，选择具有相应资格的勘察设计单位、施工单位和工程监理单位，并依照有关法律、法规、规章的规定和公路工程技术标准的要求，分别签订合同，明确双方的权利义务。

原交通部颁发的《公路建设四项制度实施办法》是实行项目法人责任制度、招标投标制度、工程监理制度和合同管理制度的配套法规，具体规定为：

公路建设项目必须实行项目法人责任制度，由项目法人对建设项目负总责。项目法人对项目的策划、资金筹措、建设实施、生产经营、债券偿还和资产的保值增值，实行全过程负责。项目法人机构设置和技术、管理人员素质，必须满足工程建设管理的需要，符合公路建设市场准入条件。

公路建设的招标投标制度包括公路建设的勘察、设计、施工、监理、材料设备的招标投标。大中型公路建设项目的施工，凡纳入国家或地方财政投资的公路建设项目，可实行国内公开招标；凡利用外国或国际贷款的公路建设项目，可实行国际招标。

公路建设项目必须实行工程监理制度。工程监理是由具有公路工程监理资质的监理单位按国家有关规定受项目法人委托，对施工承包合同的执行、工程质量、进度、费用等方面进行监督与管理。监理单位和监理人员必须全面履行监理服务合同和施工合同规定的各项监理职责，不得损害项目法人和承包商的合法利益。

公路建设项目的勘察设计、施工、工程监理以及与工程建设有关的重要建筑资料、设备采购，必须遵循诚实信用原则，依法签订合同，通过合同明确各自的权利义务。公路建设项目合同应采用交通主管部门颁布的有关合同范本，并可邀请公证机关公证。公路建设项目合同，必须符合国家和交通运输部制定的有关技术标准、规范、规程以及批准的设计，科学、合理地确定勘察设计周期、施工工期和供货安装期限。

3. 公路工程技术标准制度

公路建设必须符合公路工程技术标准。承担公路建设项目的设计单位、施工单位和工程监理单位，应当按照国家有关规定建立健全质量保证体系，落实岗位责任制，并依照有关法律、法规、规章以及公路工程技术标准的要求和合同约定进行设计、施工和监理，保证公路工程质量。

第三节 公路建设项目的主体资格管理制度

承担公路建设项目的可行性研究单位、勘察设计单位、施工单位和工程监理单位，必须持有国家规定的资质证书。

公路建设使用土地依照有关法律、行政法规的规定办理。公路建设应当贯彻切实保护耕地、节约用地的原则。

公路建设需要使用国有荒地或者需要在国有荒山、荒地、河滩、滩涂上挖砂、采石、取土的，依照有关法律、行政法规的规定办理后，任何单位和个人不得阻挠或者非法收取费用。

地方各级人民政府对公路建设依法使用土地和搬迁的居民，应当给予支持和协助。

第四节 公路建设的监督管理办法

公路建设监督管理实行统一领导，分级管理。

交通运输部主管全国公路监督管理；县级以上地方政府交通部门主管本行政区域内公路建设监督管理，县级以上人民政府交通主管部门必须依照法律、法规对公路建设实施监督管理。

有关单位和个人应当接受县级以上人民政府交通主管部门依法进行的公路建设监督检查，并给予支持与配合，不得拒绝或阻碍。

公路建设监督管理的职责包括：

1. 监督国家有关公路建设工作方针、政策和法律、法规、规章、强制性技术标准的执行。
2. 监督公路建设项目建设程序的履行。
3. 监督公路建设市场秩序。
4. 监督公路工程质量和工程安全。
5. 监督公路建设资金的使用。
6. 指导、检查下级人民政府交通主管部门的监督管理工作。
7. 依法查处公路建设违法行为。

第五节　公路工程交工、竣工验收条件

《公路工程竣（交）工验收办法》规定了公路工程交工、竣工验收应具备的条件：

1. 公路工程（合同段）进行交工验收应具备的条件。
（1）合同约定的各项内容已完成；
（2）施工单位按交通运输部制定的《公路工程质量检验评定标准》及相关规定的要求对工程质量自检合格；
（3）监理工程师对工程质量的评定合格；
（4）质量监督机构按交通运输部规定的公路工程质量鉴定办法对工程质量进行检测（必要时可委托有相应资质的检测机构承担检测任务），并出具检测意见；
（5）竣工文件已按交通运输部规定的内容编制完成；
（6）施工单位、监理单位已完成本合同段的工作总结。

2. 公路工程进行竣工验收应具备的条件。
（1）通车试运营2年后；
（2）交通验收提出的工程质量缺陷等遗留问题已处理完毕，并经项目法人验收合格；
（3）工程决算已按交通运输部规定的办法编制完成，竣工决算已经审计，并经交通主管部门或其授权单位认定；
（4）竣工文件已按交通运输部规定的内容完成；
（5）对需进行档案、环保等单项验收的项目，已经有关部门验收合格；
（6）各参建单位已按交通运输部规定的内容完成各自的工作报告；
（7）质量监督机构已按交通运输部规定的公路工程质量鉴定办法对工程质量检测鉴定合格，并形成工程质量鉴定报告。

第六节　公路工程交工和竣工验收程序

《公路工程竣（交）工验收办法》规定公路工程验收分为交工验收和竣工验收两个

阶段。

1. 交工验收程序

交工验收由项目法人负责。具体程序如下：

（1）检查合同执行情况；

（2）检查施工自检报告、施工总结报告及质量评定资料；

（3）检查监理单位是独立抽检资料、监理工作报告及质量评定资料；

（4）检查工程实体，审查有关资料，包括主要产品质量的抽（检）测报告；

（5）核查工程完工数量是否与批准的设计文件相符，是否与工程计量数量一致；

（6）对合同是否全面执行、工程质量是否合格作出结论，按交通主管部门规定的格式签署合同段交工验收证书；

（7）按交通运输部规定的办法对设计单位、监理单位、施工单位的工作进行初步评价。

公路工程各合同段验收合格后，项目法人应该按交通运输部规定的要求及时完成项目交工验收报告，并向交通主管部门备案。公路工程各合同段验收合格后，质量监督机构应向交通主管部门提交项目的检测报告。交通主管部门在15天内未对备案的项目交工验收报告提出异议，项目法人可开放交通进入试运营期。试运营期不得超过3年。交工验收提出的工程质量缺陷等遗留问题，由施工单位限期完成。

2. 竣工验收程序

竣工验收由交通主管部门按项目管理权限负责。交通运输部负责国家、部重点公路工程项目中100km以上的高速公路、独立特大型桥梁和特长隧道工程的竣工验收工作；其他公路工程建设项目，由省级人民政府交通主管部门确定的相应交通主管部门负责竣工验收工作。

具体竣工验收程序规定如下：

（1）成立竣工验收委员会。竣工验收委员会由交通主管部门、公路管理机构、质量监督机构、造价管理机构等单位代表组成。大中型项目及技术复杂工程，应邀请有关专家参加。国防公路应邀请军队代表参加。

（2）听取项目法人、设计单位、施工单位、监理单位的工作报告。

（3）听取质量监督机构的工作报告及工程质量鉴定报告。

（4）检查工程实体质量、审查有关资料。

（5）按交通运输部规定的办法对工程质量进行质量评分，并确定工作质量等级。

（6）按交通运输部规定的办法对参建单位进行综合评价。

（7）对建设项目进行综合评价。

（8）形成并通过竣工验收鉴定书。负责组织竣工验收的交通主管部门对通过验收的建设项目按交通运输部规定的要求签发《公路工程竣工验收鉴定书》。通过竣工验收的工程，由质量监督机构依据竣工验收结论，按照交通运输部规定的格式对各参建单位签发工作综合评价等级证书。

第七节 公路工程设计变更管理办法有关要求

《公路工程设计变更管理办法》（交通部令2005年第5号）全文27条，自2005年7

月1日起施行。适用于交通运输部批准初步设计的新建、改建公路工程的设计变更管理。交通运输部批准初步设计以外的新建、改建公路工程的设计变更，参照本办法执行。办法的主要内容有：

该办法所称设计变更，是指自公路工程初步设计批准之日起至通过竣工验收正式交付使用之日止，对已批准的初步设计文件、技术设计文件或施工图设计文件所进行的修改、完善等活动。公路工程设计变更应当符合国家有关公路工程强制性标准和技术规范的要求，符合公路工程质量和使用功能的要求，符合环境保护的要求。各级交通主管部门应当加强对公路工程设计变更活动的监督管理。

公路工程设计变更分为重大设计变更、较大设计变更和一般设计变更。

有下列情况之一的属于重大设计变更：连续长度10km以上的路线方案调整的；特大桥的数量或结构形式发生变化的；特长隧道的数量或通风方案发生变化的；互通式立交的数量发生变化的；收费方式及站点位置、规模发生变化的；超过初步设计批准概算的。

有下列情况之一的属于较大设计变更：连续长度2km以上的路线方案调整的；连接线的标准和规模发生变化的；特殊不良地质路段处置方案发生变化的；路面结构类型、宽度和厚度发生变化的；大中桥数量或结构形式发生变化的；隧道的数量或方案发生变化的；互通式立交的位置或方案发生变化的；分离式立交的数量发生变化的；监控、通信系统总体方案发生变化的；管理、养护和服务设施的数量和规范发生变化的；其他单项工程费用变化超过500万元的；超过施工图设计批准预算的。

一般设计变更是指除重大设计变更和较大设计变更以外的其他设计变更。

公路工程重大、较大设计变更实行审批制。公路工程重大、较大设计变更，属于对设计文件内容作重大修改，应当按照本办法规定的程序进行审批。未经审查批准的设计变更不得实施。任何单位或者个人不得违反本办法规定擅自变更已经批准的公路工程初步设计、技术设计和施工图设计文件。不得肢解设计变更，规避审批。经批准的设计变更一般不得再次变更。重大设计变更由交通运输部负责审批，较大设计变更由省级交通主管部门负责审批，交通主管部门审查批准公路工程设计变更文件时，工程费用按《公路基本建设工程概算、预算编制办法》核定。由于公路工程勘察设计、施工等有关单位的过失引起公路工程设计变更并造成损失的，有关单位应当承担相应的费用和相关责任。由于公路工程设计变更发生的建筑安装工程费、勘察设计费和监理费等费用的变化，按照有关合同约定执行。

项目法人负责对一般设计变更进行审查，并应当加强对公路工程设计变更实施的管理。公路工程勘察设计、施工及监理等单位可以向项目法人提出公路工程设计变更的建议。设计变更的建议应当以书面形式提出，并应当注明变更理由。项目法人也可以直接提出公路工程设计变更的建议。

施工单位不按照批准的设计变更文件施工的，交通主管部门责令改正；造成建设工程质量不符合规定的质量标准的，负责返工、修理，并赔偿因此造成的损失；情节严重的，责令停业整顿，降低资质等级或者吊销资质证书。

第二十五章　市政公用工程相关规定

第一节　道路与其他市政公用设施建设应遵循的施工建设原则

城市供水、排水、燃气、热力、供电、通信、消防等依附于城市道路的各种管线、杆线等设施的建设计划，应与城市道路发展规划和年度建设计划相协调，坚持先地下、后地上的施工原则，与城市道路同步建设。

第二节　占用或挖掘城市道路的管理规定

1. 未经市政工程行政主管部门和公安交通管理部门批准，任何单位或者个人不得占用或者挖掘城市道路。
2. 因特殊情况需要临时占用城市道路的，须经市政工程行政主管部门和公安交通管理部门批准，方可按照规定占用。
3. 经批准临时占用城市道路的，不得损坏城市道路，占用期满后，应当及时清理占用现场，恢复城市道路原状；损坏城市道路的，应当修复或者给予赔偿。

第三节　保护城市绿地的规定

1. 任何单位和个人都不得擅自改变城市绿化规划用地性质或者破坏绿化规划地的地形、地貌、水体和植被。
2. 任何单位和个人都不得擅自占用城市绿化用地；占用的城市绿化用地的，应当限期归还。因建设或者其他特殊需要临时占用绿化用地的，须经城市人民政府城市绿化行政主管部门同意，并按照有关规定办理临时用地手续。

第四节　施工中节水、节能和节地的有关规定

一、节水与水资源利用要点

1. 提高用水效率
（1）施工中采用先进的节水施工工艺。
（2）施工现场喷洒路面、绿化浇灌不宜使用市政自来水。现场搅拌用水、养护用水应采取有效的节水措施，严禁无措施浇水养护混凝土。
（3）施工现场供水管网应根据用水量设计布置，管径合理、管路简捷，采取有效措施减少管网和用水器具的漏损。

（4）现场机具、设备、车辆冲洗用水必须设立循环用水装置。施工现场办公区、生活区的生活用水采用节水系统和节水器具，提高节水器具配置比率。项目临时用水应使用节水型产品，安装计量装置，采取针对性的节水措施。

（5）施工现场建立可再利用水的收集处理系统，使水资源得到梯级循环利用。

（6）施工现场分别对生活用水与工程用水确定用水定额指标，并分别计量管理。

（7）大型工程的不同单项工程、不同标段、不同分包生活区，凡具备条件的应分别计量用水量。在签订不同标段分包或劳务合同时，将节水定额指标纳入合同条款，进行计量考核。

（8）对混凝土搅拌站点等用水集中的区域和工艺点进行专项计量考核。施工现场建立雨水、中水和可再利用水的收集利用系统。

2. 非传统水源利用

（1）优先采用中水搅拌、中水养护，有条件的地区和工程应收集雨水养护。

（2）处于基坑降水阶段的工地，宜优先采用地下水作为混凝土搅拌用水、养护用水、冲洗用水和部分生活用水。

（3）现场机具、设备、车辆冲洗、喷洒路面、绿化浇灌等用水，优先采用非传统水源，尽量不使用市政自来水。

（4）大型施工现场，尤其是雨量充沛地区的大型施工现场建立雨水收集利用系统，充分收集自然降水用于施工和生活中适宜的部位。

（5）力争施工中非传统水源和循环水的利用量大于30%。

二、节能与能源利用要点

1. 节能措施

（1）制订合理施工能耗指标，提高施工能源利用率。

（2）优先使用国家、行业推荐的节能、高效、环保的施工设备和机具，如选用变频技术的节能施工设备等。

（3）施工现场分别设定生产、生活、办公和施工设备的用电控制指标，定期进行计量、核算、对比分析，并有预防与纠正措施。

（4）在施工组织设计中，合理安排施工顺序、工作面，以减少作业区域的机具数量，相邻作业区充分利用共有的机具资源。安排施工工艺时，应优先考虑耗用电能的或其他能耗较少的施工工艺。避免设备额定功率远大于使用功率或超负荷使用设备的现象。

（5）根据当地气候和自然资源条件，充分利用太阳能、地热等可再生能源。

2. 机械设备与机具的节能办法

（1）建立施工机械设备管理制度，开展用电、用油计量，完善设备档案，及时做好维修保养工作，使机械设备保持低耗、高效的状态。

（2）选择功率与负载相匹配的施工机械设备，避免大功率施工机械设备低负载长时间运行。机电安装可采用节电型机械设备，如逆变式电焊机和能耗低、效率高的手持电动工具等，以利节电。机械设备宜使用节能型油料添加剂。在可能的情况下，考虑回收利用，节约油量。

（3）合理安排工序，提高各种机械的使用率和满载率，降低各种设备的单位耗能。

3. 生产、生活及办公临时设施节能要求

（1）利用场地自然条件，合理设计生产、生活及办公临时设施的体形、朝向、间距和窗墙面积比，使其获得良好的日照、通风和采光。南方地区可根据需要在其外墙窗设遮阳设施。

（2）临时设施宜采用节能材料，墙体、屋面使用隔热性能好的材料，减少夏天空调、冬天取暖设备的使用时间及耗能量。

（3）合理配置采暖、空调、风扇数量，规定使用时间，实行分段分时使用，节约用电。

4. 施工用电及照明节能要求

（1）临时用电优先用节能电线和节能灯具，临时线路应合理设计、布置，临时设备宜采用自动控制装置。采用声控、光控等节能照明灯具。

（2）照明设计以满足最低照度为原则，照度不宜超过最低照度的20%。

第五节 《绿色施工通则》对施工中做好环境保护的有关规定

一、扬尘控制

1. 运送土方、垃圾、设备及建筑材料等，不污损场外道路。运输容易散落、飞扬、疏漏的物料的车辆，必须采取措施封闭严密，保证车辆清洁。施工现场出口应设置洗车槽。

2. 土方作业阶段，采取洒水、覆盖等措施，达到作业区目测扬尘高度小于1.5m，不扩散到场区外。

3. 结构施工、安装装饰装修阶段，作业区扬尘高度小于0.5m。对易产生扬尘的堆放材料应采取覆盖措施；对粉末状材料应封闭存放；场区内可能引起扬尘的材料及建筑垃圾搬运应有降尘措施，如覆盖、洒水等；机械剔凿作业时可用局部遮挡、覆盖、水淋等防护措施；高层或多层建筑清理垃圾应搭设封闭性临时专用道或采用容器吊运。

4. 施工现场非作业区达到目测无扬尘的要求。对现场易飞扬物质采用有效措施，如洒水、地面硬化、围挡、密网覆盖、封闭等，防止扬尘产生。

5. 构筑物机械拆除前，做好扬尘控制计划。可采取清理积尘，拆除体洒水，设置隔挡等措施。

6. 构筑物爆破拆除前，做好扬尘控制计划。可采取清理积尘，淋湿地面，预湿地面，预湿墙体，屋面敷水袋，楼面蓄水，建筑外设高压喷雾状水系统，搭设防尘栅和直升机投水弹等综合降尘。选择风力小的天气进行爆破作业。

7. 在场界四周隔挡高度位置测得的大气总悬浮颗粒物（TSP）月平均浓度与城市背景值的差值不大于0.08毫克/立方米。

二、噪声与振动控制

1. 在施工场界对噪声进行实时检测与控制。检测方法执行国家标准《建筑施工场界噪声测量办法》（GB 12524—90）。

2. 现场噪声排放不得超过国家标准《建筑施工场界噪声限值》(GB 12523—90)。

3. 使用低噪声、低振动的机具,采取隔声与隔振措施,避免或减少施工噪声和振动。

三、水污染控制

1. 施工现场污水排放应达到国家标准《污水综合排放标准》(GB 8978—1996)的要求。

2. 在施工现场应针对不同的污水,设置相应的处理设施,如沉淀池、隔油池、化粪池等。

3. 污水排放应委托有资质的单位进行废水水质检测,提供相应的污水检测报告。

4. 保护地下水环境。采用隔水性能好的边坡支护技术。在缺水地区或地下水持续下降的地区,基坑降水尽可能少地抽取地下水;当基坑开挖抽水量大于 50 万 m^3 时,应进行地下水回灌,并避免地下水被污染。

5. 对于化学品等有毒材料、油料的储存地,应有严格的隔水层设计,做好渗漏液收集和处理。

四、地下设施,文物和资源保护

1. 施工前应调查清楚地下各种设施,做好保护计划,保证施工场地周边的各类管道、管线、建筑物,构筑物的安全运行。

2. 施工过程中一旦发现文物,立即停止施工,保护现场并通报文物部门并协助做好工作。

3. 避让,保护施工场区及周边的古树名木。

4. 逐步展开统计分析施工项目的二氧化碳的排放量,以及各种不同植被和树种的二氧化碳固定量的工作。

第六节 房屋建筑工程和市政基础设施工程竣工验收备案文件

1. 工程竣工验收备案表。

2. 工程竣工验收报告。竣工验收报告应当包括工程报建日期,施工许可证号,施工图设计文件审查意见,勘察、设计、施工、工程监理等单位分别签署合格文件及验收人员签署的竣工验收原始文件,市政基础设施的有关质量检测和功能性试验资料以及备案机关认为需要提供的有关资料。

3. 法律、行政法规规定应当由规划、公安消防、环保等部门出具的认可文件或者准许使用文件。

4. 施工单位签署的工程质量保修书。

5. 法规、规章规定必须提供的其他文件。

第七节 房屋建筑工程和市政基础设施工程竣工验收合格后备案的规定

建设单位应当自工程竣工验收合格之日起 15 日内,向工程所在地的县级以上地方人民政府建设行政主管部门（以下简称备案机关）备案。

备案机关收到建设单位报送的竣工验收备案文件，验收齐全后，备案机关的经办人和负责人应当在工程竣工验收案表上签署文件收讫。

工程竣工验收备案表一式两份，一份由建设单位保存，一份留备案机关存档。

工程质量监督机构应当在工程竣工验收之日起 15 日内，向备案机关提交工程质量监督报告。

备案机关发现建设单位在竣工验收过程中有违反国家有关建设工程质量管理规定的行为，应当在收讫竣工验收备案文件 15 日内责令停止使用，重新组织竣工验收。

建设单位在工程竣工验收合格之日起 15 日内未办理工程竣工验收备案的，备案机关责令限期改正，处 20 万元以上 30 万元以下罚款。

建设单位将备案机关决定重新组织竣工验收的工程，在重新组织竣工验收前，擅自使用的，备案机关责令停止使用，处工程合同价款 2% 以上 4% 以下的罚款。

建设单位采用虚假证明办理竣工验收备案的工程，工程竣工验收无效，备案机关责令停止使用，重新组织竣工验收，处 20 万元以上 50 万元以下罚款；构成犯罪的，依法追究刑事责任。

备案机关决定重新组织竣工验收并责令停止使用的工程，建设单位在备案之前已投入使用或者建设单位擅自继续使用造成使用人损失的，由建设单位依法承担赔偿责任。

竣工验收备案文件齐全，备案机关及其工作人员不办理备案手续的，由有关机关责令改正，对直接责任人员给予行政处分。

第八节　生活垃圾卫生填埋技术规范

一、填埋场选址

填埋场选址应符合现行国家标准《生活垃圾填埋污染控制标准》（GB 16889）和相关标准规定，并应符合下列要求：

1. 当地城市总体规划、区域环境规划及城市环境卫生专业规划等专业规划要求；
2. 与当地的大气防护、水土资源保护、大自然保护及生态平衡要求相一致；
3. 库容应保证填埋场使用年限在 10 年以上，特殊情况下不应低于 8 年；
4. 交通方便，运距合理；
5. 人口密度、土地利用价值及征地费用均较低；
6. 位于地下水贫乏地区、环境保护目标区域的地下水流向下游地区及夏季主导风向下风向；
7. 选址应由建设项目所在地的建设、规划、环境、环卫、国土资源、水利、卫生监督等有关部门和专业设计单位的有关专业技术人员参加。

二、填埋场地基与防渗

1. 填埋场必须进行防渗处理，防止对地下水和地表水的污染，同时还应防止地下水进入填埋区。

2. 天然黏土类衬里及改性黏土类衬里的渗透系数不应大于 $1.0\times10^{-7}\mathrm{cm/s}$,且场地及四壁衬里厚度不应小于 2m。

3. 在填埋库区底部及四壁铺设高密度聚乙烯（HDPE）土工膜作为防渗衬里时,膜厚度不应小于 1.5mm,并应符合填埋场防渗的材料性能和现行国家相关标准的要求。

三、填埋场工程施工与验收

1. 填埋场施工前应根据设计文件或招标文件编制施工方案和准备施工设备及设施,并合理安排施工场地。

2. 填埋场工程应根据工程设计文件和设备技术文件进行施工和安装。

3. 填埋场工程施工变更应按设计单位的设计文件进行。

4. 填埋场各项建筑、安装工程应按国家现行相关标准及设计要求进行施工。

5. 施工安装使用的材料应符合国家现行相关标准及设计要求;对国外引进的专用填埋设备与材料,应按供货商提供的设备技术要求、合同规定及商检文件执行,并应符合国家现行标准的相应要求。

6. 填埋场工程验收应按照国家规定和相应专业现行验收标准执行。

尊敬的读者：

感谢您选购我社图书！建工版图书按图书销售分类在卖场上架，共设22个一级分类及43个二级分类，根据图书销售分类选购建筑类图书会节省您的大量时间。现将建工版图书销售分类及与我社联系方式介绍给您，欢迎随时与我们联系。

★建工版图书销售分类表（见下表）。

★欢迎登陆中国建筑工业出版社网站www.cabp.com.cn，本网站为您提供建工版图书信息查询，网上留言、购书服务，并邀请您加入网上读者俱乐部。

★中国建筑工业出版社总编室　　　电　话：010—58934845　　　传　真：010—68321361

★中国建筑工业出版社发行部　　　电　话：010—58933865　　　传　真：010—68325420
　　　　　　　　　　　　　　　　E-mail：hbw@cabp.com.cn

建工版图书销售分类表

一级分类名称（代码）	二级分类名称（代码）	一级分类名称（代码）	二级分类名称（代码）
建筑学（A）	建筑历史与理论（A10）	园林景观（G）	园林史与园林景观理论（G10）
	建筑设计（A20）		园林景观规划与设计（G20）
	建筑技术（A30）		环境艺术设计（G30）
	建筑表现·建筑制图（A40）		园林景观施工（G40）
	建筑艺术（A50）		园林植物与应用（G50）
建筑设备·建筑材料（F）	暖通空调（F10）	城乡建设·市政工程·环境工程（B）	城镇与乡（村）建设（B10）
	建筑给水排水（F20）		道路桥梁工程（B20）
	建筑电气与建筑智能化技术（F30）		市政给水排水工程（B30）
	建筑节能·建筑防火（F40）		市政供热、供燃气工程（B40）
	建筑材料（F50）		环境工程（B50）
城市规划·城市设计（P）	城市史与城市规划理论（P10）	建筑结构与岩土工程（S）	建筑结构（S10）
	城市规划与城市设计（P20）		岩土工程（S20）
室内设计·装饰装修（D）	室内设计与表现（D10）	建筑施工·设备安装技术（C）	施工技术（C10）
	家具与装饰（D20）		设备安装技术（C20）
	装修材料与施工（D30）		工程质量与安全（C30）
建筑工程经济与管理（M）	施工管理（M10）	房地产开发管理（E）	房地产开发与经营（E10）
	工程管理（M20）		物业管理（E20）
	工程监理（M30）	辞典·连续出版物（Z）	辞典（Z10）
	工程经济与造价（M40）		连续出版物（Z20）
艺术·设计（K）	艺术（K10）	旅游·其他（Q）	旅游（Q10）
	工业设计（K20）		其他（Q20）
	平面设计（K30）	土木建筑计算机应用系列（J）	
执业资格考试用书（R）		法律法规与标准规范单行本（T）	
高校教材（V）		法律法规与标准规范汇编/大全（U）	
高职高专教材（X）		培训教材（Y）	
中职中专教材（W）		电子出版物（H）	

注：建工版图书销售分类已标注于图书封底。